《熠园问学》之六

田野中国学研究论纲

——基于浦市田野的学术反思

Tianye Zhongguoxue

Yanjiu Lungang

Jiyu Pushi Tianye De Xueshu Fansi

谭必友等 著

中央民族大学出版社
China Minzu University Press

图书在版编目（CIP）数据

田野中国学研究论纲：基于浦市田野的学术反思 / 谭必友等著. —北京：中央民族大学出版社，2021. 7

ISBN 978-7-5660-1959-2

Ⅰ. ①田… Ⅱ. ①谭… Ⅲ. ①中国学—研究 Ⅳ. ①K207. 8

中国版本图书馆 CIP 数据核字（2021）第 134943 号

田野中国学研究论纲——基于浦市田野的学术反思

著　　者　谭必友等
责任编辑　李苏幸
封面设计　舒刚卫
出版发行　中央民族大学出版社
　　　　　北京市海淀区中关村南大街 27 号　邮编：100081
　　　　　电　话：(010)68472815(发行部)　传真：(010)68932751(发行部)
　　　　　　　　　(010)68932218(总编室)　　　　(010)68932447(办公室)
经 销 者　全国各地新华书店
印 刷 厂　北京鑫宇图源印刷科技有限公司
开　　本　787×1092　1/16　印张：16. 5
字　　数　270 千字
版　　次　2021 年 7 月第 1 版　2021 年 7 月第 1 次印刷
书　　号　ISBN 978-7-5660-1959-2
定　　价　72. 00 元

本书得到以下单位与项目的大力支持，特致谢意！

东北大学秦皇岛分校人才引进项目
湖南师范大学民族学与人类学研究中心
湖南师范大学社会学省级一流本科专业建设点
泸溪县人民政府
泸溪县谭子兴文化研究会

目 录
Contents

序

如何建立中国文化本位的田野研究

杨建新*

谭必友2003年至2006年跟着我念博士。一晃十多年过去了。他一直沿着他的博士论文确立的方向开展研究工作，这才有了我们面前这套田野中国学研究系列著作:《田野中国学研究论纲》《浦市文化研究：田野中国学学步集》《田野中国学先驱：严如熤传》。在这套新著出版之际，谭必友要我给这套新书作一个序。我因此就相关学术问题简单提一提我的一些想法。

20世纪初，社会学、人类学、民族学等几个涉及田野调查方法的相近学科相继传入中国，中国学者开始运用新的理论与方法对中国社会进行研究，这对中国学术话语体系的创新起到了巨大作用。到90年代，这些学科进入比较成熟的阶段。从这个时候起，学术界就有了比较大的争论，中国传统有没有这样的学术研究？主张有的学者，举出了中国古代就有了田野调查的雏形。反对者认为，中国古代没有相关理论，所开展的田野调查仅限于简单的事实与民俗收集，这些调查并没有理论指导。两者各有道理。谭必友的学术观点倾向于前者，但是也与前者有一些区别。他发表了多篇

* 杨建新，著名民族学家，兰州大学民族学学科创始人，资深教授，博士生导师。

文章阐释他的主张，他认为，中国古代虽没有社会学、人类学、民族学等学科，但是，中国古代发展起了自成体系的田野调查范式。1930年前后，创立中国近现代田野学科的凌纯声、费孝通等人，既吸收了欧美田野学科的理论与方法，也在最大程度上遵循了中国传统的田野范式。因此，他将中国古代发展起来的这门学问命名为《田野中国学》。他为此还编辑出版了这样的学术集刊，来深入阐释他的主张。

中国学术的现代转型，虽然是引进西方学科的结果，但不能否认，从引进的最初时期开始，这种引进的学科在中国生根的过程中，就同时受到中国固有传统的影响。当时传播西学的中国学者不可能是从零状态开始学习西方新学科的，这既不符合认识论的基本规律，也不符合文化传播的基本规律。西方这些学科在进入中国时，肯定是利用中国固有的话语体系解释是什么？为什么？等等。因此，这些学科在传入之初，其研究方法也是不得不与传统的研究方法相结合。可以说，这些学科在中国诞生时，没有一个学者是严格按照西方的学术规范开展研究工作的。总是在结合中西方的学术话语体系的前提下，逐步开展起来的。但随着中国学者对西方学科范式的理解越来越接近其本相，这些学科中的相当多学者的学术研究，不是一个越来越回归中国传统的过程，而是一个越来越尊重西方学术规范的过程、逼近西方学术规范的过程。也就是说，相当多的中国学者在这些学科的研究中，无论是从学术规范还是从研究课题，都可以与西方学者达成越来越多的对话与共识。这些学科的研究成果越来越具有科学的一面，而越来越缺少中国传统的一面。这是中国几代学人前后奋斗的结果。以前学术界大量呼吁这些学科研究的“中国化”，依我看，这些提法需要重新评估。在中国田野调查学科逐步回归西学的过程中，中国传统的田野调查研究话语体系还有没有价值呢？这些传统的研究范式在当代世界的学术研究中又应该处于什么地位呢？这就是当代社会学、人类学、民族学在取得重大发展时，我们必须问的问题，也是需要回答的问题。

放在我们面前的这套田野中国学系列著作，就是试图回答这个问题。谭必友认为，清代的严如熤即已经发展起中国完整的田野调查学科理论与方法。这些方法正是二十世纪初期引进西学诸大家，在中国开展田野调查时所采用的方法。他因此将严如熤定义为田野中国学先驱。这个定义是否准确可以进一步讨论。但梳理中国传统的田野实践，探索其中的理论与方法，并将中国传统的田野研究放进世界田野调查学术史中加以观察，从中吸收有价值的东西，我想，这个思路应该是值得肯定的，也是没有疑义的。党的十九大报告提出，要“推动中华优秀传统文化创造性转化、创新性发展”。中国古代学者在田野调查方面所做的探索，也是中国优秀传统文化的一部分，是当代国际田野学科中的重要学术思想资源。特别是在当代国际田野学科的学术体系中，如何以中国传统的田野理论与方法去深入认识世界，发展出以中国学术智慧为本位的世界发展知识体系，这是学者们需要加以深入思考的课题。

摆在我们面前的这三本著作，各有侧重，又相互补充。《田野中国学研究论纲》主要是提出田野中国学当前的一些研究课题、初期理论与方法等等，这是一个初步研究，成熟的理论概括还有待后来的学者。《浦市文化研究：田野中国学学步集》是由在浦市古镇开展田野调查的硕士研究生写的学位论文汇编。这些研究生都是谭必友教授团队指导的学生。他们按照谭必友倡导的田野中国学的理论与方法，在浦市古镇开展田野调查并撰写自己的学位论文。这种前后多届青年学者坚持在同一个田野点开展田野的方法，谭必友称之为基地式田野。基地式田野为这些研究生的科研形成一个学术共同体创造了条件。《田野中国学先驱：严如熤传》目前只是对严如熤的田野调查与他作为政府官员的行政活动做一个初步勾勒，还没有对他的学术活动加以全面评估研究，这是一个缺陷。希望在以后，有学者能够就中国传统田野研究的学术价值做全面深入的研究，或者就严如熤的田野学术研究写一本思想评传，这将会做出更大的学术贡献。是为序。

绪论　田野中国学何以可能

田野中国学何以可能？这对于一个新兴理论来说，是十分关键的问题。谭必友与赵杰两位教授在不同时期各自独立地发表了学术论文，对此做出了不同的思考与回答。这些思考涉及田野中国学的不同方面，但前后具有紧密的逻辑联系，对于我们深入探索田野中国学相关理论问题有着重要意义。下面的几点思考，分别是谭必友与赵杰教授在不同时段所做的思考，并分别写成了学术论文发表。这里将这些论文稍做删节，作为本书的绪论。同时，为了深入阐释田野中国学的研究必要性，我们在这两篇文章之外，又分别站在“一带一路”与大国责任两个视角，对田野中国学的必要性与具体对策进行了深入阐释。

一、主要概念题解

田野中国学是从田野调查研究的实践中产生的，同时也是对中外田野学科进行学术反思的结论。为了在本书中对这一学术思路做出顺利阐释，我们必须先对相关概念进行解析说明，以避免读者在阅读过程中产生不必要的思维跳跃。

（一）浦市田野

浦市田野是对我们学术团队在浦市镇所开展的田野系列调查及文化研究所做的概括，目前已是我们团队的一个专用名词。浦市镇位于湖南省湘西土家族苗族自治州泸溪县东南。在现代交通普及之前，浦市镇是沅水流域的一个重要而繁华的水运码头。从2012年夏天开始，由谭必友教授率领的学术团队即开始在浦市开展田野调查。2014年10月湖南师范大学组建了民族学与人类学研究中心，由谭必友担任学术领导。从此这个学术团队在民族学与人类学研究中心的旗帜下开展工作。内部教学与专业培养，主要是人类学与社会学。对外则以民族学与人类学作为学术认同的边界。研究中心的办公场所名叫熠园，因此，中心同仁又以熠园团队相称。熠园团队的主要田野调查基地就是浦市。浦市田野成为我们团队主要的学术特征，成为校内外同行朋友认同我们学术的一个标志性学术概念。本书对学科史所做的反思，基本上是立足于我们在浦市田野调查中的经验性认识。因此，浦市田野将是本书出现频率最高的概念之一。有关浦市田野的过程、主要课题、研究成果等等，我们会在不同的章节中进行详细的介绍。

（二）田野学科

田野学科是我们对运用田野调查作为主要研究手段的学科的统称。主要涉及西方民族学、人类学、民俗学等学科。这些学科具有研究内容与研究方法的共同性，研究方法都是田野调查，研究的对象是文化、习俗、仪式及行为模式。在国内学界，目前一般做法是将民族学与人类学混称。[①] 其实，民俗学也大体属于同一个学科范围，其他如民族语言学、民族考古学等都属于这个范畴。随着当代新兴交叉学科的兴起，一大批新兴学科都开始采用田野调查方法进行学术研究。这些学科包括民族社会学、民族艺术、民族体育、民族法学、民族教育学、艺术人类学、经济人类

① 何星亮. 关于“人类学”与“民族学”的关系问题［J］. 民族研究，2005（5）：41-50.

学、民族文献学等等。这些把田野方法作为主要研究手段的学科，目前分布到很多学科中，严重影响了学科之间的交流。因此，我们通过田野学科这个概念，将传统的这些运用田野方法开展学术研究的学科统一在一起。为便于我们深入比较研究，我们特将这些学科统称为田野学科。中国现代意义上的田野学科一般都宣称自己来自西方田野学科，因此恪守西方田野学科的研究范式。

（三）创知致用

创知致用是由两个词组合而成，即知识创新与经世致用分别简称之后再合成一个词。先来看看知识创新，这个词是目前高校管理中使用比较广泛的一个概念。但对于这个概念的规范却并未得到统一。有人将知识创造与知识创新进行区别，认为知识创造就是创造新的知识，知识创新是将所创造的新的思想性的流程性知识具体应用于实践并开发生产出新产品的过程。① 但也有学者认为，知识创新就是创造新的思想与知识。知识创新是基础性与应用性知识创造，技术才是知识的应用。知识创新就是新知识的生产。“美国学者 Amid om（1993）提出：知识创新是指科学家和工程师进行跨学科、跨行业、跨国家合作，研究共同感兴趣的问题，其研究结果加速了新思想创造、流动和应用，加速了这些新思想应用于产品和服务，以造福于人类社会的过程。”② 本书是在创造新的知识的层面使用这一概念。就是说，通过田野调查，创造出新的理论、新的思想。所以，我们又把这个词简称为创知。

关于经世致用，这个词是中国传统文化中的一个高频词，是儒家用于表达学术研究的实用目的或功利目的。按这个词语的本源，经世就是经国济世，致用就是通经致用。经世致用一词是传统儒学在讨论实用性时的用词，一直没有很好地规范，迄今为止，可以在很多层次上使用这个概念。我们在此就是表达学术研究必须对当下的社会发生实际功效、产生实际效

---

① 晏双生．知识创造与知识创新的涵义及其关系论［J］．科学学研究，2018（8）：1149-1152.

② 马海泉，樊秀娣．知识创新能力：大学的核心价值［J］．中国高校科技，2019（5）：4-9.

果。对于我们的田野调查来说，不仅仅要创造新的理论与思想，还要对田野调查地群众、政府或企业带来一些见得到的积极影响。这就是我们讨论田野调查的宗旨的时候所使用的经世致用。为了将这个带有明显传统学术特征的概念与现代学术概念结合起来，我们把这个词简称为致用。有时候使用全称“经世致用”，有时候使用简称“致用”。特别是与创造新知识的概念相结合，则简写为“创知致用”。创知致用融合了中国传统文化中的实学精神与现代学术研究的创造理论知识与新思想，我们把这个新的学术研究原则确定为我们对浦市田野的一种学术期待。

（四）学术反思

这是本课题研究采用的主要方法。原本田野学科采用的主要研究方法是田野调查，但本课题是对田野学科的纯粹理论研究，采用的方法就是学术反思。反思来源于德国哲学的概念，但不完全是在德国哲学反思概念上使用这一概念。在这里，就是运用浦市田野经验对田野学科中相关理论的观照或再验证。追问的问题在于，以前的旧理论主要有哪些贡献与局限？我们应该如何去克服这些局限？正是在这样的反思中，我们提出了田野中国学的学科概念，通过对这个新学科的规范，达到解决田野学科历史上没有解决的理论问题。

二、关于建构“田野中国学”的几点思考

晚清甲午战败，使中国知识分子终于从二十多年的洋务运动中醒了。醒来的第一件事情，就是引进西方的社会科学，政治学、法学、哲学、历史学、社会学、经济学、人类学、语言学、民族学等相继而生。中国终于从传统的人文学术走向人文与社会科学相辅相成的新学术时代。检视一百多年来的学术历程，对于我们今天的学科发展，特别是总结成绩、创新未来有着极为重要的意义。倡导“田野中国学”的研究，也正是基

于百年学术实践检讨的一个设想。本文标题，名为思考，其实不过是浅析，有所议论也仅为倡议而已，不当之处在所难免。希望以此达到抛砖引玉之效。

（一）中国文化研究中逐渐出现的裂痕与隐患

为什么要倡议“田野中国学”研究？这是不是我们仅仅出于标新立异的想法而突发奇想？不是的。如果我们对近百年来与文化相关学科进行反思，我们就会自然而然地认同“田野中国学”所包含的学术旨趣。那么近百年来的文化研究，到底有什么值得我们反思的问题呢？百年文化研究，成绩非常突出，影响巨大。但是，我们在这百年学术实践的反思中，也意外地发现，我们在弘扬中国文化的同时，也引发了一些意想不到的严重问题。其中一个是文化“裂痕”，另一个是文化价值大小的争论。这两个问题都给中国文化研究埋下了一定的隐患，这些隐患是每一位文化研究者都不想看到的后果。

1. 中国文化研究中出现的裂痕：汉族与少数民族文化二元分割的不当预设

对少数民族历史与文化的研究，古已有之。但是古代的研究，主要目的是实现对少数民族的更好统治，记录的内容以历史事件、地理与风俗为主。真正对少数民族的历史与文化进行科学、全面、系统的研究，还是自人类学民族学传进中国之后才开始的。从20世纪20年代末期，民族学与人类学对国内少数民族开展有系统的调查算起，其后二十余年中，在研究成果的归类中，学者们一直严格地使用民族学与人类学的国际通行术语。中华人民共和国成立后，这个规则逐渐被“少数民族研究”所取代。中华人民共和国成立初期，基于行政管理上的需要，党政部门大量使用“少数民族工作”“民族工作”“民族事务”等术语，随后学术界逐渐跟进，使用“少数民族语言调查”“少数民族历史调查”“少数民族文化调查”等词语，加上国内学科调整，人类学、民族学渐次被取消，少数民族研究逐渐成为一个通行的学术研究类型。20世纪80年代以后，以“少数民族”为主题词的研究成果蔚为壮观。在这个基础上，国内还出现一大批近乎标准的“少数民族史”“少数民族文化史”“少数民族文化概论”“中国民族史”等概论性的著作。这些著作将“少数民族”作为一个统一的类别而捆绑在一起，并成为中国学术话语中一个“约定俗成”的研究对象。由这个约定俗成，又引出另一个约定俗成，那就是在中国历史与文化的研究中，形成了一个二元分割的框架结构：中国传统文化与中国少数民族文化二元分割。比如研究中国传统文化，必然指的是以中国古代经典文本所讨论的文化，有人概括说，就是以儒家文化为核心的汉文化，也有人说就是儒释道文化。总之，中国传统文化研究很少涉及少数民族文化传统。少部分学者在中国传统文化研究的概论书籍中，为少数民族文化留下一点空间，也只起到点缀的作用。我们的问题是，为什么要这样划分？对中国文化的二元分割的理论预设是否科学或准确？

2. 中国文化研究中出现的争论：大传统与小传统之间的文化主次争论

中国民俗学、中国民间文学与人类学等学科在研究中国民间文化时，其遭遇与民族学人类学探讨国内少数民族文化很相似。民间文化的学术研究价值被其他学科定位为辅助性地位。20 世纪 80 年代以后，在国家历次修订学科目录的过程中，民俗学、民间文学等学科也一直没有找到自己的合适的学科位置。

一些学者在讨论宗教与伦理时，将美国人类学家雷德菲尔德的大传统与小传统理论运用于解读中国的文化传统，“大传统就更为重要。大传统规范、导引整个文化的方向，小传统提供真实的文化素材……所谓中国文化基因的形成，正是主要在大传统逐步分离出来以后逐步形成的。早期儒家思想正是这一大传统发展的结果”①。此处所言大传统即是文本化了的儒家文化及其他经典文化，小传统正是我们所讨论的民间文化。在这些学者看来，民间文化仅仅是大传统的素材，仅仅是文化传统的辅助性文化而已。这种思想几乎成了中国学术界的一个常识性看法。所以，民俗学也好，民间文学也好，其实都找不到自己的学科归属。1997 年以来教育部颁发的学科目录中，这两个学科都被纳入与它们相隔很远的社会学学科之

---

① 陈来. 古代宗教与伦理——儒家思想的根源［M］. 生活、新知、读书三联书店，1996：13-14。

中，这正反映了学术界对“大传统”正宗地位的不恰当认知。

然而，对于民间文化到底具有什么样的学科地位，在文化传统中，到底是文本化了的经典文化是大传统，还是这些实实在在的田野中的活态传统文化是大传统？显然这原本就还是一个需要进一步深入讨论的学术难题，这不是短短几百字的逻辑推理就能下结论的。所以，针对这类观点，就有学者出来加以重新检讨，并得出相反的结论，“上层文化与下层文化一样，都是人类文化的创造，而且下层文化是成千上万人的创造，而上层文化只是少数几个人的创造，上层文化是被下层文化决定的……下层文化更为本质、更为本色、更为基础，当然也就更为重要”①。

3. “国学”热背后的学理缺陷，使文化研究中的裂痕与争论进一步明显

中国文化二元分割的学术架构因缺乏学理上的质疑而得到广泛运用时，国内又再度兴起了“国学”热。“国学”的兴起，进一步将汉文化提到国家品级的高度，而将少数民族的文化传统打入“非国家级”的、地方性、民族性的层次。

国学的再度兴起，还预置了另一个学科歧视。把文本化了的典籍文化上升到“国”的品级，也无意中宣布了民间文化的从属地位。存在于中国人民生活中的文化传统还能不能发展？有没有重要的意义？很多大学国学院的举办，更是起到推波助澜的作用。

国学兴起背后隐藏的这两个理论预设及其学理缺陷，成为一个必须解决的大问题。国学还要不要继续搞下去？能不能继续搞下去？如果要继续发展，应怎样弥补现存的学理缺陷？田野中国学就是在这种背景下提出来的。

（二）田野中国学研究的意义

1. 田野中国学可以修复文化研究中的二元分割裂痕及其隐患

自从国学复兴以来，国学运动席卷中国的各层次文化教学与科研机构

① 朱炳祥．社会人类学［M］．武汉大学出版社，2004：190.

以及其他各种领域。连各种层次的企业经营培训都纷纷打出“国学与管理”等大旗。但是国学运动使文化研究中的“大传统”与“小传统”、“中国传统文化”与“少数民族文化”这两对二元分割而导致的文化裂痕进一步扩大化了。可是，无论是国学一词，还是中国传统文化一词，都有了一百多年的使用历史，要修改这两个概念，无论是从感情上，还是从实际操作上，估计都没有可能性。但我们又不能无视文化研究中二元分割裂痕进一步发展下去。怎么办？田野中国学的使用，正好可以修复文化研究中已经存在的裂痕。

第一，田野中国学把无论是汉族还是其他少数民族的活态文化都统一在一起，这样，大家都具有了“国家级”品质，都是中国的传统文化。在田野中国学里面，至少从学理上来说，不存在强行将少数民族的文化捆绑打包在一起的现象了。我们通过这个学术提升工作，就可以逐步修复我们在文化研究中无意引发的裂痕。通过田野中国学将汉族的传统文化与其他各民族的传统文化很好地统一成一个有机整体。

第二，解决了学术界关于“国学”与“民间传统”之间谁更重要的学术争论。因为，国学是“国家级”的品质，田野中国学也是“国家级”的品质。这样大家不必为自己所研究的学问到底是重要的还是次要的而做无益争论，各自潜心做自己的研究工作，各方通过自己的研究成果来证明自己学科的重要意义。

文化裂痕一旦存在，如果不加以修复，它就会产生越来越大的隔阂。社会中出现较大动荡，总可以在其前期出现的文化裂痕中看出前兆。中国要实现中华民族文化复兴，保持文化的统一性与完整性，是一个基本的前提。田野中国学以此为文化使命。

2. 反思学术实践，寻求学科提升，是推动学术创新的一个环节

提出“田野中国学”研究，并非我们一时心血来潮的倡议。早在20世纪80年代，钟敬文先生在参与当时的文化大讨论时，就提出了类似的主张。钟先生说：“从30年代起，我就注意到广大民众自己所创造、享用和继承的文化并且创用了‘民间文化’这个新术语。我曾经为一个教育刊物编辑了‘民间风俗文化专号’……我甚至拟用这个名词去代替‘民俗’一词，而把民俗学称为‘民间文化学’……近来有些美籍华裔的同行，也赞成用‘民间文化学’代替‘民俗学’术语的想法。”[①] 钟先生试图通过“民间文化学”这个术语来提升民俗学的中国研究。我们则是企图通过“田野中国学”的术语来提升有关中国社会中活的传统文化的研究，为民族学、人类学、民俗学等学科的中国研究提供更加广阔的舞台。

“民间文化”与“少数民族文化”这些学术名称给人们留下的次要性地位的普遍印象，还产生了两个不好的后果。一是直接影响了读者的阅读偏好，读者在选择阅读时，对“民间文化”与“少数民族文化”常常采取“猎奇”的阅读心态，认为这些学问对人的素质或能力的提高没有实质性意义。二是读者的阅读偏好进一步影响了这些学问的研究队伍。研究者大多底气不足。有学者反映，许多大学在开课时，都将这些带有“民间”性质的课程列为任意选修课，在专业选修、必修课里面很难找到这些课程的位置。

（三）田野中国学的研究对象

1. 田野中国学的研究对象是什么？

关于研究对象。田野中国学就是研究存在于中国人现实生活中的文化及其传统。命名为田野中国学，包含以下三方面的含义。

第一，这些文化及其传统存在于田野中。简单来说，这些文化不是以文字的形式著于中国古代的典籍中，而是以民俗、口承传统、生活方式以及部分文字等存在于中国人的现实生活中，是中国老百姓生活的一部分，是一种活的文化。既与传统的文本（或典籍）中的文化有一定联系，又与这些文本（典籍）中的文化保持着很明显的界线。这些文化与许多学者借用雷德菲尔德所使用的“小传统”有某种一致之处。

第二，这些文化、不论其所处地域，也不论是属于哪个民族，都是中国文化的一部分，是中国文化的有机构成。其中优秀的传统，也一定代表着国家的利益。

第三，这些文化由于是活生生的现实的一部分，并没有完整的文字表

① 钟敬文. 话说民间文化［M］. 人民日报出版社，1990：2-3.

达，对他们的研究、认识、利用与发扬，都需要借助田野作业才能完成。离开田野作业，对这门学问来说，就失去了研究的可能。

以上三个特点说明，田野中国学不仅仅是表明它的研究对象是活态的文化，对它的研究也必须借助田野作业的方法才能完成。也就是说，从研究内容到研究方法，都具有名副其实的“田野”特性。

2. 田野中国学研究的三领域七主题

所谓三大领域，就是各民族文化、各地域文化、宗族文化。由这三大领域又引出另外四个课题：各民族历史遗产研究、非物质文化遗产及其保护研究、中国民俗传统研究、田野中国学与国学互动史研究。以上三领域四课题，我们合称之为七主题。

（1）中国各民族传统文化研究。自20世纪80年代以来，几代学者经过三十余年的艰苦科研，已经使这门学问很成熟了。也可以说，正是这门学问的广泛深入开展，为我们今天提出田野中国学打下了坚实的基础。除少数有文字的民族以外，中国绝大部分民族都没有自己的文字，民族的文化一直依靠各种仪式、生活过程、行为方式、口头传统等实现传承。这些文化必须借助学者的田野作业才能呈现出来。

（2）中国地域文化研究。中国是一个历史悠久、文化多元的国家，通过历代中央王朝的统治，建构了国家文化统一体。在这个统一体中，各个区域性社会也通过培育自己的精英、发展自己特色的文化载体、标榜自己的价值追求等方式，形成了各具特色的地域文化。诸如人们公认的中原文化、三秦文化、燕赵文化、中州文化、齐鲁文化、三晋文化、湖湘文化、蜀文化、巴文化、徽文化、赣文化、闽文化、荆楚文化，等等。当然，现实生活中，人们还习惯于在更小的地域范围来命名地域文化，如凤凰文化、平遥文化、丽江文化等。

（3）中国宗族文化及其成就研究。有学者认为中国宗族制度产生于商周时代，定型于汉朝。这样说来，宗族制度是中国历史上培育时间较长、从未间断的群众自组织制度，而且盛行于中国绝大多数民族之中。中华人民共和国成立之后，这种制度受到了前所未有的冲击，加上近几十年以来持续推进的城市化与工业化运动，中国的宗族制度事实上已经处于瓦解之中①。作为制度，它的命运是相当暗淡的，但是，作为一种文化，它依然与中国人的世俗生活融合在一起。

（4）中国各民族历史遗产研究。我国绝大部分民族都有一个长期地受中央王朝征服，以及各民族反抗侵略的斗争历史。汉族也不例外，也经历了多次抵抗其他民族政权的历史。这些历史记忆成为各个民族生活中一个重大的价值取向。因而有关自己民族历史上如何抵抗中央王朝的统治、争取独立的民族斗争，成为各民族口述传统中的重要内容。我们把这些包含了民族价值取向的、抵抗强权的口述传统视为历史遗产。这样的历史遗产既真实地反映了作为多民族国家的中国，在完成多民族统一的过程中所走过的艰难曲折的道路。同时，这些遗产也给我们今天的统一带来诸多学理上与法律上的难题。今天，经过七十多年的社会主义实践，各民族都完成了文化自觉，这些问题就无法回避了。如何超越中华人民共和国成立之后我国学术界建立起来的历史遗产研究框架，成为今天民族文化研究中的重大课题。

（5）文化遗产与非物质文化遗产及其保护研究。中国文化遗产与非物质文化遗产都极其丰富。一方面这些文化遗产本身需要进一步发掘利用，另一方面在这些遗产中有许多都处于濒危状态，因此需要我们深入开展保护研究。目前，有关这方面的研究活动及其成果，还没有明确的学科归属。有学者把这项研究活动纳入民族学范畴内，有的学者将其纳入民俗学或人类学研究范畴。在我看来，在中国，它的最恰当的学科归属，就是田野中国学。

（6）中国民俗传统研究。民俗研究原本与上面诸课题有交叉重复之处，但正因为与他们是交叉关系，所以还是有必要单列为一个类型。有关这个课题重要性的研究及其内容都已经得到学者们的广泛讨论，在此不再赘述。

（7）田野中国学与国学互动史研究。田野中国学与国学之间没有明显的界线。如果去掉价值判断，国学就其本质来说，其实是写在文本中的文化传统。而田野中国学则是通过田野作业建构的文化传统。在西方历史学

① 谭必友．古村社会变迁——一个话语群的分析实验．民族出版社，2005：123-131.

中，分别使用“Written History”与“Prehistory”两个词语来区分文明史与史前史两个领域。我们不妨借鉴这个学术划分方法，把国学与田野中国学分别使用 Written Chinese Studies 与 Field Chinese Studies 两个词组来表示。通过这种对比，可以更清楚地看清两者的学理关系。这两者之间，长期处于相互影响相互渗透之中。

3. 田野中国学的研究方法

田野中国学这个学名本身，就暗示了它的研究方法必须借助田野方法，或者叫着田野作业。西方学者使用 Fieldwork、Field Study 等等。就是人类学、民族学、民俗学、考古学等学科使用的田野调查方法。田野调查方法在以上学科中已经发展得非常成熟，田野中国学就是借助这个方法进行研究工作。我们使用“借助”这个词，还因为田野中国学研究，除此以外也需要运用其他多种研究方法。只是，无论采用什么样的研究方法，都不能离开基本的田野作业，田野作业贯穿整个研究过程，是最基本的方法，是“必须”借助的方法。

（四）田野中国学与相邻学科的关系

以教育部 1997 年颁布的《授予博士、硕士学位和培养研究生的学科、专业目录》（全国）为依据，田野中国学最为紧邻的一级学科有民族学，二级学科主要有人类学、民俗学（含民间文学）等；次一级邻近的二级学科还有考古学、专门史、中国哲学、宗教学、伦理学等相关学科。田野中国学与这些相邻学科是什么关系？

第一，田野中国学不是一门独立的学科，至少目前不是。而我们列举的这些相邻学科，不仅仅有自己的独特研究对象、理论与方法，而且它还是中国官方颁布的标准的学科成员，是一个标准的学科名称。这种官方学科身份决定了它有一套标准的教学与科研程式。但是，田野中国学仅仅是一个研究对象。将来能否形成一个标准学科，现在还无法判断。它的命运与国学的命运完全一样。

第二，由于田野中国学只是相邻学科的研究对象，它与相邻学科之间是学科理论方法与研究对象的关系。相邻诸学科从西方传入一百多年来，在研究中国现实社会的过程中，既有这些学科的一般特征，又形成了中国的个性。它们有自己的学科追求，它要解决的问题就不完全是探索中国的传统文化，而是还要解决一些带有全人类普遍规律性的问题。当这些学科重点在阐释中国文化传统的时候，就与田野中国学是重合的；当它们探索人类发展变迁中的一般规律时，就与田野中国学保持了距离。

第三，与国学相应，田野中国学不是社会科学，而是人文科学。关注并发扬传统文化，努力通过田野作业阐述中国文化的伟大传统及其现代意义，是这门学问的主要追求。它的相邻学科大多都是社会科学，或者兼具社会科学与人文科学两种特征。（本文原刊于《北京市行政学院学报》2013 年第 2 期）

三、研究中华优秀传统文化的“车之两轮、鸟之两翼”

——论田野中国学与文献中国学的互补关系

赵　杰

（一）中华优秀传统文化的积累、传承之特征

中华优秀传统文化是世界上唯一一条五千多年没有中断的文化长河，经过漫长而悠久的历史打磨，筛沙淘金，历代积累，形成了浩如烟海的文化典籍，也在广大民间存遗了丰厚的语言方言、口头传说、家谱、地契、度牒等资源。

中华优秀传统文化是一个多民族长期积累的文化百家园，或者叫作多民族的共有精神家园。其中，以汉族为主的文化精髓，如以孔子、孟子为代表的儒家思想，以老子、庄子为代表的道家思想，以华严宗、禅宗为代表的汉传佛教思想，留下的书面文献典籍数不胜数，比如，从十三经到四书五经，老子的《道德经》，汉传佛教的《金刚经》等，一代一代的儒释道传人可以通过其经典文献学习、传递。但是，文献毕竟是有限的，代表

中华优秀传统文化的汉族文化，传递文献也是一代又一代地精选，比如汉儒文献，从两汉的十三经到宋代朱熹的四书五经，已经精选很多了，再到清末和五四运动，由于受“打倒孔家店”的影响，一些儒家经典文献遭到损毁，人们对儒家经典文献已经所知甚少了。

到了今天，年轻学生对中华优秀传统文化原汁原味的文献典籍或读不到，或读不懂（图书馆、博物馆虽有文献原文，但因无标点，又是繁体字，一见就望而却步），他们对中华优秀传统文化的继承，一方面是大、中、小学校的老师在课堂上的传授，另一方面是自己读书或从媒体及手机中了解到，更多的则是在民间通过社会和家庭成员中的相互传递、耳濡目染而学到的，有时又是不知不觉在社会环境中熏陶而得到的。因此，可以说，中华优秀传统文化积累之方式，传承之渠道是多方的，多元的。我们发掘、研究中华民族的优秀传统文化，尤其是经典文献缺乏的少数民族文化，要从他们无文字的民间田野去发现，去汲取，已成为毋庸置疑的方法论原则。

（二）田野中国学是文献中国学的重要补充

前文叙述了中华优秀传统文化的积累和来源的多元性，尤其是经典文献和田野民间两大文化宝库的存留性。那么。要说到两大宝库，还要从文献大国学说起。文献自不必说。是各民族历史上积累下来的书面文献典籍，是收藏在图书馆和博物馆或研究院、大中小学校教材库里的记载不同时代的各学科的文字资料，大国学则是除汉学的孔子孟子之儒学、老子庄子之道学、汉传佛教之外的中华各民族能够上升到国家层面的优秀传统文化。例如，建立过清朝中央集权国家的满学、建立过元朝中央集权国家的蒙古学、建立过吐蕃王朝和藏传佛教的藏学等，概言之，中华各民族为缔造伟大祖国做出贡献的各种文字文献记录。

但是，我们应该看到，无论是汉学，还是满学、蒙古学、藏学，其国家文献记载的历史都是不够全面细致的，许多优秀民族文化的材料还存留在民间老百姓的家中，或者还鲜活地存留在各民族日常的语言口语中。

比如，许多少数民族的史诗就是靠口头传说而代代相传的，许多民间收藏家不仅藏有大量珍贵的珍宝、古玩、古陶、古画等，还藏有大量国家图书馆、博物馆和当代教科书中没有的绝版书籍、古传禁书等，特别是各地区、各民族用不同语言文字记载并流传的家谱，更是一部部与正规史书互补互印的中华民间文化历史。甚至可以说，我们今天习惯性地、认为已经定论的中华民族历史史实，往往也是不够全面的。从民间、从田野中调查来的材料或口头民间文学，尤其是汉语方言和少数民族语，大量地叠床架屋地保留着不同历史年代的政治、军事、经济、文化、民俗等真情实貌，这是需要学者从田野、从民间不断调查研究才能获取的。

因此，也可以说，田野中国学即从民间调查来的除图书馆、博物馆、教科书之外获得的田野民族文化材料，是文献中国学的重要补充，而且可能比文献中国学有着更为丰富全面、更具历史纵深价值的中华民族优秀传统文化内容。田野中国学至少与文献中国学一样，是中华优秀传统文化一块硬币的两个面之一。甚至这块中华文化硬币的田野中国学一面，至今研究、挖掘、发现的工程还没有完全打开。田野中国学是一个方兴未艾的聚宝盆，许多分支特别是少数民族文化分支，仍然是未开垦的处女地。

（三）“礼失而求之于野”

中华优秀传统文化的微观文化研究即语言学研究有一个很重要的方法论原则，叫作“空间的差异反映时间的发展”，它指的是现实的语言或方言在地理分布上的依次差异反映了语言历史上不同时代的变化之先后。例如，汉语方言广州话有入声塞音尾—p、—t、—k，上海话都变成了喉塞音尾—ʔ，但是到了北京话，就完全消失了喉塞音尾，成了零形式[①]。从珠江流域到长江流域，再到永定河流域，空间的入声塞音尾的差异反映了汉语从华南存古到华东有变，再到华北全变的语音发展历史层次。

“空间的差异反映时间的发展”之方法论原则同样适应于田野中国学和文献中国学的先后之差异，有时书面文献记载比较稳定且滞后，而中华文化的发展在不断地与时俱进。比如，现代汉语文献记载的白话文长句不

① 零形式指语言的音节尾是元音结尾，没有任何辅音。

仅与古代汉语记载的文言文言简意赅的短句不同，而且反映了现代人不同于古代人的价值观。我们今天看到的中央文件和人民日报、中央电视台的书面语表达法，变化很快，也有变化太快而失误的例子（比如“文革”时期过左的言语等），以至于年纪大跟不上形势的人都似懂非懂，但民间尤其是偏远山区、少数民族地区，则有一种千百年不变或变化缓慢的特点，因此几千年形成的道德价值观等常常不受激变的书面文件的影响。

比如，“文革”中过左的口号和过激的言论，民间田野中没有进入，全民致富时有的人图财害命，道德沦丧，但基层民间中却仍然保存着纯真的“仁义礼智信”之道德，许多没学历甚至不识字的民间老大妈，她们的为人处事之伦理，称得上是现在城里人的楷模，就是因为民间保留了千百年来流传下来的中华优秀传统文化所涵养的人格魅力和道德风范。这是被金钱或名利腐蚀的一些现代人所不具备的，正所谓“礼失而求之于野”。

因此，研究田野中国学，比单纯研究文献中国学，有更为意想不到的学术价值。可以说，田野中国学所要发掘、发现和研究、弘扬的内容可能要比文献中国学更丰富，更具有鲜活、广博之富矿性质。而在这方面，中国的学者和学界，还认识得远远不够，或者叫作：坐在城市里的书斋研究文献有余，下到乡村田野里挖掘民间资料不足。所以，2019 年 3 月 4 日全国两会期间，习近平总书记在出席政协会议的文艺界、社科界委员的联组会上强调说：“哲学社会科学工作者要走出象牙塔，了解百姓生活状况，解疑释惑，把学问写进群众心坎里”。他还接着说：“要把中国的事情搞清楚，把好脉，不接地气不行啊！”美国 20 世纪 30 年代流行从大学书斋走向田野，产生了一批蹲乡下，做“泥腿子”的教授，由此创建了中西部一些应用型大学，极大地填补了美国科学与人文的研究内容，也提高了美国学的研究水平，这也是田野补充文献的有力证据。

（四）“读万卷书，行万里路”是中华文化习得的必踏两轮，也是中华文化研究的必行之径

中国从古至今，历代大儒、高官、巨商，无不奉行“读万卷书，行万里路”的万古箴言，这是中华优秀传统文化得以在文献中国学和田野中国

学两大路径中得以积累和生成的不变法门。

历代知识分子无论是治学、经商，还是从政，成功人士均履行了“读万卷书，行万里路”的两种职能。在他们从事某一事业之前，习得知识和真理也是走了这两条路，而不是仅仅一条，因为仅走哪一条路都容易使知识的习得形成偏颇而影响了后来的建功立业。比如，仅仅“读万卷书”，确实能学富五车，满腹经纶，但往往容易过于“唯书”“唯上”；到了近现代，就成为“教条主义”，让勇于实践的人笑为“书呆子。而仅仅“行万里路”，即奉行实践唯一的哲学，拒绝从前人的经典文献中吸取经验教训，也是难以上升为理论；或者容易犯“一孔之见”之毛病。因为一时一地的实践总有局限性，要结合前人的经典进行纵向梳理、借鉴，才能不失偏颇，不至于“只见树木，不见森林”。

既“读万卷书”学习文献中国学的知识，又“行万里路”走进田野，与民间百姓零距离来往，去感受实践实知，这样才能全面而完善，实现理论与实践的有机结合，书本阅读和实践体悟的有机结合，做到学习书本知识时，能博闻强记，能批判吸收并加以想象力的创造，达到推陈出新；亲历田野现场学习经验时，能勇于实践，敢于动手，履行“踏石留印，抓铁有痕”① 的实干精神。

把“读万卷书”和“行万里路”融为一体地去获得真知，正是历代志士仁人成功人生和成就伟业的秘诀。例如，春秋时的孔子就是读《尚书》和周公的礼书，周游了列国，才做成了修《春秋》、设私塾、留《论语》的立德、立功、立言之伟业；唐代的李白也是宫廷任职、学诗学律，然后走遍祖国名山大川，进而写出惊天地、泣鬼神的不朽诗篇，成为人们公认的诗仙。清代康熙皇帝玄烨四岁半开始就在北京皇宫学习汉语汉文进而学习四书五经，学习新老满文，之后一生手不释卷，16 岁除鳌拜后开始亲政，又勇于实践，北上平定朔漠，亲征噶尔丹，又六下江南，两次东巡，治理黄河时还亲自到黄河视察，直接踏查水位，“读万卷书，行万里路”使爱新觉罗·玄烨开创了康乾盛世。

毛泽东是现代人中“读万卷书，行万里路”的第一典范。他老人家年

① 这是一句民间谚语，指人抓到一块钢铁也能留下较深的印痕。这一谚语因为成了习近平总书记治国理政的关键词而一举成名，强调的是针对困难任务要动真格、见成效。

轻时在湖南第一师范读书时就刻苦学习，认真阅读记载中华优秀传统文化的儒释道经典，在北京大学图书馆做管理员期间，他又珍惜机会，认真学习马列主义著作，树立了一生为共产主义而奋斗终生的信仰。之后，毛泽东就开始了“行万里路”的伟大实践，他从湖南农民运动讲习所开始，到秋收起义上井冈山，再到瑞金中央苏区，一直在结合土地革命斗争的田野实践进行革命理论的创造，写出《星星之火可以燎原》等理论与实践密切结合的论著。五次反围剿失败后，毛泽东在战略大转移中领导中央红军四渡赤水，参加遵义会议开始主政，在红军长征中，爬雪山、过草地，到达陕北延安不久，与胡宗南周旋，又转战陕北，最后终于取得大反攻的胜利。

中华人民共和国成立前，毛泽东把马列主义经典理论与中国实际相结合，用于农村包围城市，武装夺取政权的伟大实践斗争中，领导中国人民创造了马克思列宁主义与中国具体实践相结合的毛泽东思想。中华人民共和国成立后，毛泽东作为一国的领袖，仍然奉行“读万卷书，行万里路”的领导模式和生活范式。他老人家在北京中南海丰泽园颐年堂的个人图书馆手不释卷地阅读古今中外的图书典籍。1972 年日本首相田中角荣来华访问，毛泽东送给他《楚辞集注》作为礼物，充分代表了毛泽东作为大学者、大领袖的风范。毛泽东在历次讲话中无不引经据典，即使国泰民安，毛泽东仍然不放弃“行万里路”的实践，“毛主席走遍祖国大地”成为 20 世纪五六十年代中国各族人民爱戴伟大领袖的主要榜样例证。直到 20 世纪 70 年代在他逝世前的几年，还视察全国各地。毛泽东是中华优秀传统文化培养起来的伟大的马克思主义者，同时又是“读万卷书，行万里路”的理论家与实践家。

既然习得中华文化必须脚踏“读万卷书，行万里路”之两轮，那么，研究中华文化也必然要在“读万卷书，行万里路”的前提下走文献中国学与田野中国学结合之路。研究中华文化利用文献中国学，即充分利用汉学、满学、蒙古学、藏学等书面文献去梳理、提炼治国治学之精华，找出当今中国所需借鉴的发展之规律，这是许多人都不怀疑的，自不必多论；而要多论的则是田野中国学的补充，一块硬币的两面之一的田野作用，至今仍没有引起学者们的高度重视。

其实，田野中国学与文献中国学一样，在研究中华文化中有二分天下有其一之作用，可谓“车之两轮，鸟之两翼”，有许多这方面的例子可以证明它的不可或缺的重要性。远的不说，近代以来许多重大学问的发现、新学科的奠定，都与田野中国学密切相关。

20 世纪初甲骨文的发现，产生并发展出古文字学，而这个重大发现就是河南安阳郊区的农民在田野中翻地耕作发现了白的兽骨，才诧异地告诉他人，一直关注田野实践研究的学者从这些兽骨中辨认出上面是一种文字，进一步确认是殷商时期刻在甲骨上的文字。

当然，田野中的发现如果没有书面文献对殷商历史知识的储存和熟通，也不会一下子悟出它是远古时代古文字的重大发现，正因为田野发现与书面文献相对照、相印证，一批中国历史学家加上日本学者共同研究辨认，才完整地还原出殷墟刻辞，找出了甲骨文记载殷商时代治国安民及战争征伐等的真实面貌，从而诞生了古文字学科和罗振玉、郭沫若等一批杰出的古文字学家。

20 世纪初，甘肃敦煌莫高窟等艺术壁画、甘肃张掖西夏文汉文双语石碑、内蒙古宁夏交界处黑水城西夏文献等，都是包括中外学者们共同长期关注田野调查的重大发现，从而产生了敦煌学、西夏学等。至于民间、百姓家中，藏在夹壁墙或地窖中的家谱、密牒、少数民族的宗教文书如萨满文书、地契，特别是民族古文字记载的史诗、民歌、祭祀词等，里面有许多文献中国学里没有记载的宝贵历史信息、文化密档，这是不到田野就根本发现不了的千古民族文化，有些甚至就是某个民族的核心密码，极其珍贵而又能证明历史的真实。

最后要说的就是丰富的汉语方言和少数民族语言，这些正在使用着的语言、方言是鲜活的民族历史、民族文化。我们常说，语言是民族文化的深层透镜。语言是我们走进田野研究中国学的最理想的民族文化载体，语言或方言中保存着大量的不同历史年代的民族文化发展信息，具有相对独立性的变化缓慢的语言真实地记录或反映着很久以前的民族文化、风俗或不同民族间交往、交流、交融的状况，所以，细腻地记录一个地方的方言、一个民族的语言，就是在给中国的民间文化做历史拍照，做抚今追昔的历史钩沉。

美国著名人类学家兼描写语言学家萨丕尔有一句名言："语言的背后是有东西的，而且语言不能脱离民族的文化而存在。"后来的美国描写语言学领袖、美国语言学著作《语言论》的作者布龙菲尔德也说："我只用阐明事实的方法"，即研究直接观察到的现象。"我们显然能在语言的变化里极其亲切地看出人类事物的历史变化"。正像有的学者强调语言是历史档案馆一样。在《语言论》的结尾，布龙菲尔德更清晰不过地肯定了语言研究对人类发展研究的权威性参考作用。他说："语言研究也许能帮助我们去了解和控制人类的事态，这只是个远景，但并不是无限地遥远。"

可见，走进田野调查描写直接观察到的语言事实，尤其是在抢救印第安诸少数民族语言中发现的人类学民族学发展特征，正是美国描写语言学①能够领先世界的原因所在。熟用田野调查的描写语言学，分析从历史演变而来的带有时间层次和民族发展轨迹的微观文化，再预测人类文化的未来走向，正是田野调查和描写语言学研究美国人类学的成功之处。当然，通过中国各地区各民族的田野语言研究，也能勾勒出中国微观文化的过去写照，并能展望中国学发展的一些未来文化发展走向。

（本文发表于《田野中国学》集刊，民族出版社，2020 年 5 月，有删改）

① 美国描写语言学即 Descriptive Linguistics，是 20 世纪美国人类学家抢救西部印第安民族文化和诸多部落印第安语时，在欧洲索绪尔结构语言学基础上创新性发展出的学派。它依据直接观察到即听到的印第安语（以后推广到全世界实地调查记音各种土著语言）进行田野记音调查，进而对其进行音位、语类、语法分析，形成了一整套共时语言整理与研究的程序。

第一章　浦市田野点：选点依据与初期田野

把浦市古镇作为我们团队的田野点，偶然之中包含着必然。自从笔者进入民族学人类学研究之后，一直在探索这个学科的属性与特性。大学毕业之后，我来到一所大学担任本科生教学。最初是教授哲学课程，后来增加了《社会学概论》与《社会学调查理论与方法》等课程。当时我每学年组织学生开展社会调查实习，学生都喜欢这种教学模式。2003 年，我师从兰州大学杨建新先生学习民族学，2006 年获得博士学位。之后，我来到中南民族大学，从此以民族学教学与研究为志业，正式走上了职业田野科研道路。从这个时候开始，因为教学的需要，我每年都要分派或带领学生开展田野调查。关于浦市田野反思的故事也是从这个时候开始的。在叙述有关民族学田野调查教学反思之前，我们还是先对浦市古镇进行一番简单的介绍。

一、浦市古镇历史与文化

（一）浦市古镇的概念

提起浦市古镇，也就提出了一堆麻烦的问题。在我们当代行政话语中，每个古镇都有一个比较公认的地理范围与行政归属。但浦市古镇却有多重意义，常常让听众云里雾里。我们初步总结了一下，可以列出四个意义上的浦市。

第一个是其行政单位上的意义，浦市古镇也就是浦市镇。即当今湖南省湘西土家族苗族自治州泸溪县所辖浦市镇，位于泸溪县东南部。泸溪县政府官网公布的资料显示：浦市镇“辖 24 个行政村，4 个社区居委会，188 个村（居）民小组，72 个行政企事业单位。2016 年总人口 62500 人，其中少数民族人口 12115 人，占 19.4%，镇区常住人口 4.2 万。全镇总面积 238.68 平方公里，以山地丘陵为主，辅以平原、岗地和洼地，土壤为红砂和黄壤。”①

第二个是狭义上的浦市古镇。主要是现今泸溪县浦市镇政府所在地的镇区，也就是泸溪县人民政府网上所称的“镇区”。这里古代是集镇，目前还保留有庞大的古建筑群，这些建筑群于 2019 年 10 月获得国家第八批文物保护单位名称。今天人们提起浦市，主要是在这个意义上使用浦市的概念。镇区占地面积约 1.5 平方公里，户籍人口 2 万余人，由于周围乡村大量人口在镇里建房居住，使镇区常住人口达到 4.2 万人。站在西南山区的角度来看，这已经是一个人口繁盛的大集镇了。镇里开通了 2 条线路的公共汽车，还有 30 多辆出租车，数十辆私家经营的载客小车。

第三个是历史上的浦市古镇。历史上，水上交通是最便捷的交通，因此利用沅水交通，浦市镇形成了跨浦市河两岸的巨大集市。两岸人都称为浦市，今天属于辰溪县孝坪镇的部分村庄，被称为浦市江东。历史上，浦市镇依浦市河为轴，在河两岸展开，分为浦市与江东两个区域。历史上的江东属于沅陵县，1952 年行政区划调整，才划归辰溪县。据康熙时《沅陵县志》记载，当时的江东也有“烟火千家”。② 今天的江东村早已不是历史上的烟火千家盛况。今天，江东只是一个村寨。该村共有 13 个村民小组，256 户，约 1200 人，耕地共计 865 亩，其中水田 700 亩，旱地 165 亩。③ 因此，作为我们学术团队田野点的浦市古镇，其实是包括浦市河两

---

① 泸溪县人民政府．浦市镇［OL］．http://www.lxx.gov.cn/lxgk/xzjj/201705/t20170504_454327.html.

② （清）朗廷棟修．沅陵县志・卷一舆地［O］．康熙四十四年版：11b.

③ 何强．当代宗族认同的重构——以浦市姚氏宗族为中心的观察［D］．长沙：湖南师范大学，2017：8.

岸的居民区，两岸算是一家人。

第四个是浦市文化区。以浦市集镇为核心，在其周围形成了紧密的商贸辐射区。周围有近百个村庄都依靠浦市而形成自己独特的农产品或手工业传统。这样一个以浦市集镇为核心，涵盖今天的泸溪县与怀化市辰溪县多个村镇的商贸区，我们称之为浦市文化区。[①]

所以，我们的研究基地并不局限于行政单位意义上的浦市古镇，也不是狭义上的浦市古镇，而是在历史意义上使用这一概念。我们的田野调查范围，完全涵盖浦市河两岸的古代集市区及其辐射地区。

（二）通过文献与田野建构的浦市古镇简史

浦市具有悠久的历史。考古资料显示，早在七千年前此地就有人类活动。但是，那时候的居民与现在的居民有没有什么关系，就难以考证了。

从人类文明时期到宋朝之前，浦市的历史一直没有明确的文字记载。不过我们可以通过人类学的田野方法，重建这个漫长时期的粗略历史。三皇五帝时代，此地就有了国家，不过是母系社会，也就是我们今天说的女儿国。现在泸溪辰溪人说的辛女，也许就是这个女儿国最后一位女王。这个辛女古国管辖范围主要从浦市到洞庭湖的沅水流域。在古代，浦市人的船如果在洞庭湖遇到大风大浪，只要大叫一声："高山娘娘保佑！"立即风平浪静。高山娘娘就是辛女娘娘。[②]

女系氏族社会崩溃之后至周朝前期，这里属于巴子国的地盘。到了春秋时代，巴子国被楚国征服，楚国在此地建立黔中郡。黔中郡有很大的独立性，郡主也称王，所以后代将黔中郡王封为神，这也许就是浦市黔王庙里面所祭祀的黑神的来历。现在还叫"黔王宫""黔王庙""黑神庙"等等。由于浦市商人向西迁徙，将这个黑神带到中国西南各地。[③] 因为后人不知道黑神来历，就被新来的汉族加以改写，演绎出现了各种各样的黑龙

① 谭必友．浦市龙舟赛［M］．北京：学苑出版社，2016.

② 胡云．沅水流域辛女信仰中的分神传说及其影响浅析［J］．新丝路（下旬），2016（04）：89-90.

③ 谭伟，谭文甫．神秘的谭氏祠堂——黑神庙［］．未刊稿，2003.

公公的传说。

战国时期，黔中郡是科技发达的地方之一，也是当时中国稀缺资源丰富的地方之一。稀缺资源主要是金刚石与朱砂。这里出产金刚石（三千年了，沅水淘金业务至今未衰落）、朱砂（后来称为辰砂，即辰州矢砂）。由于古代的宗教信仰离不开朱砂，加上皇宫使用的红色器物、服饰、建筑也完全依靠朱砂。冶铁是当时先进的科技，而黔中郡是当时楚国的冶铁中心，是当时中国出产铁器最多的地方。浦市又是整个黔中郡的冶铁中心。现在浦市河两岸还有很多古代冶铁遗址。由于以上原因，当时的黔中郡是秦朝与楚国争夺的关键地区，秦楚战争常常围绕黔中郡展开。① 秦朝攻打楚国几百年一直打不赢，后来通过偷袭占领黔中郡，短短半年即将楚国彻底打败，从这里可以知道浦市在当时中国的地位。

秦汉时期，由于江汉平原、洞庭湖平原等地水利建设取得革命性成功，这里从原来不适合人居的“云梦大泽”变成肥沃的农业耕作区，人口逐步从高山移到平原，黔中郡才慢慢衰落。到了东汉初年，这里已经十分封闭。少数民族与中原之间逐步拉开距离，在比较封闭的状况下发展。因此有了东汉时期的少数民族大起义，东汉派大将军马援来征剿，马援病死在沅陵的壶头山。因其生前有伏波将军名号，从此沅水流域大小码头遍布伏波庙、伏波宫。②

从汉朝到唐朝，此地信息较少。除了几个被贬谪到此的文人写了几首诗以外，其他信息就很少了。到了唐朝末年，天下大乱，朝廷更是无暇管理这里。这里被豪宗大姓强占。浦市被谭姓人与杨姓人（当时都是土著族群）占据。

到了宋朝初年，这里的记载才又开始明朗。占据此地的谭姓人，自封为溪洞将军（溪洞就是少数族群的别称）。谭将军在代朝山举行朝觐仪式，这就是代朝山的来历。代朝山朝觐，是朝廷给沅水流域各地土著政权的一个制度。③ 但是，其他地方（包括永顺保靖）的朝觐遗址都消失了，唯独浦市代朝山保留下来。代朝山成为见证北宋时期，朝廷与沅水主干道上少

① 司马迁. 史记［M］.

② 谭必友，洪文雄. 神韵武陵：故事与文化［M］. 学苑出版社，2019.

③ 宋濂：《宋史》卷十二《世祖九》。

数族群关系的重要文物！这个文物的价值与永顺的老司城有着同等的地位。

北宋初期，王安石鉴于北方河山被北方民族占去，有必要开发南方。因此兴起了“开五溪”（沅水流域的另一个名称）运动。开五溪，就要在这里建立新的基层政权。当时浦市的谭将军被收编之后，在代朝山下建立“新堡寨”①。“新堡”这个名字就是从北宋得名。由于新堡寨的谭将军是少数民族首领，一方面归属中央，代表中央管理地方其他少数民族，另一方面又代表本地少数民族与朝廷形成对立。朝廷很不放心这个溪洞将军，不得不将当时辰州通判从沅陵迁到现在的浦市江东村，名义上是协助新堡寨谭将军防守瑶人造反，实际上也起到了监视谭将军动向的目的。②

南宋初期，岳飞前往洞庭湖镇压杨么造反时，曾经抽调谭子兴将军带领土兵驻守常德，防止杨么从西边逃窜。今天浦市人传说谭子兴是岳飞的直属部将，那都属于传说了，真实的历史情况没有任何可信的文献作证。当地谭氏后裔与文化人常常引用乾隆本《泸溪县志》所载谭子兴故事。③ 殊不知这个故事来自谭氏宗族自己编写的族谱。

到了元朝，朝廷许诺，凡是宋代的土官愿意归顺朝廷的，都官封原职。谭家将军也奉表归顺，得到一个“浦口千户”的官职。朝廷让他继续驻守浦市。但是这个官职在元朝延祐七年（1320），因谭千户秘密筹划反元起义，被朝廷察觉，就被革职查办了。④ 朝廷革去浦口千户之后，也没有明确此地归哪个县管辖。从元朝到明朝，此地都同时归沅陵县与泸溪县管辖。

明朝开国之后，此地建立了溪洞巡检司。这个巡检司还是谭千户手下的巡检司改造而来，也一直没有明确归属，造成两个县都管，两个县都不管。这种管理混乱，给商人们带来很大便利。从明朝初年，这里开始聚集大量从各地来的身份不明的商人。

---

① 李涛：《续资治通鉴长编》卷四百十八。

② 谭必友，胡云，冯宁莎．泸溪县浦口千户考——兼述浦市生宝千户城遗址的文化价值［A］．泸溪县谭子兴文化研究会成立大会会议材料［C］．2015：17-30．

③ 顾奎光《泸溪县志》卷之二十一《流寓》，乾隆乙亥年刻本。

④ 谭必友，胡云，冯宁莎．泸溪县浦口千户考——兼述浦市生宝千户城遗址的文化价值［A］．泸溪县谭子兴文化研究会成立大会会议材料［C］．2015：17-30．

明朝永乐皇帝之后，由于修建北京皇宫的需要，开始在武陵山采伐大楠木。这些伐木商人号称皇木商，有很大的特权。从沅水到长江，再从大运河到北京，一路畅通无阻。每个皇木商身后都跟着上百上千的工人。因为人多，容易惹出麻烦事，这些商人不敢住在辰州府（沅陵县城），大多选择住在浦市。由于他们的到来，开通了浦市直达北京的水路通道。明朝官员工资很低，很难依靠工资养活一家老小。沿海的官员与海盗勾结，从海上走私中获得私利。① 内陆的官员只能另外想办法。第一个办法就是不断鼓动朝廷修皇宫，这样，他们就可以年年去沅水流域以及长江上游的大凉山一带采伐楠木，通过楠木运输夹带其他木材走私赚外水，这就是明朝官员的生财之道。这条楠木运输大道成为养活从湘西到湖北，再到江西、浙江，再到江苏、山东、河北、北京水路沿线官员们的生财之路。浦市是这个生财之路的最大源头，这就是浦市当时为什么快速兴起的原因。以浦市为经济龙头的沅水流域，因为给当时北京提供了大量珍贵的木材资源，而与当时的苏杭等大城市相对应，分别成为北京城的左右两条大腿。

为了更好地争夺浦市的商业利益，沅陵县于康熙二十八年（1689）正式将池蓬巡检司迁徙到浦市，浦市从此正式变成沅陵与泸溪两县共管的局面。两县共管也就是两不管，由于浦市两不管的背景，各种合法非法资金都流进这座城市，这里其他商业也繁荣无比。到了康熙乾隆年间，这里称为天下一流城市。连从北京来的官员，看了浦市也要感叹不已。据严如熤在乾隆六十年（1795 年）统计，这里的年商品交易额为 800 万两白银（购买力相当于 2015 年的 80 亿人民币），这是当时全国数一数二的商业城市。②

为了有效管理这里，康熙五十二年政府将这里分属泸溪沅陵的巡检司全部裁撤，将辰州府通判移驻浦市。由于通判在辰州府官员中排名第三，所以通判衙门又称三府衙门。也就是说，从康熙末年开始，辰州府有正副两个首府，正首府在沅陵，副首府在浦市。或者说，辰州府城有两个城

① 樊树志．“倭寇”新论——以“嘉靖大倭寇”为中心［J］．复旦学报，2000（01）：37-46.

② 谭必友，田燕，洪文雄．我在浦市读女神——熤园学人田野考察行记［M］．煤炭工业出版社，2017.

区，主城区在沅陵，副城区在浦市。主城区主要是政治与教育，副城区主要是经济与宗教。对于在辰州府做官的官员，前往两个城区检查工作，都属于职责范围之内的事情。所以，康熙末年之后，凡是来到辰州指导工作的朝廷高官，都可能来浦市现场指导。后来的湖广总督毕沅、湖南巡抚姜晟，以及乾隆皇帝御前一品带刀侍卫德楞泰等都来这里工作过。

但是到了1795年，乾嘉苗民起义时，苗民起义军两次攻入浦市城，将这里放火烧毁，浦市从此衰落。1861年太平军攻入这座城市，再遭一把大火，大火七日七夜不息，此地再次衰落。光绪初年，朝廷在此设立厘金局(税务局)。当时的厘金相当沉重。一个浦市每年征收的厘金达到10余万两银子，占整个大湘西厘金收入的90%。[①] 商人们经不起盘剥，不得不四处迁徙。到了民国时期，这里彻底衰落了。沈从文有一篇散文记载他经过此地时看到的衰败景象。抗日战争时期，难民与抗战企业、学校等迁入此地，有过短暂的辉煌。抗战结束后，浦市很快再次衰落。

(三) 浦市古镇的族群与文化

按照泸溪县政府官方数据，仅以属于泸溪县的浦市镇而论，这里的少数民族人口为12115人，占总人口的19.4%。相对于泸溪县来说，归属于辰溪县的浦市文化区的少数民族人口就要少得多。因为泸溪县属于湘西土家族苗族自治州，而辰溪县属于怀化市，历史上被认为是汉族居住地区。泸溪县属浦市镇的12115名少数民族，主要是苗族与土家族。此外，还有以下五类不同的族群。

一是瓦乡人。这个族群说的是瓦乡话。瓦乡话自成体系，但据语言学家研究，瓦乡话不是独立的民族语言，而是古代汉语方言，同时接受了部分苗语。[②] 因此，说瓦乡话自称瓦乡人的族群，不是一个独立民族。他们的民族身份由他们自己根据邻近的居民的民族身份确定。结果，有的申报了汉族，有的申报了土家族，有的申报了苗族。在泸溪县绝大部分人申报

① 谭必友，田燕，洪文雄. 我在浦市读女神——熤园学人田野考察行记［M］. 煤炭工业出版社，2017.

② 王辅世. 湖南泸溪瓦乡话语音［J］. 语言研究，1982（01）：135-147.

为苗族，极少数人申报为土家族。当代有学者认为，瓦乡人信奉盘瓠辛女信仰，这个论点有些牵强。在瓦乡人居住地区，确实流传着几座辛女娘娘庙，有这样的信仰。① 但也仅限于浦市一带的瓦乡人有这个信仰，在瓦乡人其他聚居区，我们都没有看到这样的信仰。很难说，辛女信仰就是瓦乡人的独特信仰，这需要做更多的田野调查对此加以辨析。

二是仡佬苗人。这个族群也很复杂。经过中华人民共和国成立后的民族识别，他们今天申报的民族身份也如瓦乡人一样，出现了多种民族身份共存的现象。这个族群在《辰州府志》等地方古籍中多次被提到。在田野调查中，也可以发现很多仡佬人的文化存留。浦市新堡村谭氏是当地一个大宗族，谭氏先祖在此地长期担任地方首领。在新堡村各地谭氏后裔留下的古代《谭氏族谱》中，对仡佬人有片言只语的记载。② 清代学者严如熤在《苗防备览》一书中，对这个族群做了详细的田野调查并予以专章加以记载。③

三是廪人。古代写作犵狑、仡伶等。这个族群目前以保留自己独特的信仰而可以加以实地识别。在地方古籍中，记载也比较多。新堡谭氏古代留下的《谭氏族谱》中也有片言只语的记载。谭必友曾经用了很多著作对这个族群加以描述。④ 但浦市田野调查依然为我们的研究提供了大量新的信息。

四是瑶人。瑶人目前已经难以在实际生活中进行识别了。但无论是地方古籍、家谱等民间文献，还是民间传说、古代文化遗迹等，都证明这里曾经生活过大量瑶人。这些瑶人受到新来的移民的打压，其主体逐步迁徙到其他地方去了，也有部分瑶人融入新来的移民中，成为汉人了。

五是外来移民。这些移民主要是汉人。每个时代都有新的移民加入这个地方。特别是浦市古镇，在明清之际作为西南地区最大的码头，移民十

---

① 胡云. 沅水流域辛女信仰中的分神传说及其影响浅析［J］. 新丝路（下旬），2016（04）：89-90.

② 谭忠国. 湘西生宝谭氏古族谱汇编［A］. 见谭必友、贾仲益湘西苗疆珍稀民族史料集成［C］. 学苑出版社，2013：54.

③ 严如熤. 苗防备览［M］.

④ 谭必友，田级会. 田野中的文化呈现：穿越文化浸洗的廪嘎人歌舞研究［M］. 人民出版社，2010：154-187.

分普遍。新来移民通过会馆的方式加以识别，浦市会馆据说有 15 家之多，不同的会馆有不同的文化认同。最有实力的是江西会馆，这正是以徽派建筑为主要基调的古建筑得以成为浦市流行建筑的原因。

受到族群的影响，浦市文化也表现出多元形态。各个族群的文化都得以自由展示，来自中国其他各地的地方文化也得以在这里生根，这使得浦市古镇成为文化最为丰富的地方。从族群文化到地方文化，再到行业文化，应有尽有。文化的多样性，又催生了新的文化形式。传统的巫傩文化与商业文化融合在一起，催生了地方新兴的戏剧形式的诞生。辰河高腔就这样在浦市诞生了，并在整个沅水流域传播，成为当地最为流行、艺术成就最高的艺术品种。[①] 文化的多样性给我们的田野带来了吸引力，对于正受到田野教学困扰的我们来说，这里成了我们研究团队的最理想田野点。

二、专业教学的困境与对策

民族学是一个比较冷门的专业，对于本科阶段教育来说，全国开设这个专业的院校十分少，社会上对这个专业缺乏必要的了解。就算是教育科研的管理者，对这个专业或学科来说，误解也比较多。对于教育者来说，每年都需要花一定的时间精力向新报到的学生阐述这是一个什么样的专业。

需要阐释的第一个问题：民族学人类学是人文科学？还是社会科学？这个问题本是西方学术界的传统争论。如果是人文科学，它就重在价值判断、思想判断等等。如果是社会科学，它就可以按照某种模型描述社会现象，具有客观性、规律性，如马林诺夫斯基所言，应该是科学等等。但是，这个问题在教学过程中学生并不关心，这个问题被学生转化成下面的追问：如果是人文科学，它就重点在人文关怀，就是历史的、个性化的、缺乏社会普遍的可操作性、缺乏社会实践能力。一句话，不具备解决实际

① 易静林怡：旅游开发背景下民间舞台艺术团体对观众的建构研究——以浦市辰河高腔剧团为观察中心［D］. 湖南师范大学，2019：21-22.

社会问题的能力。如果是社会科学，它就是有规律可循，就是具有社会实践能力的，是可以运用的。一句话，就是有解决实际社会问题能力的。在相当多的大学生眼里，只有能解决问题的专业才具有就业方面的优势。对于这部分学生来说，他们并不是奔着人文来学习这个专业，他们是奔着"就业"来学习这门专业的。在学生们看来，如果没有可实践性，那就不如去学习文史哲等学科。

学生们对民族学属性的关心，成为教育者必须切实解决的问题。这是很多专门从事民族学研究，但并不参与民族学本科专业教育的学者所无法感知的紧迫问题。这个问题其实关系到一个学科的生死存亡。为解决它，同行们也是使尽了各种招数。曾经有一个时期，很多同行学校在开设民族学本科专业的时候，都在专业后面加上一个括弧，比如"民族学"（文秘）、"民族学"（行政管理）之类。更有甚者，直接鼓励在校生加修一个第二专业或第二学位，以保持这个专业在校生的稳定。同行们的这些探索都是十分可贵的，但这些探索没有解决根本问题。这些策略就从事实上承认了民族学专业缺乏必要的实践性，只是因为学校办学的需要，才开设了这个本科专业。我在担任民族学系主任之后，觉得有必要改变这个状况。我因此向学生传达一个理念，民族学专业既具有人文学科的属性，也具有社会科学的属性，它的社会科学属性决定了该学科是一个具有极强实践品质的学科。

那么，民族学学科有什么样的实践品质？又如何提高它的实践品质呢？如果转换成教学活动，我们如何提高学生的专业实践能力？把这个问题讲得再通俗一点，民族学的专业实践能力与其他专业的实践能力的区别在何处？它有没有自身独特的实践领域？这就是作为教育者，笔者及当时参与该教改项目的同事所思考的主题。

从2008年到2012年，我们做了几项教学改革试验。比如增加教学实践基地的文化保护、参与扶贫、充实基层政权建设等等。后来，我们还将这些试验性改革命名为"校地共赢直通工程"加以总体实施。这样的教改取得了一定的成效，学生在这样的专业教学中，收获到了自己想学的知识与能力，毕业生就业率也快速提升并远远超过了学校的平均水平。民族学专业在校生从此稳定下来，在校生人数还有了稳定增长。新生进校后，要求转专业出去的学生越来越少，而其他专业要求转进民族学专业的学生则越来越多。我个人感觉到自己倡导的专业改革取得了成功，但没有亲历这些教改的领导与老师们会将民族学专业这些变化视为别的原因。

不过，这次教学改革也暴露出很多问题。第一，这些田野教学实践，仅限于培养学生个人的实践能力。尽管很多学生是在完成自己的学术研究（主要是自己的学位论文）的同时，参与社会实践。但他们的学术研究处于零散状态，相互之间没有形成整体效应。第二，在这些实践中，民族学学科所起的作用，都是辅助性的。民族学没有在实践中发挥主导作用，也就是我们前面的提问，民族学的专属实践领域并未得到突显或明确化。第三，为了让更多的学生有机会参与田野实践，必须将学生分散在很多不同的田野点，这样也给教学管理带来极大挑战。由于无端增加了教师们的工作量，同时也增加了学校的办学成本，很多教师对这项教学改革也多有怨言。第四，不同届学生在田野实践中所取得的成果无法积累，前后不同届学生之间缺乏必要的联系。当然还有其他的一些问题。怎样解决这些问题？对于我当时的处境来说，已经没有条件了。因为，我们的大学中，决定教学改革的因素太多了，我们只有另起炉灶，才能将这样的教学改革继续推进。2013 年我来到湖南师范大学社会学系，继续我关于田野调查方面的教学与科研工作。

三、浦市古镇田野点的确立

根据我们此前的田野调查教学经验，我们重新定位了对田野调查及调查点的基本要求。

第一，作为高校一个学科的田野调查活动，在当地的文化建设或文化产业活动中应该起到主导作用。我们不能仅仅满足于短期内的协助作用，我们应该让师生们的田野成果能够长期积累起来，形成更大的社会效应，这就要求我们在一个田野基地把田野调查长期坚持下去。要达到这样的目的，这个田野基地需要认真规划。作为某一种文化区域，这里必须有足够广阔的地域条件，有足够多的文化研究项目。否则，团队成员增加到了一定数量后，就会造成研究的拥挤局面。

第二，这里的文化发掘将对地方文化保护、文化建设、文化产业开发都有重要意义。因此，一个田野基地的初期规划需要十分谨慎。一旦投入很多团队成员进行研究工作，最后却依然仅仅收获了传统的学院式科研成果，那就没有达到我们的学科教学目的。

基于以上两个思考，我在国内苦苦寻找一个合适的田野点。2012 年夏天，我与友人来到浦市古镇访问，偶然间在这里找到了感觉。

第一，浦市古镇坐落在沅水岸边，宋元明清民国五个朝代，都是一个商业大集镇。有着丰富的物产，便利的水上码头，繁荣的商业体系，众多的人口。到如今还留下众多的非物质文化遗产、古建筑、古文化遗址等等。近几十年来，来这里开展田野研究的学者少之又少，几乎是一块学术处女地，可深入研究的课题非常多。

第二，这里有发展文化产业的厚重传统文化资源。当地政府已经着手文化遗产保护工作，也在开展相关的文化旅游开发。但是，所有的工作都才刚刚起步，需要深入开展的工作还十分繁重。

第三，这里有着优美的自然资源，沅水到了白沙镇至浦市镇这一段，水流虽平缓，两岸山势却错落有致，风光旖旎。加上有包括盘瓠辛女故事在内的众多历史传说，有悬棺葬等古迹，将山水烙上了深深的人文印记。

好吧，我们就选择来这里建立我们理想中的田野基地，继续实践我们关于民族学学科的新思考。

2013 年春天，我从武汉调到了位于长沙的湖南师范大学，从此有了更充裕的时间，随时走进浦市古镇。2013 年秋天，我在湖南师范大学招收了第一届人类学硕士研究生，也在本科生中开设《神韵武陵：故事与文化》全校公共选修课，以便发现并培养对田野调查感兴趣的本科生。同时，我也寻找到了几位合作科研同仁①，大家都对浦市文化研究抱着高度的热情。我们在浦市古镇的田野调查，慢慢有了进展，逐步引起了

① 包括学苑出版社副编审洪文雄、怀化学院副教授谭忠国博士、湘西州委党校教授隆金华、长沙民政职业学院副教授田燕等，我们这个团队最初命名为熤园。

社会上的广泛关注。有一大批当地的学者与文化人，也陆续加入我们的研究队伍里面。[①] 在初期的田野调查中，值得详细记述的是我与泸溪县政府新任副县长尚远道先生的一次会面。后来，尚远道先生将这次会面命名为“大成之会”。正是这次会面，将我们对于田野的思考真正变成了现实。

四、大成之会：泸溪县委县政府组建精干力量领导旅游开发

我们在浦市开展田野调查期间，大力倡导对浦市进行文化旅游开发。然而，响应者寥寥无几，人们提出几条理由质疑这里能否开发旅游？

第一，交通不便。水上交通已经彻底废弃。进出公路还是一条老旧县级公路，从泸溪县白沙镇到浦市镇，短短十几公里，小车需要近一个小时。

第二，这里没有名人。当地人甚至湘西的一些旅游开发业内人士，基本上是用同属于湘西土家族苗族自治州、距此地约50公里的凤凰古城作比较，好像凤凰旅游兴旺主要是有沈从文这样著名的作家。浦市有什么名人？

第三，这里没有接待条件。街上只有几家招待所，以及仅相当于招待所级别的宾馆。

第四，这里经济太落后，基础设施太差。街道破旧不堪，尘土飞扬，很多老建筑都处于垮塌的危险之中。

总之，没有人看好这里，政府也不看好这里。政府为了保护古镇的古建筑文化遗产，成立了相关机构，着手进行古建筑维修工作。政府主要是奔着文化使命做这些工作。但人们并不看好这些工作会带来多大的经济效益。我们的呼声，既没有引起政府重视，也没有引起企业家重视。正是在

① 2014年，在我们的指导下，泸溪县的文化人士成立了“泸溪县谭子兴文化研究会”，凝聚了一大批当地文化爱好者加入浦市文化的发掘中来。

这种背景下，有了大成之会。

2014 年 12 月 17 日，这是一个需要特别记忆的日子，是一个与浦市旅游发展紧密相关的日子。泸溪县尚远道副县长将这一天我们的会面命名为大成之会，望我将这一天聚会情况记录下来，以为后来者借鉴。

这一天，泸溪副县长尚远道先生来到长沙公干，下榻长沙大成国际酒店。其时，尚先生在省卫生厅挂职未满，上级已经通知他提前回泸溪县接管文教卫科包括旅游工作。他接手之际，就定下了开发浦市旅游的目标。他将自己定下的目标简约成“创 4A 申国保”几个字。4A 就是 4A 级旅游景区，国保就是国家级保护文物。为实现此目标，他偶然访得，我对浦市文化很有研究，因此在来长沙公干时，顺道邀我相见。那天晚上，尚先生带领他的工作团队①与我在大成酒店茶厅一个角落，点下五杯粗茶，开始摆龙门阵。本意是随意聊一聊，放松心情、扩大视野、增进友谊。后来，我在一个内部报告中对当时的情况做了如下回忆：

> 当时，尚远道副县长提了三个问题。他是一位年轻官员，但头脑十分灵活，对问题把握得十分准。他提出的问题，既体现了他的学识，也体现了他对自己所领导的实际工作的清醒认识程度。问题之间环环相扣，充满着强烈的逻辑关系。看得出，他这次也是有意要掂量掂量我对浦市文化研究的底牌，因此是顺着我的思路提问。而作为一名年轻官员，能在聊天的间隙，清晰准确地把握一位学者的思路并顺势提出问题，已经是十分精明了。
>
> **问题一，浦市旅游开发到底能做大到什么程度？**
>
> 尚远道：“谭教授认为，浦市旅游可以做成一个什么样品牌？”
>
> 我说：“5 年后直追凤凰，成为湘西第一品牌。如何？”
>
> 听到我这个话，不独提问者略感吃惊，在座诸人，也倍感意外！几乎是同时以意外的语气发问：“可能吗？”
>
> 我说：“因为浦市文化具有这样的高度与品质。浦市文化远超凤凰文化。凤凰曾经是大湘西的首都，文化底蕴确实深厚，加上近现代有熊希龄、沈从文诸前贤，声名远播国内外，确实具有发展旅游的一

---

① 时任科技局局长谭子好、副局长白开富、企业家谭永峰等人。

流文化品质。但是，浦市曾经是盛世中国的右大腿，是明代栋梁之路上的第一大码头。其文化底蕴与文化胸襟远在凤凰之上！如能将浦市文化展示出来，将对湘西旅游作出巨大贡献！”

接着，我向大家介绍了浦市成为盛世中国右大腿的来龙去脉（详情此不赘述）。

听了盛世中国右大腿的故事，在座诸君纷纷表示，浦市旅游确实有前景！

接着，尚先生提出**第二个问题：如何才能让外界知道浦市有这么好的文化**？

这个问题也是我研究了几年的课题，我已经有了初步设想。浦市街上现存大量古代豪宅大院，这些古建筑格局宏大，气势非凡。用实物的形式向世人证明自己曾经所拥有的繁华！但确实如大家所担忧的，浦市隐居深闺人不识。加上交通很不方便，更没有名人效应，谁愿意来此地认识她呢？可是浦市历史上有一种超级大活动，就是龙舟赛！只要举行一次这样的活动，就可以将世界目光聚焦到浦市来。只要通过一次龙舟赛将大量游客吸引到浦市来一次，就可以将浦市的文化底蕴、丰富的古建筑文物及其价值传播出去！

可是，浦市龙舟赛已经中断了很多年了，能够恢复吗？能，龙舟曾经是浦市的灵魂，已经融进了浦市人的血脉里面。我的祖先、浦口土千户谭子兴因为爱龙舟演绎了一场壮怀激烈、感天动地的反抗元朝强权的故事，也因而同时发明了世界上第一代泳装，他也因为爱龙舟丢掉了性命！这就是浦市人与龙舟的不解之缘。只要政府出面组织，龙舟赛一定能恢复。

第三个问题，目前浦市古镇的基础设施很差，如何次第开展，浦市旅游开发才能最有效果？

我说，基础建设有一个过程，非一朝一夕可完成。可我们正可以利用建基础设施这个时间段，将浦市文化系统推向外界。如何做呢？首先不要想着一下子影响很多普通游客。既不现实，也无必要。只要通过适当方法，先打动那些百分之零点零一的少数精英，这些精英自会吸引无数普通游客前来旅游。龙舟赛就是其中的一种方法。另外还可以建立几个纪念馆，将浦市文化作为盛世中国的右大腿这个文化地位展示清楚，吸引顶尖文化人对浦市文化的强烈关注！如果能够吸引到足够数量的文化精英对浦市文化的关注，浦市旅游开发就大功告成了！

照这样步骤，五年之内，一定可以追上凤凰！

听完我的发言，尚先生基本上认同了我的思路。他说，这样看来，浦市文化确实是祖先留给我们的一笔重大财富。我们不全身心投入去保护她、建设她，都对不起祖先了！他也因此向在座各位和盘托出了他心中酝酿已久的工作规划："我心中有一个设想，叫'创 4A 申国保'，意思就是要把浦市古镇创建成国家 4A 级景区，同时，浦市文化应该申报国家级文物保护单位。通过这两项工作，推动浦市旅游不断上台阶。但对创 4A 的日程，还缺乏明确预期。今天听了谭教授的一席之言，我对浦市文化充满了更大信心，也对自己的工作设想充满了信心。我们下一步将坚定不移地把"创 4A 申国保"作为旅游开发的抓手，一抓到底，绝不动摇，我看浦市旅游很快就会有一个实质性提升。希望谭教授与我们联手，帮我们深入发掘浦市文化，推介浦市文化，为浦市文化早日被社会认识认可助一臂之力。"他的工作思路非常清晰，只是需要为这个计划去发掘更丰富的文化以夯实其基础，而我们在浦市开展的田野调查正可以为他的计划助力。可以说，双方不谋而合。我们继续主导文化研究，政府主导所有的开发建设及政策协调等。

这次聚会是浦市旅游开发的发轫之会。从此，以尚先生为领头人，政府、企业界、学术界、文化界、当地精英等各方朋友齐聚浦市古镇，形成了一股传统文化发掘与开发的热潮。泸溪县委县政府为尚先生配备了精干的工作队伍，主要负责基础设施建设、旅游规划、宣传等工作。湖南师范大学组建的学术团队主要负责发掘研究传统文化、制定旅游开发规划。未来一年多的各项工作，全部与大成之会的预期一致。

五、浦市龙舟节的恢复及其带动浦市文化研究的广泛开展

大成之会之后，尚先生着手筹备2015年的浦市龙舟赛，我们课题组积极担任活动策划与义务推广。2015年元月中旬，我们与县体育局的领导同志一道深入浦市镇，在镇政府的支持下，在镇政府会议室召开了一次简单的各村主要村干部座谈会，商讨恢复传统龙舟赛的问题。我们利用这次机会，就传统龙舟赛对村干部进行了一次调查访谈，收集了更多的龙舟赛资料。为了将龙舟赛办得更好，更符合传统龙舟文化内涵，我们此后将龙舟赛改为龙舟节。2015年的传统龙舟节由当地群众于6月份自发搞起来了。为什么由政府主导最后变成群众自发了呢？这里必须做相应的交代。我们与县体育局联手搞龙舟节，前期做了大量准备工作。但到了3月底，政府因筹备时间太紧，几乎无法顺利完成前期筹备工作，不得不放弃组织这次龙舟赛的工作。不过，此时已有部分村寨的龙舟队已经完成了组建工作。如果彻底放弃，以后重新恢复，估计难度就更大了。在这种骑虎难下的情况下，我们熤园团队以私人名义为那些完成了组队工作的龙舟队提供了一些力所能及的帮助，承诺了部分保障。比如为浦市印象龙舟队承诺了专业影视拍摄，为浦溪龙舟队临时采买了大量放黄烟的材料，为其他龙舟队租借了傩面具等等。在我们的积极支持下，各支龙舟队有了更大的信心。到了端午节，恢复龙舟节已经水到渠成了。

2015年参与龙舟节龙舟赛的运动员超过2000人，观众达到57万人次。队伍整齐、场面宏大、气势非凡，延续时间长，影响范围广。把整个泸溪县以及外界的各界人士旅游开发积极性都一下提起来了。浦市古镇古建筑保护维修工作，进展十分顺利，广大群众积极参与。一条两千多米古街，几个月之后就完成了仿古建设工程。2016年4月份，在尚先生的不懈努力下，浦市古镇顺利获批国家4A旅游景区。这使浦市古镇的文化地位与旅游地位，都很快进入湖南省同行的视野，成为众目关注的新兴旅游

区。总之，浦市文化研究对旅游开发的带动成为一个经典案例（详见第四章第五节《基地式田野的初步实践》）。

浦市龙舟节的成功，也给我们的田野调查带来新的机遇。一是当地政府给我们提供了更多的机会，给我们提供了新的资助，我们有了更多的实力开展更为全面的田野调查。二是增加了我们团队在当地群众中的知名度与正面形象。当地人在龙舟节结束之后的很长一段时间里，还沉浸在龙舟节的宏大感人场景中，也有一部分人在传说我们研究团队在这个活动中的策划与推介作用。很多人主动来与我们联系，愿意把他们所知道的有关历史文化与我们分享。我们在开展田野调查时可以得到群众的无偿支持与帮助，我们有了更多机会深入当地群众的日常生活中。三是加强了与研究当地文化的各地学术团队的联系。有很多学术团队慕名而来，自愿加入浦市文化田野调查课题中。研究队伍的壮大，使我们的研究视野更为开阔，收集资料时有了更多的方法与途径，很多学者主动把在浦市收集到的第一手资料与我们分享。比如分享他们收集到的诸如古代浦市人铸造的装饰用品或祭祀用铜铁币、当地古代铁器等等。

总之，浦市龙舟赛的成功，不仅仅是当地人从中获得了文化自信，也给我们的田野调查，给浦市文化研究，带来了一系列新气象。

六、初期田野：全面的历史文化调查与相关课题

我们在浦市开展田野调查初期，对创知与致用相结合的问题，进行了初期实践。

在最初的一段时间，我们开展的田野调查，主要是按照民族学人类学的常规方法进行。主要是对浦市古镇进行整体性的调查，这种调查费时而漫长。从民族历史、民族文化、当地经济状况、人口构成、社区构成、历史上的市场体系、技术体系、分工体系、支柱产业体系等等。这些田野调查大多是利用开展其他课题的间隙进行。因为手头上承担了较多项目，也

有既有的研究兴趣还在延续。所以，我们的团队只能一边开展断断续续的浦市田野调查，一边着手形成相应的课题。

在浦市这样一个有着悠久历史，而且曾经是西南第一经济重镇的地方开展田野调查，必然会比在一个微型社会开展田野工作要麻烦得多。历史头绪十分繁多，无论是地方政府，还是当地的文化研究者，还是来自不同研究机构的学者，各自都有一大堆急于阐述的文化观点，各自都收集了足够说服别人的田野材料。我们的研究团队必须在这样的局面下，逐步形成我们的研究主题，并且逐步将我们的研究主题推介给其他学者。在这一过程中，必然有许多策略性的研究思路，我们确立的研究主题也就分出了先后次序。

第一，把浦市古镇的历史过程作为我们首要的课题。浦市古镇尽管有着繁华的历史，但毕竟没有作为行政区域的首府出现过。有关这个地方历史的文字记载十分稀少，重建这个地方的历史成为我们的当务之急。我们从收集地方文献、民间档案包括族谱等入手，最终确定了浦市历史上的两个关键事件，一个是宋代的辰州通判，一个是元朝成立的浦口千户所。找到了这两个关键性历史事件，我们确定了浦市的历史脉络。有关这个浦口千户所，我们撰写了专门的论文。

第二，浦市民间信仰的普查。民间信仰是这个大码头的重要特点，由于大码头的历史久远，这个地方的文化有着比其他微型社会更大的文化包容力。各种庙宇、神祠融洽相处，成为浦市古镇的一道风景。我们同时对部分信仰进行了深入调查。

第三，重要的民俗活动调查。这其中最为成功的案例就是我们对浦市传统龙舟竞渡活动的调查研究。这个案例我们在本书的多个地方都进行了阐述，目前收集到的材料十分丰富，此不赘述。

第四，浦市古建筑人文调查。浦市古镇之所以还有这样大的魅力，就在于它保存了数十栋明清古建筑，这是一份十分珍贵的文化遗产。限于人力，这个项目我们集中了30多位师生进行了一个夏天的调查，收集了部分资料。

第五，明清时期浦市市场体系调查。在农业社会，商业的进行被描述成农民之间交换有无的关系，这不符合明清时代庞大帝国的实际情况。上亿的人口，数十座特大城市，这些城市不可能依靠农民的交换有无的模式支撑起来，必然需要另外的市场运行模式，浦市的市场体系正好满足我们的假设。所以，我们团队对此课题也进行了深入调查。

总之，在田野初期，我们开展的项目较多，部分项目已经形成了课题成果，其中少部分还实现了我们对田野调查的“经世致用”追求。

本章小结 众多偶然事件中有一根“致用”主线

我们团队选择浦市古镇作为田野调查基地并在浦市开展的初期调查，表面看来存在种种偶然性。但这一系列偶然事件中却有一定的内在逻辑。那就是田野调查学术研究既要实现其理论目的，也就是纯粹的、或说抽象的知识性目的，也要在实际效用上有所作为。在浦市田野初期，我们还不能对这些追求进行理论上的建构。但正是初期的工作，使我们在浦市未来的田野调查研究中，有机会深入反思我们的所作所为，并在理论上建构我们独特的体系。这就是我们从下一章开始要讨论的一些核心理论问题。因此，我们在浦市的初期田野，打下了后来的基础。前期基于教学困境、研究困境所开展的田野实践，都有着重要价值。因此我们才用一个专章的内容对这些事件进行详细交代。

第二章　创知致用：在浦市田野中与东西方田野学科对话

一、与学术宗旨有关的讨论

对于学术研究的宗旨、目标或性质的讨论，即学术的研究精力是为追求知识创新还是为了应用的问题，一直是学术史上争论不休的问题。对于学术研究的知识创新功能，有的学者表述为“求真”或“求知”；对于学术研究的应用有的学者表述为“求用”。名词不同，但其意义都与我们讨论的知识创新与经世致用是对等的。学术界比较一致的倾向，就是大多数学者主张学术研究的知识创新宗旨。认为学者应该单纯，相应的大学专业教育也应该是以追求知识创新为主要教学目标。应用研究应该是从属性的，特别是我国学术界，这样的呼声一直存在。

比较典型的说法认为，如果学术的“求用”超过了“求真”，会带来很多弊端。比如模糊了学术目标，阻碍学术成果的诞生，导致伪科学与学术腐败等。因此坚决主张把学术求真作为主要目标，正确处理求真与求用的关系。[①] 这种认识在中国比较盛行。当然，也有认为必须强调学术研究的“求用”目标。比如，在我国大学第四轮学科评估中，社会学、民族学

① 毛建儒．论中国学术研究之弊端及解决途径［J］．辩证法研究，2006（2）：2-4.

等学科就把“服务社会”作为一项重要指标加以量化。

我国这种学术认知大约是受到美国学术界的影响所致。在美国，对于大学的学术研究，也是在知识创新与经世致用之间摇摆不定。美国是现代实用主义的故乡，从20世纪初期开始，有杜威等人一直在倡导实用主义，包括学术研究的实用功能与目标。美国当代实用主义倡导者是教育家、纽约州立大学校长欧内斯特·L. 博耶。他把学术研究分成四个相互联系的方面，探究的学术、整合的学术、传播知识的学术、应用知识的学术。通过知识的应用，不仅可以在不同的学科之间，而且可以在科学与艺术之间建设更好的桥梁，进而建设更好的生活。因此，学术的价值不是取决于自身的学术名词，而是取决于它对国家和世界的服务。他把学术对社会的服务看成是学术的根本目标之一。①

在田野学科研究领域，很少有关这一问题的专题讨论。但总体来说，学术界坚持学术的知识创新取向。然而，在我们的浦市田野调查中，我们在贯彻田野调查的知识创新取向的同时，也逐步形成了一些新的研究范式，即试图把两者诗意地结合在一起。这在学术史上不是新命题，但在田野学科调查研究的历史上，则有一些实践上的新贡献。

二、浦市田野的创新——与西方田野学科的对话

时至今日，我们团队在浦市持续开展田野调查，已经长达8年之久，而且还将继续开展下去。在这漫长的田野过程中，我们在很多关键环节上，逐步与西方民族学人类学的田野有了一定的区别。

（一）对西方田野学科理论预设的突破

西方少部分学者将欧洲的田野学科远溯古希腊时代；少部分学者追述

① 欧内斯特·L. 博耶. 学术的使命［J］. 中国大学教学，2004（4）：56-59.

到航海时代，欧洲的传教者与探险者在欧洲以外世界各地的旅行著述。作为学科，大多数学者认为应该确立于18世纪中期。当然，也有少数学者坚持认为，欧洲田野学科起源于19世纪中期，到20世纪马林诺夫斯基、博厄斯等人才将其科学化。无论怎样，欧洲田野学科都有了很长时期的发展。在这长期的发展中，这个学科一直遵循着西方学术的两大追求：社会客体或客观真理与人文世界。

追求客观真理，就是注重该学科的社会科学性质。认为田野学科探讨的是社会事实、社会规律、社会结构与功能等等。追求人文世界，就是注重该学科的信仰、关怀以及价值判断，重视文化，重视人的幸福、价值与发展、身份认同等问题。无论是认同它的社会科学还是人文科学，归结起来，就是关于学科追求的是“真理”还是“人文关怀”。强调它的社会科学性质，就是强调学科对真理的追求。强调它的人文科学性质，其实是强调学科对人文关怀的追求。西方田野学科的田野调查一直在社会科学与人文科学之间摇摆不定。而被学科研究的对象本身，即那些“异文化”自身的地位在哪里却被长期忽略。直到二战之后，西方田野学科逐步兴起对社会制度的批判，被研究者自身的利益问题才略微得到重视。

西方田野学科还有一个自始至终的追求，就是证明西方文化对原始地区的优越性。从欧洲田野调查成为学科活动那天起，大约就是19世纪初期，田野学科就是证明西方文化对原始地区的优越性的，也就是证明欧洲对其殖民地的优越性。尽管他们后来兴起的“野蛮人的文化保护”运动，其目的不外乎也是要保护欧洲文化本身，因为如果野蛮人文化消失后，欧洲文化优越性就失去了参照系。对欧洲文化来说，这将是巨大损失。因此，西方田野学科的田野活动自始至终都是维护自身文化至上性的一门学科。

西方田野学科在二战后逐步有了转型。一部分学者前往发展中国家开展田野，主要是对所谓“专制社会”或“集权社会”制度开展田野调查，揭露“专制”的落后性与非人道性，从而向这些专制社会传播“民主”。中东、东南亚一些国家成为西方学者开展田野的重要地区。但这些田野活动，其学术前提依然是西方优越性。不过，这些田野调查所携带的“倾向性”没有被审视被批判。相反，在发展中国家，这种学术活动还被广泛传播。

中国从西方（包括苏联）引进了田野学科后，一直在西方田野学科的理论预设下开展自身的研究活动。这段漫长的学习与传播过程，一直没有得到系统的反思批判。浦市田野不仅仅是田野技术上要与西方对话，在基本的理论预设与逻辑前提下也将与西方对话！

首先，浦市田野调查不是异文化研究。既不是西方田野中的“殖民地文化的原始性”，也不是国内研究范式中的“少数民族文化的后进性”。所以，我们必须把研究对象前面的那个“先进性”参照物去掉。浦市文化研究是对其文化自在性的一次确认。这些具有自在性的文化，也可以称为传统文化。同所有传统文化一样，浦市传统文化具有内在的巨大能量，是宝贵的文化资源与文化财富。内在蕴含的文化能量与其是哪个民族，或者它是先进与落后无关。

其次，我们从自身长期的田野学科教学中，总结的一套思路，正要通过浦市田野来得到全面的印证，并形成一套规范的教学模式。田野学科不仅仅是西方田野企图建立的一套纯粹的知识体系，它也是“有用”的，特别是对于青年学生来说，可以从这个学科的学习中锻炼自己的多方面素质与能力，能够将在这个教学活动中所建立的能力，运用到自己以后广泛的工作中去。学生的专业学习不仅仅是成为少数学者从事研究活动的背书者，这一点十分重要。在我们传统的民族学专业等的教学活动中，一直没有摆脱这个说不出口的难堪，即大多数学生学习了没有多大用处的专业知识，成就了少数学生未来的研究职业。因此大学生入学之后，很多人想到转一个实践能力更强的专业。浦市的田野教学必须是包含着对学生多方面实践能力的训练，必须克服学生对民族学专业无用论认识的误区。

（二）浦市田野的创新

1. 从马林诺夫斯基等人的功能主义出发，沿着以费孝通为代表的现代中国田野学科前行，走向知识创新与传统文化能量的释放

马林诺夫斯基是西方田野学科现代化的创立者。正是他的努力，使田

野学科具备了“科学”的品质。在早期，他主张在“隔离的社区”深究文化的本来面貌，解释文化内部满足人的需要的功能。到了后来他发现，他的田野调查与研究，与当地人之间是隔离的，这使他对自身的科研活动的真正意义产生了怀疑。1929 年，他在一次学术会议上表示，想为他调查过的殖民地人民做点事。① 然而这毕竟只是他的一厢情愿，在那种殖民思潮大背景之下，他的想法很难落实。因此，这样的想法从此再也没有被提起。

马林诺夫斯基没有实现的理想，成为费孝通先生的奋斗目标。他从自身的田野研究中，逐步形成了文化自觉理论。到了他的晚年，他又将文化自觉上升到文化自信理论。在他看来，文化是平等的。在东方文化自觉之前，东方文化一直被西方认为是落后的文化，是没有多少价值的文化。随着人类学文化研究的深入，这些原来被认为是异文化的持有者，逐步意识到自己的文化是一种独立的有价值的文化，因而迎来了东方文化自觉与文化自信的时代。这些自觉的文化可以给当地人带来自身的福祉。因此，费孝通把自己的文化研究视为“迈向人民的人类学”②。

浦市田野调查就是要沿着费孝通的道路往前走。从文化的功能论出发，可以到达文化自信论；从文化自信论出发，就有了我们关于传统文化的能量及其释放理论。

在浦市田野中，当我们沿着费孝通先生的理论向前走时，我们遇到一个新的理论问题。既然文化是有价值的，那如何来衡量这种价值？又如何让这种价值释放出来？其满足内部群体需求的功能，是否可以另外一种方式满足更多外部群体的需求？如果文化的功能完全是服务具体的群体的，没有可分享性，那文化能量的释放，其价值何在？总之，我们面临着一系列理论问题，这些问题在此之前的田野学科研究中，也有类似的讨论，但并未引起学术界的足够重视。

我们对浦市传统龙舟赛进行了深入的田野调查，对以上诸问题形成了一些初步结论。我们对这些问题都形成了肯定的结论。因此，我们积极主张在浦市恢复中断了二十多年的传统龙舟赛。这个建议得到

---

① 费孝通．读马老师遗著《文化动态论》书后［J］．北京大学学报，1998（5）．

② 费孝通．关于人类学在中国［J］．社会学研究，1994（2）．

县政府的支持。从前文叙述可知，浦市龙舟赛的恢复，印证了我们关于传统文化能量释放的理论。由本次龙舟赛释放的强大能量，对周围的零售业，对政府工作，对老百姓的凝聚力与文化自信等等，对提振浦市文化的知名度都起到了巨大作用。从此，浦市文化旅游在社会上形成了广泛的共识。这次基于传统的文化能量释放，对局内局外人来说，都带来了巨大的收益。我们也从这次文化活动中，看到了我们理论的科学性的一面。

2. 让研究基地成为文化圣地——突破西方田野学科的“他者”范式

西方的田野学科，特别是人类学学科，从其产生到当代实践的认同者之间形成的共识，都是强调异文化研究。这就是西方人类学的“他者”研究范式。这个范式中，有两个小的研究特征，需要对话。

第一，强调对“陌生”的研究，强调第一次研究。从人类学早期研究“原始文化”，到后来研究“异文化”，再到 20 世纪 80 年代开始的研究“自在的文化”或“文化的自在性”，都决定了其田野调查必须是“陌生”的，而且研究者必须是“第一次”到达。只有第一次到达，才能看到文化的最为“自在”状态。一旦有别的研究者在此开展过田野，其“自在”状态即被破坏了。

浦市田野，其实是某种意义上的“家乡田野”，因为对所有研究者而言，浦市与自己的家乡并不陌生。特别地，当我们在此开展长期的田野调查之后，后面来到这里的研究者，都已经受到前辈学者的某种暗示，有了某种“熟悉”的感觉。

第二，与“陌生”概念相应，西方田野学科强调研究者个人的田野点(site)。几乎一个研究者一个点，这是为了避免学者之间相互影响。只有在需要重新印证前人的某个研究结论的时候，学者们才会重访前人学者的田野点。很多学者在一个田野点完成自己的学术论文后，估计终生不会再返回这个田野点调查。因为，这个田野点上的人和事与调查者没有任何利益关系，双方之间只是一种研究与被研究的关系。

浦市田野把田野点扩张为田野基地。这不仅仅是大学教学的需要，这还有更多的理论上的思考。文化具有多方面的发展向度，知识创新也有无数种可能，因此传统文化的能量释放有多重可能的途径。对文化的深入了解，不是一个学者通过一个“田野周期”[①] 所能完成的。因此，当我们上升到“文化能量释放”这个层次的时候，研究者集体行动将远远优于个体行动。一方面形成知识创新的局面；另一方面，通过前后不同时段的深入田野调查，发现文化能量释放的更多向度。一个田野研究基地，就是要通过众多学者的努力，才能在知识创新方面有更大贡献，并多方面展示一个区域文化的本相及其可能的扩张方向。因此，我们必须鼓励教师与学生，不断深入共同的田野基地去，从不同侧面并从不同的时间段介入田野基地，开展田野调查，从而不仅积累多方面的科研素材，而且积累长时段中的素材。通过这种有继承性的田野调查，丰富我们有关一个田野基地的文化，为这个田野基地全面建设自身的文化体系服务。并且从这一全面的文化建设中，将蕴含在传统文化中的能量释放出来，达到服务本地人，也服务外界其他群体的目的。

3. 重新定义田野科研成果：过程成果与目标成果

西方田野学科在定义自身的学术成果时，都一无例外地认为，主要是学术论文与学术专著（有时也称民族志，有时又把民族志单列）。这个传统一直占领着西方学术界的主阵地。新兴的影视人类学、口述史学等兴起之后，关于学术成果形式，延伸到人类学影视作品以及口述史的录影录像。按照西方学术界的解释来说，以这些形式发布的成果具有“知识性”，属于知识创新的范畴。而以其他形式呈现的作品，都不能视为学术成果。

从西方兴起田野调查之后，直至20世纪初的长时段中，除了论文与专著之外，还有大量的异域游记，以及文学作品、影像作品等。到了马林诺夫斯基开展参与式观察之后，他写作了自己的田野日记。随后的很多学者，都有自己的田野日记。然而，这些形式的作品都被归类到“田野研究资料”，仅仅是供学者们研究使用的原始素材。马林诺夫斯基的日记直到他死后很多年才公开出版，人们到这个时候才知道他当年开展田野调查的一些真实细节。[②]

---

① 学术界对田野周期，似乎形成了潜在的共识，大约是一年时间。并认为一年中，能够观察到人类生产生活的一个完整周期。

② 王铭铭. 纪念马林诺夫斯基开始田野工作一百周年《一本严格意义上的日记》中文版序[J]. 兰州：西北民族研究，2014（01）：83-92.

二战以后，田野学科研究也受到政府、企业及军事组织的重视，因此，有很多学者参与到相关组织的“政策咨询”中去，成为所谓的“智库”成员，因而写作了大量的“咨询报告”。但是，这些成果中，除了本尼迪克特为美军撰写的有关日本人文化性格的研究报告被学术界广为认可外，其他咨询报告很少有被学术界认可为学术成果。

最近40年来，西方的这种学风在中国得到一定的传播与肯定。学者们通过努力撰写学术论文与学术专著，获得学术认可，进而获得评职称、评各种荣誉等的资格。有人偶尔撰写一些与田野点有关的游记、文学作品，那都是学者们仅仅满足自己的个人兴趣爱好而已。

浦市田野实践提醒我们，有关学术成果定义存在一些问题。

在浦市田野过程中，避开学者个人对知识创新的强烈兴趣而言，我们需要接受来自两方面的学术期待。一个是传统的学术成果期待。主要是大学教学者与科研管理部门。他们需要师生们生产尽量多的这种学术成果，去参与上级教育行政主管部门主导的学术排名与学术资源分配。教授们也希望团队成员尽量多地生产这类成果，以维护团队成员获得足够多的科研资源。另一种是当地政府与群众的期待。他们希望学者们能够对本地文化传统做出更多形式的解读与学术判断，并希望学者们在田野调查期间，为本地文化撰写尽量多的各种调查报告、调查日记、游记，拍摄的简短视频、特色照片，组织有当地文化元素的创意活动、创意文化产品等，都能得到尽快的广泛的传播，使当地文化传统被认识、被传播、被提升，为当地的各种产品获得更大市场知名度服务，为当地人提升自身的文化品位、生活品位服务，为当地政府开发更多的文化产业服务。

当我们仅仅把田野调查点视为学者进行科研的一个“实验室”的时候，这个地方人的幸福与苦痛，都与研究者个人利益无关，而只是与研究者承担的课题有关。可如今，第一，我们是将这个地方作为我们进行科研的基地，这个基地不仅仅能够帮助我们搞出科研成果，而且可以对我们的成果进行有效性验证。我们必须面对“有效性验证”对自己科研工作所带来的可能的“否定”结论，这将是学者很忌讳的结局。第二，我们与当地人已经结成一个共同体。长期的田野，会将我们与当地人的关系，从研究与被研究的关系，变成了朋友或亲人的关系。正是研究基地带来的这种变化，参与田野调查的学者们已经不能把自己与当地人的福祉与苦痛分割开来。因此，学者在努力追求学术成果的同时，也必须用自己的学术成果回报当地人对我们的学术期望。

问题来了。学术成果从生产到公开再到被社会认可，需要很长的时间。仅以学术论文来看，一篇在田野调查基础上撰写的学术论文，从调查、到撰写、再到公开发表，少说也要一年时间。对于在校研究生撰写的学位论文来说，这个时间还要长，有时候需要两年甚至更长时间。但一个地方政府、企业或群众对自身文化传统的认识却是眼前就需要得到回应的。对于一个地方政府或企业来说，地方传统文化保护与建设，既是长期的，也是有成本的，需要讲究时间与效率。因此，作为学者，必须在田野过程中，能够及时地展示所发掘的有价值的文化素材。这种文化展示或传播，对研究基地的政府、企业及群众来说，正是他们所预期的科研成果。如果这种预期的成果发挥的效果比较好，也许会给社会带来多方面发展效应。

基于以上新的现实情况，我们对浦市田野的科研成果进行了新的定义：过程成果与目标成果。

所谓过程成果，就是围绕田野目标所收集各种资料以及初步整理的材料（包括文字性、影像性、实物性等各类作品）、举办的各种活动等，实现了知识的初步整理因而具有潜在的理论价值与明显的实用价值的成果，有待加以进一步辨析定性与理论建构的成果。在我们团队内部的考核中，我们将这些成果与学术论文视为具有同等价值。因此过程性成果成为衡量我们开展田野调查的重要指标。必须说明的是，过程成果是经过团队成员多次头脑风暴后提出来的。最初，我们只是要通过这些成果形式为田野基地文化保护及旅游开发服务。

在最初的一段时间，一些队员很难适应这个要求，感觉这个要求有点滑稽。但碍于同事之间的友谊与尊重，并没有人公然提出反对的声音。所有参与浦市调研的成员，都勤勤恳恳地撰写这样的一些作品。我们还专门申请了相关的微信公众号、微博、与一些期刊合作开辟了专栏，以便于及时将这些作品发表出来。为了扩大影响，我们还要求所有成员利用自己的微信朋友圈积极转发这些作品。到后来，效果逐步产生了。我们团队成员发表的这些作品，成为浦市文化研究风向标，不仅仅是当地人随时关注我们的作品，很多国内的研究同行也积极关注我们的作品，关注我们提出的各种观点，浦市文化俨然成为一种“新文化”。特别是国内学人在研究“湘西文化”中已经形成了很多刻板印象，“湘西文化”就是苗族土家族侗族瑶族等少数民族的一些原始文化，如巫术、原始习俗、民族起源、扶贫等等。现在我们在浦市发现，这个地方明清史上曾经是支撑国家城市建设的重点地区，有着辉煌的商业历史等等，并通过我们一系列过程成果传达给外界，不仅使当地人耳目一新，很多学术同行也耳目一新。比如，在我们这些过程成果的影响下，有了当地人于2015年端午节期间恢复中断了近二十年的龙舟节。从这个时候，我们的研究团队在过程成果的认识上，终于取得了一致。田野调查的过程成果不仅是学术研究成果的有机构成部分，而且有着难以预料的应用价值与学术价值，大家决心在田野调查的过程成果方面做更多的探索。

所谓目标成果，就是田野学科传统上所形成的认识，即田野调查的目的就是撰写学术论文、研究报告、学术专著。目标成果是田野调查的核心概念，不应该受到挑战。目标成果标志着我们对于“知识”的贡献能力与贡献程度，这是学术研究的终极目标。也就是我们所倡导的知识创新，即“创知”。在传统的田野调查学科看来，这个目标正表明田野调查的中立性与科学性。如果偏离了这个目标，田野调查就失去了科学方向，也失去了科学标准。田野调查过程中所产生的大量过程成果也会因为失去方向而变成没有多少学术价值的普通民间档案资料。也就是说，失去目标成果的规范，就不会有过程成果。过程成果能否以科研成果的形式得到确立，关键在于其前方是否始终有一个目标成果作为规范力量，这是我们田野调查与普通游客、文学爱好者所撰写的同类题材作品的区别所在。

目前，我们已经完成的目标成果，主要有《浦市龙舟赛》以及11位硕士研究生各自撰写的学位论文、在其他学术期刊或学术会议上零散发表的学术论文。目前已经编辑完整即将交付出版社的有《浦市文化研究：田野中国学学步集》一书。这部文集收录了9位硕士研究生的学位论文。已经完成尚未出版的目标成果还有“浦市古建筑人文志”系列作品共3部、《浦市龙舟节》《谭子兴文化遗产调查》《浦市韵味：熠园学人田野考察行记3》《谭氏苗拳非物质文化遗产调查》等。我们完成的过程成果比较多，主要有《我在浦市读女神——熤园学人田野考察行记》（煤炭工业出版社，2017）、影视作品《浦市龙舟》、主持修订了《湖南泸溪县浦市古镇旅游控制性详细规划》等。《我在浦市读女神》一书是从我们团队在各种媒体上发表的大量文章中精选而成，代表了我们在开展田野调查时所看到的各方面情况。正是这些成果把浦市文化推到了湘西文化的前台，被各方面的人士所知悉、所接受。

重新定义后的田野学术成果，更新了我们此前的学术意识。同时，也鼓励了团队成员理直气壮地关注当地人的福祉。从此，我们与欧美的田野学科产生了不一样的道路，也有了不一样的追求。我们不再是欧美田野学科的实践者。我们从欧美田野学科那里来，却决心努力探索我们自己的田野传统。有关学术成果概念的系统反思，见本书第五章《目标成果与过程成果》。

三、浦市田野的功用——与严如熤代表的中国传统田野研究对话

当我们强调田野调查的“功用”的时候，我们其实正回到我们的传统。中国古代就有田野调查的长期学术实践，从先秦时代的官方采风、到汉代司马迁著史调查、再到唐宋以降的地方志调查，形成了一脉相承的传统。到了清代，田野调查已经有了系统总结与理论思考。对中国古代田野调查理论与实践集大成，同时开启了近代中国文化研究的田野调查的当数严如熤。这也许仅仅是巧合，也许是学术发展内在理路使然。我们团队探索田野调查新理念的浦市古镇，正是严如熤确立自己田野调查理念与调查模式的地方。在浦市古镇，我们从马林诺夫斯基出发，以欧美田野调查追求知识创新为目标，努力培育田野学科的“功用”属性，走出欧美田野学科冷冰冰的“知识创新”理念。但我们为田野调查所确立的“功用”属性马上与标榜明体达用学术理念的严如熤相遇了。两个“功用”是一致的

吗？能够走到一起去吗？

在我们提出田野中国学的最初一段时间，我们并未意识到与严如熤之间的前后承继关系。但随着浦市田野的深入开展，这个问题逐步显现出来了。我发现，当我们在田野中确立“功用”这个学术目标的时候，严如熤正是我们的前辈。我们从此即将我们的团队命名为“熤园”，以此纪念我们与前辈宗师之间的相承关系，并将我们围绕田野调查展开的学术研究命名为“熤园问学”。有关严如熤的学术成就及其评价，我们在《清中期世界田野调查学术系谱上的严如熤及其学术的未来开展》一文中加以详细讨论。这里仅讨论我们与他的“功用”主张之间的关系。

（一）严如熤其人

关于严如熤，美国费正清主持的《剑桥中国晚清史》一书中，将其置于中国历史转型的比较重要的位置，“湖南学者严如熤（1759—1826年）……变成了十九世纪初年经世致用论最有影响的积极分子之一……这种清教主义的寻根究底的精神，与严如熤的行动主义和实用之学合在一起，变成了唐鉴最著名的学生曾国藩的思想的基础。”① 严如熤的家乡溆浦，位于浦市古镇的上游，在文化上同属于沅水文化，历来还同属辰州府。尽管这样，溆浦与浦市还是有着一些区别。浦市古镇是繁华的大都市，但在古镇外面是多民族聚居区。因此，严如熤对这里既有熟悉的一面，也有其陌生的地方。严如熤年轻时在岳麓书院学习经世致用之学，肄业后来到邻近的芷江县明山书院担任主讲。尽管他一直没有中举，但因为他的明体达用（后世学者用经世致用对这个学派进行概括，情况稍微有区别）之学确实相当出色，因此，他获得了湖南官员与学者的一致好评。1795年，乾嘉苗民起义后，前线的统帅大员纷纷来湖南物色幕僚，严如熤被岳麓书院山长罗典推荐给湖南巡抚姜晟担任幕僚。从此，他正式开始了参与朝廷工作的职业生涯。

严如熤担任姜晟幕僚之后，以其出色的才能，逐步成为这场战争中军

① （美）费正清．剑桥中国晚清史［M］．北京：中国社会科学出版社，1985：156-169.

方的主要作战参谋者。他后来得到朝廷赏识，参与了在甘肃四川湖北三省交界地带的秦巴山区镇压白莲教的战争，成为整个战争的战略制定者[①]，并因军功升任了汉中知府、陕南兵备道、陕西御史等官员。在三省边区担任地方官长达二十多年，推行了很多底层社会组织改革的政策，都取得了积极的社会效果，得到当地群众的拥护。道光皇帝继承大统之后，决心启用严如熤在陕西全省推行他的政策措施，为全国树立一个底层社会治理样板。可惜，那个时候他已经重病缠身，七天之后就死于御史任上。[②] 严如熤倡导体明用达之学（后人将这个时代的类似学问概括为经世致用）并身体力行。他成为湖湘文化近代振兴的先驱人物，成为后来的曾国藩、左宗棠等人的思想来源。他设计的很多经济制度、底层社会组织制度与民族政策等对未来中国产生了深远的影响。特别是他为朝廷设计的湖南苗族地区善后政策成为清代民族地区治理的典范，并直接影响到后来整个清朝的民族政策。

（二）严如熤浦市田野调查：体明用达的田野研究理念

严如熤取得的成就发轫于他的浦市田野调查。他虽然在军事作战方面有很深造诣，但他对军事理论本身并没有多少贡献。前面我们说了，他的最大贡献是在经济制度、底层社会组织制度与民族政策设计上。而这些贡献，正是以其田野调查的学术成果为基础。特别是他在浦市期间的田野调查，成为他倡导体明用达治学理念的文化源泉。明体达用是宋代以来儒学的主要思想，严如熤把它运用到自己的田野研究中来。

1795 年 10 月，严如熤受湖广总督毕沅派遣，来到浦市。他的主要任务是招降大小章仡佬人组成民团，参与政府军队作战。[③] 当时，主持浦市行政的是辰州府通判周士拔，他能调动的力量，是他从郴州招募来的 80 名民壮。驻防军官是一位绿营都司，他领有 200 名绿营官兵，这点兵力根本

① 贺熙龄．乐园文钞序［A］．［清］严如熤著，黄守红标点．严如熤集（一）［M］．岳麓书社，2013：3.

② 鄂山．陕西巡抚臣鄂山跪奏为臬司因病出缺请旨简放．中国历史第一档案馆，档案号：04-01-12-390-21.

③ 严如熤．苗防备览·卷二十二杂识［M］．绍义堂版，道光癸卯重镌.

不足以守住没有防御设施的浦市城。自苗民起义以来，浦市一直是政府军与苗民起义军双方争夺的焦点。1795 年 2 月，苗民起义军曾经攻入浦市，浦市留下一座破城，浦市商业已经无法正常经营下去。在这样的背景下，周士拔通过一系列努力，逐步稳住了浦市市面。[①] 严如熤通过在浦市的田野调查，为周士拔设计了一系列恢复浦市经济的方案，这些方案产生的效果后来基本上与他设计制度时预期的后果一模一样。严如熤对浦市调查并撰写的文章，部分收录在周士拔编辑的《浦防纪略》一书中，部分收录在他自己的《苗防备览》一书中。受湖南巡抚姜晟的委托，严如熤住在浦市期间，开始了他对苗族地区的系统而全面的田野调查。[②]

严如熤的浦市调查是十分艰苦的，在战争背景下，还有遭遇流散士兵抢劫的巨大危险。关于田野方法，用他自己的话来说，他采取的是“询之于土著士民，征之于熟苗土蛮，稽之以行军档案，参之以旧志新图”。[③] 与当地人“同起居”。[④] 他还在自己的书中列出了部分接受访问的本地人姓名，比如“王老者”“询以苗中形势，娓娓指陈，令人如身历猱崖猿径间”。[⑤] 还直接与政府文件中定义的“生苗”打交道，生苗即被认为是不服从政府管理的苗族，“得生苗询之”。[⑥]严如熤总结的询、征、稽、参、同五步调查研究法，放在今天的田野调查中，依然具有重要的价值，正是今天我们采用的田野调查方法。

他通过自己的调查，为政府制定了一个系统的善后政策，包括屯田、练勇、苗官、民与苗一分为二、举办义学等等。经过四年努力，他将自己的田野调查所得编辑成《苗防备览》一书。这部书成为当时田野调查的经典著作。1800 年，当他拿着这部书进京拜访那些位高权重的朝廷大员时，很快得到各方的赏识，他也因此取得朝廷信任，在经过一个象征性的选拔考试，即举孝廉方正廷试，被嘉庆皇帝钦点第一，从而获封了一个陕西知县的官职，从此他有机会成为朝廷的正式官员。

在严如熤开展浦市田野调查 200 余年后，我们的团队来到浦市，在同

---

① 周尤亭．浦防纪略［M］．本衙藏板，嘉庆二年．

② 严如熤．苗防备览·苗防备览引［M］．绍义堂版，道光癸卯重镌．

③ 严如熤．苗防备览·卷一舆图说［M］．绍义堂版，道光癸卯重镌，15b．

④ 严如熤．苗防备览·卷十七要略［M］．绍义堂版，道光癸卯重镌，31b．

⑤⑥ 严如熤．苗防备览·卷二十二杂识［M］．绍义堂版，道光癸卯重镌．

一块土地上开展我们的田野调查。在浦市田野调查上，我们将与这位前辈进行什么样的对话呢？

严如熤强调的正是田野调查的“体明用达”。这个理念被后世学者统一称为“经世致用”之学，事实上，两者有细微差别，对这个差别，我们在另外的文章中加以详细剖析。体明用达，强调体与用两者的统一。体，就是本体，严如熤有时候也称之为道，也就是根本性的道理。用就是其用途，实用，功用，实施效果等。田野调查是一门学问，学问就必须讲究其内在的根本规律。而这种学问必须对外界的事物，特别是对于人们生活的世界必须有一定的功用。他说：“有志于学，不读无益之书，日求明体达用，愿益精心以穷事物之理，平心以受直谅之规。久之事理通达，心气平和。”① 明体达用是严如熤的追求。仅从他的理想来说，他的学问必然是对道与用两者都有所阐发。但事实上，由于他所处的环境，社会现实治理难题对他提出的各种紧迫任务，他的绝大多数时间都是用于田野调查并形成政策咨询报告、制定实际政策解决这些棘手问题。因而形成的成果，也就是用的成分很多，道的成分相对不足。他的主要著作《苗防备览》《三省边防备览》《乐园文钞》《汉南续修郡志》《洋防辑要》等等，基本上是研究“用”。尽管他阐述的这个“用”，是依据其内在的“体”或“道”，但他没有直接去阐述这个“体”或“道”。他的这个思路，也影响到后来学者。后来的湖湘文化诸大儒陶澍、贺熙龄、魏源、曾国藩、左宗棠等，在学问贡献上，都是经世致用有余、道问学不足。

（三）从严如熤出发，突破“致用”的局限性，追求知识创新

我们看到，严如熤在自己的田野调查中，也想贯彻体用合一的理念。但是，由于他自己面临的使命，主要是解决眼前的紧迫现实问题，因此，他的书中，表现出的更多的是“达用”，后来的学者将其归纳为经世致用。殊不知，严如熤非常强调“道”，强调“体明”之学，强调“体”与“用”的合一。无论是《苗防备览》还是《三省边防备览》，都列举了大

① 严如熤著，黄守红标注．乐园文钞［M］．岳麓书社，2013：121.

量的材料，涉及社会生活的各个方面，目的只有一条，防乱民，维护当地各族百姓的身家性命与财产安全以及王朝的正常统治秩序。正是这种强烈的现实目的，导致了他的著作没有能够在“道”的追求上走得更远。从其生平行为来看，他原本很重视书院讲学，在汉中期间，还重建了汉中书院，聚起当地优秀子弟，勤奋讲究学问。从理论上来说，他也有讲究“道”的能力，即讲求纯知识的理论。他自己有《原慕》《日喻》等论文，都论述了“闻道”的重要性，要用“道”统率“用”。在书院讲学中，他肯定还有相当多的有关知识学的论述。可惜，这些论述都没有流传下来。因此，他留给我们的田野成果，主要是探讨“致用”。这种缺乏“知识辨析”的田野成果，限制了田野调查的进一步发展，使得田野调查成果长期停留在现象罗列、既有知识整理与技术分析，学理研究上则很少突破，用我们今天的话来说，就是缺乏必要的知识创新。以至有学者坚持认为，他的《苗防备览》与《三省边防备览》两本书，都只是他编辑的书，并非他拥有知识产权的书，他的专著只有一本《乐园文钞》。① 同时，正是由于严如熤开创的这个田野风气，也限制了后来学者的研究视野。因为，停留于既有知识整理的田野调查，在他的著作中都已经完成了，后人几乎没有什么事情可做。所以，无论是关于苗族地区还是三省边区，后来的田野调查都没有什么大的作为。后来的学者们无非在开展地方志调查时，搜集一些被遗漏的故事与风俗仪式等。当然，严如熤以后，我国田野调查没有得到进一步发展，没有形成田野调查学科，我们不能把责任推到严如熤身上。在他那个时代，他的田野著作已经走在了世界最前沿（见我们的《清中期世界田野调查学术系谱上的严如熤及其学术的未来开展》一文）。

显然，我们的浦市田野，在严如熤的基础上，已经有了新的发展。我们除通过过程成果努力满足当地人关于文化发掘的需求以外，贯彻我们田野调查始终的，是寻求知识创新——追求理论上的贡献。每个学者都在自己的视野范围内，尽可能地为探索纯粹的理论而孜孜以求。也许，我们团队学者们的努力根本没有达成知识创新目标，但是，他们的努力方向始终是指向知识创新，这就是我们与我们的前辈严如熤在浦市田野中最大的分

① 关于严如熤的著作问题，台湾辅仁大学历史学教授米丹妮先生于 2015 年与笔者有几次通信。他就认为只有《乐园文钞》属于严如熤的专著，其他著作不属于严如熤专有。

别。也就是说，出发的时候，我们与严如熤是一致的，但前方的目标却出现了区别。我们在严如熤没有完成的知识创新方面，试图走得更远。但这些“创新的知识体系”应该有严如熤努力过的学术痕迹，而不纯粹是西方田野学科既有的知识体系。

无论怎样，在浦市田野中，能够与严如熤的田野经历产生对话，是我们的幸运。这是由中国文化传统现代转型的内在必然性决定的。我们不是在浦市，就会在别的什么地方开展田野时，必然要与严如熤对话！这是无法回避的话题。而正是在这种对话中，我们明白了自己开展田野研究的思想基础，到底在什么地方。我们也因而坚定了弘扬中国传统的田野研究的信心与决心，并借此奠定田野研究中的中国传统与中国文化立场。

本章小结　田野中国学的田野工作：知识创新与经世致用的诗意结合

从上面的讨论中，我们发现，我们在浦市田野中，已经与欧美田野学科存在了重大区别，浦市田野已经是非欧美的田野。从田野调查研究中我们也发现了中国的田野调查传统，而由于我们对知识创新的追求，我们也走出了中国传统。我们的浦市田野确实是从欧美的田野学科而来，也最大限度地张扬了中国传统田野调查研究的范式。我们的浦市田野看起来已经两不像了！所以，我们不得不为自己的这种田野调查及其学问精神重新命名，这就是我们将浦市田野调查研究命名为田野中国学的缘由。在宏观理论层面上，我们的浦市田野坚决抛弃了欧美田野学科关于“欧美的优越性——殖民地的落后性”的理论预设，在中观理论层面与微观研究方法层面上与欧美田野学科保持基本一致。我们从马林诺夫斯基出发，却没有停留在马林诺夫斯基的学术视野之内。我们也从严如熤出发，但我们也没有停留在严如熤确立的学术传统之内。可以说，田野中国学的研究范式，是对欧美的田野学科与中国传统的田野学问进行了一次系统整合再造。我们把这个整合用一句话概括：田野中国学的田野工作是知识创新与经世致用的诗意结合。我们之所以敢于命名为“田野中国学”，是因为通过与严如熤的浦市田野对话，我们对传统的田野调查建立了学术自信，并且坚信在中国传统的田野调查可以与西方的田野学科实现融汇。我们也把中国传统的田野调查作为我们开展田野研究的基础，并希望在这个基础上，重建有中国文化传统的田野学科。

第三章　传统文化的能量及其释放

浦市田野已经成为我们团队进行学术反思的一个重要概念。在众多学术反思中，提出田野中国学理论是一个比较重要的课题。田野中国学包括多个命题，其中支撑这个学说的理论基石则是传统文化的能量及其释放理论。我们为什么在浦市田野反思中提出了传统文化的能量及其释放理论？这是不是一个显得很突然的命题？是不是一个理论遐思？不是的。

这个命题正是基于我们对浦市文化发掘性调查研究过程的深刻反思。在对传统文化进行发掘性调查研究的过程中，我们的学术论文还没有写作出来，但是我们的一些局部性研究结论与调查书写，却在浦市文化保护及旅游开发方面显示出特殊作用。由于我们的持续田野工作，给当地的文化产业开发、旅游开发也提供了重要的智力支持，使我们有机会见证浦市古镇在泸溪县副县长尚远道的领导下，在短短几年中所取得的多项实质性发展成就。2016 年 4 月该古镇获批国家 4A 级旅游景区，使这里的旅游开发上升到一个新台阶。2019 年 10 月浦市古镇清代建筑群获批国家第八批文物保护单位①。社会上有一些不正确的说法，我们必须在此加以澄清。很多人认为这是我们团队在其中起了关键作用。实质上不是的。我们的团队对这些成绩确实有贡献，但我们的贡献仅仅是辅助性的。实质性的工作，应该是政府组成的工作团队。我们团队的田野调查推动了当地文化研究的深入发展，也在某种程度上推动了当地人开发文化产业、开发文化旅游的

---

① 国务院．国务院关于核定并公布第八批全国重点文物保护单位的通知（国发〔2019〕22 号）[EB/OL]．http://www.gov.cn/zhengce/content/2019-10/16/content_5440577.htm.

热情与信心，特别是在提振本地群众的文化自信方面起到了核心作用。但具体的申报工作，我们都只是担任了学术顾问身份。无论怎样，我们的研究工作不仅仅达到了我们最初设计的学术目标（这是比较容易实现的一个目标），也高效地实现了我们设计的服务社会的目标。由于服务社会的目标的实现，促使我们思考一个问题：我们在田野中的哪一个环节起到了关键性作用？是我们的田野工作本身起到了关键性作用？还是我们所发掘的浦市传统文化本身发挥了核心的作用？结果，两个答案都被否定了。我们在此得出一个假设，是我们所发掘的传统文化自身释放出了巨大的能量，改变了浦市的文化结构，推进了浦市文化的发展。顺着这个思路，我们提出了传统文化的能量及其释放理论。

一、文化能量论的前史：从文化功能论到文化软实力论

传统文化的能量理论既是我们对浦市田野进行反思的结果，也是对人类学、民族学、民俗学等运用田野方法为主要研究手段的学科（我们将这些学科统称为田野学科）进行反思的结果。传统文化的能量理论是沿着前人的学术道路不断向前探索的结果。我们不妨先来反思一下田野学科的相关理论。

（一）功能主义的“功能”

传统文化能量理论直接的学术源头还是在马林诺夫斯基与布朗的功能主义那里。马林诺斯基把西方社会学中早期的功能理论引进到人类学的文化研究中，把文化看成是满足人的生理上的基本需要以及派生的社会需要而产生的。文化是一个有机整体，每一部分内容都具有满足人类需要的功能，制度、风俗、用具和观念都具有满足个人的某方面需要的功能。“文化是包括一套工具及一套风俗——人体的或心灵的习惯，它们都是直接地

或间接地满足人类的需要。一切文化要素，若我们的看法是对的，一定都是在活动着，发生作用，而且是有效的。文化要素的动态性质指示了人类学的重要工作就是研究文化的功能。”① 费孝通对此进一步解释说，“把文化看作满足人类生活需要的人工体系，是马老师所开创的功能学派的基本观点……文化是为人们生活服务的体系。人是体，文化是用，体用分明。”“文化的意义就在其功能，更明确些可以说，不能满足人们生活需要的东西不是文化。文化因其对人有用处才能存在。”② 与马林诺斯基同时，布朗也提出了自己的文化功能论，但他认为，文化的功能不仅仅是满足个人的需要，而主要是指满足社会结构稳定的运行和延续的需要。也就是说，文化的功能是维护社会体系的和谐运行与延续。③ 马林诺斯基与布朗用他们的田野作业，证明了文化具有功能，并且文化的产生几乎就是为了“功能”这个目的而来的。特别是费孝通对马林诺斯基文化功能论所做的概括简洁明了——“人是体，文化是用”。文化的功能研究在人类学、民族学、民俗学等学科的文化研究中盛行近百年而不衰。一直到今天，在文化研究中，功能研究依然是很多课题的主题。

（二）文化价值理论

文化功能论就暗示了必然会引出文化价值论。马林诺斯基也说过，价值是“有机体为了满足其有机体之需要而对某些目标、规范以及有助于有机体欲求之满足的人的强烈而不可避免的附属品。”④ 伴随着文化功能论的盛行，文化价值论也相应兴起。功能与价值成为具有相同意义指向的两个不同的词。但是，从文化功能论到文化价值论，还是属于两个不同的文化研究阶段。文化功能论，强调的是文化对其持有人的功能。而文化价值论，更加强调文化所具有的普遍的价值，不仅仅是对于文化持有人的价值。这是一个重要的扩展。文化价值论研究时期，并没有特别的理论上的

① ［英］马林诺夫斯基著，费孝通译．文化论［M］．中国民间文艺出版社，1987：14.

② 费孝通．从马林诺斯基老师学习文化论的体会［J］．北京大学学报，1995（06）：53-71.

③ 何星亮．文化功能及其变迁［J］．中南民族大学学报，2013（5）：33-41.

④ 祁庆富．试论中国少数民族传统文化的价值结构［J］．中央民族大学学报，2000（1）：20-29.

代表人物。这个理论在人类学、民族学、民俗学等田野学科中，为文化研究提供了更广泛的理论支持。在文化功能论研究中，文化研究还是冷静的，田野调查是中立的，客观的，田野中所面对的文化几乎与自身没有多少关系。在大多数的田野研究者那里，田野中的文化不是我们的，是他们的，因此有"他者"一说。对文化功能的探讨，似乎是在探索一种纯粹的理论。但是，田野调查发展到文化价值论之后，大量的田野调查不再是对"他者"的观察，也可以是"家乡人类学"研究。特别是中国的人类学与民族学、民俗学研究，从其诞生到今天，近百年以来，绝大多数的学者是在国内开展研究，尽管很多时候，学者们是在"少数民族地区"或"乡村"开展调查研究，似乎与欧美的"异文化"研究有异曲同工之处，但本质上还是对本国不同区域文化的研究。那么问题来了，这些研究很少涉及文化功能论中的纯粹理论探讨，它们的价值与意义何在？正如20世纪50年代有人质疑开展少数民族社会历史调查研究的价值一样。当时也没有很好的理论可以回答这一质疑。文化价值论出来之后，这个问题似乎得到了解决。文化首先是对其持有者有着价值，也就是功能。同时，这种文化对人类社会发展与稳定也有着不可忽视的价值。正是在此理论指导下，四十多年以来，在中国有关文化价值的研究得到极大推广，成为文化研究中的主流方向。

（三）文化力与文化软实力理论

文化价值论研究正在形成热潮之际，文化力与文化软实力研究又隆重登场了。这一理论与人类学、民族学、民俗学的田野研究没有直接渊源，似乎也与田野学科没有直接联系。但是，这个理论依然是文化能量论的来源之一，因此，我们在此予以简单梳理。有学者认为，文化软实力理论来自文化力理论。有学者认为文化力概念来自日本学者名和太郎的《经济与文化》一书。也有学者认为，这个理论是由王沪宁首创。[①] 王沪宁在回应约瑟夫·奈在其1990年出版的《注定领导：美国权力性质的变迁》一书

① 贾海涛．"文化软实力"理论的演进与新突破［J］．社会科学，2011（5）：14-22.

中提出的“soft power”理论时，将这个词翻译成“软权力”。“把文化看作一种软权力，是当今国际政治中的崭新观念。人们已经把政治体系、民族士气、民族文化、经济体制、历史发展、科学技术、意识形态等因素看作是构成国家权力的属性，实际上这些因素的发散性力量正使软权力具有国家关系中的权力属性。”① 党的十七大召开之后，文化软实力概念出现在十七大报告中，使得这一概念受到学术界的高度关注与研究。有学者把“文化力”的内涵概括为四点：一是智力因素包括教育与科技在内；二是精神力量；三是文化网络；四是传统文化。这个传统文化的力量，也就与我们田野调查所面对的传统文化有较多的相关性了。“传统文化作为一种力量，时时刻刻作用于、渗透于现实之中，时时刻刻作用于、渗透于当今人们的思维方式和行为方式之中。”② “文化软实力”的概念虽主要用于国际政治研究，但是它却明确地向人们传达出一个思想，文化是具有一定“力”的，是可以发生类似于“权力”的作用的。而“文化力”的理论则直接对我们的研究提供了新的思想资源。

（四）前人理论的特点与适用范围

从文化功能论、到文化价值论，再到文化力与文化软实力论，对文化功用的认识呈现一个逐步展开的过程。尽管文化软实力论与前面的功能论、价值论等两个理论不完全是同一个层次上的问题，但这些理论都共同指出了文化的“力”的特征。即文化能对人及外界其他社会产生重要的影响，会产生实际的效用。文化力论是对文化功能理论与文化价值理论的一个重要突破。

但前期这三大理论的适用范围也非常明确。功能论主要是指出了文化对于个体的人或社会整体的作用，是满足个人或微型社会的某种需求。功能与人的需求之间具有相应的对应关系，文化的功能适用于对它有需求的人。田野调查面对的文化，只能是对生产这个文化的人而言具有功能。因此，田野调查的文化研究，主要是形成理论，这个文化本身，在理论完结

---

① 王沪宁．作为国家实力的文化：软权力［J］．复旦大学学报，1993（3）：91-96.

② 贾春峰．“文化力”论［J］．东岳论丛，1998（6）：19-22.

之后，它与研究者之间也就没有关系了。

文化价值论虽然将文化的功能扩展到了更加广阔的社会，适用范围明显扩大了，但是也有一定的局限。文化价值似乎是客观地存在那里，其价值大小是与研究者毫无关系的。你研究它或不研究它，它的价值都在那里，文化价值大小已经由其自身的特征确定了。但从我们的研究经验来看，实际情形并不是这样的。文化的价值既有客观的一面，不以人的意志为转移的一面，也有研究者的能动性的一面。文化的价值需要阐释才能彰显出来，特别是我们面对传统文化的时候，更是可以明显地感受到研究者在传统文化价值实现的过程中所起的作用。

文化力与文化软实力的适用范围，也与文化价值论相似。在研究者看来，文化力具有客观性，不容改变性。文化力或软实力的大小是客观的事实。在一定的国际关系中或经济活动中，确实存在这样的规律。但它与我们对传统文化的观察常识也不相符。世界上各地传统文化在不同的时期总是有很明显的变化，并不是一成不变的。它为什么变了？朝着什么方向在变等等问题，逼着我们重新思考这个理论。

基于以上原因，我们沿着文化功能、文化价值、文化力及文化软实力等理论继续向前迈进，提出了传统文化能量及其释放理论。我们认为，这个新理论既继承了前面理论的优点，又解决了它们无法克服的理论问题。

二、以严如熤为代表的中国古代传统文化能量理论

田野调查的文化研究，面对的是人类过去或现实中正在运行的文化，绝对不是面对未来可能出现的新文化。而我们使用的材料，从欧洲早期的观察开始，一直是所谓的“遗俗”（欧洲早期人类学）、或者“异文化”“落后习俗”，直到近些年来的所谓“传统文化”。用词策略在变化，但是研究对象的含义指向是相同的，那就是这些文化属于人类过去沿袭下来的文化。因此，站在今天来说，使用“传统文化”这个概念最为合适。

“传统文化”的概念既是从欧洲田野学术逐步演绎而来，同时，也是中国传统的田野学术研究演进的结果。古代中国田野调查学术研究是一门传统学术，传统文化的田野研究一直是古代中国的传统（参见本书第六章“中国古代创知致用田野范式及其贡献：以严如熤为观察中心”）。相应地，古代中国的传统文化研究中，也有了传统文化的能量及其释放的理论萌芽并进行了早期的田野探索。为了证明这一点，我们以严如熤的学术活动为例加以简单梳理。

（一）严如熤与唐阆苑的学术争论

1795 年正月，从湘黔川边界地带爆发的苗民起义，很快蔓延到整个湘黔川苗疆。整个湖广震动，朝廷派出湘鄂川黔四省大兵围剿。在起义初期，整个政府与军界都认为，这些区区苗民不过为一些鸡毛蒜皮小事闹闹事罢了。只要朝廷大军一到，立马就会被平息。按照属地管理原则，不到一个多月时间，云贵总督福康安、四川总督和琳、湖广总督毕沅、湖南巡抚姜晟等大员，都带领各自的部队齐集苗疆，真正是大兵压境！但几经交手，动荡不但没有平息，苗民起义军占领的地方反而进一步扩大了。束手无策的姜晟与毕沅，请出在芷江明山书院担任主讲的严如熤前来出谋划策，并执行机密军事任务。乾隆六十年（1795）九月十二日，严如熤受毕沅、姜晟委托，只身一人来到浦市。主要任务是招募并训练一支仡佬部队。在这里，他结识了很多十分有智慧有学识有胆略的人，其中对他帮助最大的是当地的贡生唐阆苑与周序东两人。

严如熤到达浦市后，招募工作并不像他设想的那样顺利。他遇到了很多来自朝廷军队为他设置的障碍，在他遭遇到重重困难的时候，他遇到了赋闲在家的贡生唐阆苑以及周序东。因为对学术看法有着相同的见解，三人一见如故，属于相见恨晚的那种。但因这场苗民起义战争，严如熤与唐阆苑对待天下可救还是不可救的问题却产生了分歧。两人争论的问题详情，现在已经无法得知。大体上来说，严如熤抱着一种积极进取的心态，有心治世。唐阆苑却相反，他从苗疆变乱中形成结论，认为这个社会表面看来平静而繁荣，实质已经腐朽堕落了，已经没有希望了，此次苗民发动大规模暴动即是明证。现实不可为，有良知的人应该隐居才是正确选择。两个人在这个问题上发生的争论应该很严重，谁也说服不了谁。不过出于敬重严如熤对自己的信念十分执着的原因，唐阆苑还是遵守“君子成人之美”的古训，暗中出手帮助严如熤完成了仡佬人的招募任务。严如熤得以很快组建了一支由仡佬人组成的民团，并正式在浦市展开军事训练。① 后战局失利，严如熤回到了他的溆浦县老家暂避风头。正是在这段闲居家乡的几个月，他对自己与唐阆苑的争论重新进行了反思。

（二）严如熤提出“天下荒弃之物无不可整而治”的学术命题

他把自己的反思写成《乐园记》一文。这是一篇短文，按照古代写作传统，采用散文形式记录自己的思考。在文章中，他暗示到：读书人如何面对这个表面繁荣、背后危机四伏的天下？经过反复思考，他形成了自己的结论：“天下荒弃之物无不可整而治”。“天下荒弃之物”正是他对传统文化的一个形象比喻。“天下荒弃之物”大约是当时的唐阆苑对这个社会既有的制度与文化设施的批判。那么这个历经风雨、满目疮痍的社会既有的制度与文化设施，也就是当时读书人眼中的“大清朝”的“天下”，到底还有没有用？还能不能维系社会的正常秩序？这些正在衰落破败的设施，还有没有可能加以修复利用呢？因为这个问题还进一步涉及，作为一名有志于天下的知识分子，还可不可以通过努力去重整这个社会制度以实现天下太平呢？用传统的儒学语言来说，知识分子还有没有可能通过“修身齐家”达到“治国平天下”的目标呢？如果“天下荒弃之物”不可用，则个人的努力就是不可能产生实际效用。如“天下荒弃之物”可用，则个人努力就可以产生实际效用。

唐阆苑显然认为“天下荒弃之物”已不可用，因此主张觉悟的有良知的人应该避世而居。唐阆苑的思想代表了当时部分读书人的意见。他是这

① 严如熤晚年《感旧集》诗集中有诗一首。“兴公不世俗，长啸激太清。鼓琴声落落，论剑气纵横。颇慕魏公子，羞为鲁诸生。五溪煽毒飚，风尘千里警。羽翼招仡佬，保聚资堡城。刘繇疑满腹，本初谋无成。艰难呼将伯，相助屠长鲸。扁舟泛鄂渚，江湖埋姓名。火云多幻态，秋涛带怒声。安得天下士，慷慨答升平。”

么想的，也是这么做的。他仅仅是为了友谊，助严如熤成功地招募了一支仡佬人组成的民团。大约唐阆苑对于自己的这一行为也有自责之处，在战争结束后，他也就隐居了。这牵涉到一个复杂的身份认同问题，这已经是后话了，我们暂且不表。我们回到严如熤的反思上来。

严如熤不但从思想上坚定了“天下荒弃之物莫不可整而治”，而且用田野调查的实际成果去回答这一问题。把他的话转换成现代语言，大致是这样，过去的社会制度与文化设施都可以通过整理而使其重新获得最佳的秩序并发挥重要的社会作用。“治”就是优美而有最佳的秩序。有了这个认识，他未来的学术实践、军事实践、政治实践，都有了理论指导。因此，他未来的活动可以一直沿着这条道路走下去，长期坚持，使自己的学术与从政紧紧合二为一，从而为后代读书人立下一个新的人生范式。

在家乡住了几个月之后，姜晟重新将他召回军营。在未来的四年中，他驻扎在浦市，一边继续训练仡佬人队伍，一边开始了他的苗疆社会文化调查，实践他主张的对“天下荒弃之物”进行“整理”达到“治”的目标。他首先对社会进行深入的田野调查，然后思考那些“天下荒弃之物”应如何进行“整理”。经过几年的努力，他完成了浦市经济文化调查，完成了对苗疆各族群及其文化的调查。他从中形成了很多重要结论，试举几条如下：(1) 苗疆社会经此变乱，满目疮痍，表面看来惨不忍睹。但实际上只要治理得法，依然可繁荣兴盛。(2) 苗疆遗留下来的很多制度设施与文化设施都可以加以改造利用，使之发挥重要作用。如苗疆边墙，古代的苗官制度等。(3) 古人使用过的屯田制度，不仅可以对军事起到积极作用，还可以转化为地方政府财政来源，重建一个积极有为的地方社会体系。(4) 古人使用过的货物抽厘制度，可以转化为地方公益事业，加以长期运用。他的这些思想都写成了著作，分别收进《苗防备览》《浦防纪略》《乐园文钞》等著作中。在他治理汉中时，他还继续沿着这个思路进行田野调查，继续启动对“天下荒弃之物”的整理运用。他因此复兴了一些古老的底层经济制度，帮助百姓实现了新的经济增长，在当地建立了一些新的社会秩序。正是这样的有为而治，他才得到了当地官方与民间的高度敬仰，也得到了湖南老家人的敬仰，死后入了陕西的名宦祠，同时又入了湖南省的乡贤祠①。

在严如熤看来，这些“荒弃之物”都有其内在的能量或价值，只要经过“整”，就可以实现其“治”。在严如熤的眼里，天下其实没有实质意义上的“荒弃之物”。用今天的话来说，所有的传统文化，表面看来很多已经“荒弃”了，变成了“死”的文化，就像欧洲人类学家哲学家早期研究过的“野孩子行为”，甚至后来的那些“野蛮人”文化一样，但其实这些文化依然有其内在的也是潜在的巨大价值。可以经过特殊的处理即“整”而后获得新的功力。这种观点，与欧美古典田野学科的学术宗旨相比，无疑具有更大的文化远见。欧美古典田野调查学科目的是为了证明欧美文化的先进性。而在严如熤这里，对传统文化的田野调查目的是为了使这些传统文化的潜在价值服务当今的人类。这是两种不同的思路与境界。田野中国学提出的传统文化的能量及其释放，就是沿着严如熤这个思想而来。“天下荒弃之物”—“传统文化”“整”—“知识创新”“治”—“经世致用”。我们把“整而治”转化成“创知致用”四个字，意思就是通过知识创新实现传统文化能量的释放。这是我们沿着中国传统的田野学科向前推进的一步。

当然，严如熤的远见也毕竟是古典型的学术远见，他的这些学术思想有着古典学术的一般局限。首先是用词的含糊性。用词倾向于“形象化”“比喻化”。就如“天下荒弃之物”“整”“治”三个词，都有着只可意会不可言传的局限性。不能通过明确的定义然后充分展开来进行阐释，概念之间缺乏必要的逻辑思维能力。“天下荒弃之物”是一个比喻，这个还比较好理解。结合当时的语境，这个词指那些已经淹没在历史背后或沉积到生活底层的“历史、文化与文物制度”。“整”即整理、整修、整治等等。这相对好理解。但“治”就不好理解了。“治”其实是一个引申词，从“治世”引申而来。我反复思考，此词翻译成“最佳的秩序”似乎比较恰当。希望学界专家提出更好的解释。其次，尽管严如熤写下《乐园记》不久之后，就开始了对湘西苗疆的全面的田野调查，并于四年后写出了《苗防备览》一书，但是他并没有因此形成进一步的理论，这些思想都处于理

① 严正基. 章池严氏族谱·卷六·大传［M］. 刻本，道光二十三年.

论萌芽状态。最后，任何学者的学术研究，都要在一定程度上回应同时代的学术思考，都需要在一定程度上使用通行的话语体系。因此，学术理论即便有创新，也总是要与同时代的理论有相融合之处。严如熤处于中国古代学术向现代学术转型时期，他是这个转型的开创者，他能提出一些新思想尝试一些新的学术范式，已经十分不易。在其他很多方面，他依然与当时的学术话语保持一致。这是历史的必然，严如熤也不会例外。

三、传统文化的能量及其类型

上文我们梳理了从文化功能论向文化能量论发展的顺序，证明了文化能量理论不是凭空产生的，而是充分吸收前人研究成果，站在前人学术基础上发展出来的。除上文提到的文化功能论、文化价值论、文化软实力论等等之外，为这一理论提供了理论依据的还有博厄斯的文化平等理论。博厄斯通过对北美因纽特人文化的调查，提出了文化相对主义，即文化平等的观念。他第一次明确提出了各种文化都有其独立的、不依赖于其他文化的价值，而这些价值具有平等性。他破除了早期文化研究理念，即欧洲人一直坚持的，野蛮人文化的研究价值在于这些文化对欧洲文明先进性的对比作用。在他的影响下，他的弟子们将这一理念贯彻到文化研究的很多方面。[①] 文化的平等性也启示我们，传统文化的能量也是平等的。在文化的能量释放之前，我们无法先入为主地判断任何文化其潜在能量的大小。因此，普遍的文化研究成为推动文化发展的基础。就田野学科已经展开的文化研究而言，我们把传统文化拥有的内在能量分成两种类型。

（一）原生型文化及其能量

原生型的文化这个概念，是我们按照文化发生学的方式所做的命名，

① 李安民．试论文化相对论［J］．（广州）中山大学学报，1987（3）：76-83.

借鉴了“原生态”文化概念。当然不全是目前学术界常用的“原生态文化”。原生态文化是一个近年来兴起的词语，据学者统计，学术界对这个词的用法至少存在七种不同的界定。比如有人认为“原生态文化”是借用自然科学中生态学的概念，把地方族群的原生文化与“生态”结合在一起探讨是一种新颖的理论视角。有人认为，“原生态”是某一地方族群对其生存环境的适应与选择，是“人们在适应其生存的环境中，主动应用自己的文化条件与该环境互动后产生的一种文化形貌，由于是该族群自我的选择与对特定环境的适应，因此，它具有自身独特的特性或魅力，而且通常是不受外界或其他文化干扰的。因而，所谓的‘原生态文化’应该是指某一民族或族群迁徙进入某一地区后，在那里适应自然环境而形成的文化”。还有人认为原生态作为“一种文化，从其诞生之初起，就具备一种本性，它就是一种生命形式，虽然历经变化，但其本性与生命一直贯穿了全部的发展历程之中”。[①] 各种界定相去甚远。对于“原生态文化”概念所存在的巨大差距提醒我们，这一概念目前还没有形成必要的共识。无论对这一概念理解存在怎样的差异，但总体来说，大家都把这一概念与少数群体相关联。这与我们的原生型文化所要讨论的问题相去较远。因此，我们暂时远离这一概念，采用原生型的文化这一概念。

所谓原生型的文化，是相对于我们后面要提出的“聚合型文化”而言，就是由人类基于本能应对自然界及人类社会自身的问题的时候所形成的文化形态。原生型的文化也可以用文化的“自在性”来解释。人类这种本能应对（自身或外界）所生成的各种文化形式都没有经过知识性的反思与建构，是一种自在的存在。生活于其中的人们未必清醒地意识到这是一个自成体系的知识体系与行为体系。原生型的传统文化在无文字民族那里存在得广泛得多，或者大多数状态是原生型的。在现代文明社会里，由于人类的反思能力与概括能力，人类的大多数行为与知识都经过反思、定义、概括、推理、质疑等，因此其“自在性”的一面相对隐秘得多，无论是研究者还是普通的观察者，都很难分辨出文明社会里文化的“自在性”的一面。所以，从田野学科的研究便捷性来说，我们把田野选择在都市以

① 麻勇恒.“原生态文化”探讨的理论预设［J］.（贵阳）贵州师范大学学报，2011（1）：65-68.

外的乡村，是一种认识成本策略。因为这样更加容易观察到“原生型”的各种表现。当然，很多田野学者也把田野点选在大都市里，同样可以形成具有创新性的文化研究成果，其道理就在这里。

原生型的文化是一种自在存在，由最初的本能应对自然与群体问题而产生的文化形式，保留最简单的行为模式与话语模式，因此具有最简朴的存在形式。在无文字民族那里普遍存在。在现时代来说，在远离现代都市文明的“边远”或“边沿”社区保留得相对多一些。这些原生型的文化所蕴含的能量也只能以一种简朴的方式释放出来，服务于这个文化所涵盖的群体。这就是马林诺夫斯基所阐释的“文化功能论”所真实表达的内容。如果用一个并不准确的比喻来说明，原生型文化，它的能量也只能是以一种与当地人生活节奏相适应的方式，非常缓慢地自在地释放。因此，当文化还属于原生型状态时，其内含的潜在能量到底有多大？对于身处其境的无论是外界观察者还是内部观察者，都无法判断。正是这个原因，造成了西方人长期以来对非西方文化的偏见。认为非西方的文化都是低层次的文化，都是野蛮文化。时至20世纪，学术界又普遍将这些原生型文化定义为落后文化。落后文化的概念一直盛行到当代学术界与世俗社会的话语体系中。

博厄斯用其对因纽特人的田野调查证明，各个民族都能创造性地生产出适应自己环境的文化，各族群文化之间无法进行优劣比较。但他以及他的整个文化学派，同样也包括马林诺夫斯基所开创的功能学派在内，都没有进一步探索，这些所谓“落后”的族群为了适应环境所创造的文化，即我们所定义的原生型文化，除了能够满足其自身群体的生活生存所需以外，还有没有潜在的更大的能量储存其中？这些能量又是否能够释放出来？它们的释放又需要什么样的条件？这些问题我们后面逐步加以论述。

（二）聚合型文化及其能量

比原生型文化复杂一些的文化形态，就是聚合型文化。聚合型文化还是传统文化。与原生型不同之处在于，它是两个以上原生型文化的聚合体。从某种意义上来说，我们既可以看到其原生型的特点，同时也可以看到很多来自不同区域的、由不同群体所创造的原生型文化很好地融合在一起。原生型的传统文化相对来说比较易于理解，毕竟自现代田野学科广泛传播以来，原生型传统文化有其一脉相承的认知过程，从早期欧洲的文化概念野蛮人，到后来的无文字民族、落后地区，再到近几十年来的发展中地区、欠发达地区等等概念，都有其前后继承关系。虽然无法给一个准确的定义，但它的话语指向还是比较清楚的。聚合型文化是我们新创的一个概念，需要加以特别的辨析。

从现实田野经验来看，在我们所能观察的社区，其传统文化都会表现出“聚合形态”。也就是说，某些看起来十分偏僻的村庄社区，某些看起来十分独特的群体，其实他们都已经与现代文化、政治、经济保持了一定联系，他们的文化中、以及至他们的社会行为中都打上了现代文化的烙印。因此这类社区的文化现象呈现给田野观察者的印象已经并不是完全的原生型了，而是一种多种来源的文化的聚合形态。比如在无论多么遥远的山村，我们都可以看到他们对电视、手机等现代传媒的使用，看到他们对现代城市生活的讨论，看到他们以现代化为标准设计自己的生活等。但这些聚合还主要是表层的。在其生活的底层，传统的祭祀、庆典仪式、风俗、行为模式等，还是原生型的。这类社区的传统文化还是以原生型为主要特征。

但在很多交通要道、码头、集市以及文化交汇地带，我们可以看到另一类情况。在这里，由于汇聚了不同地区的原生型文化，这些文化在同一社区中融合成新的整体。以民间宗教信仰来说，同样的偶像或者同样的仪式却被讲述成很多种不同的故事。不同的族群会按照自己来源地的文化对这些偶像或仪式重新讲述。同样的偶像或仪式在同一社区就有了不同的名称、不同的故事、不同的意义。在浦市古镇，最典型的就是各个庙宇中的黑色神祇。按照不同族群，就会有很多的神名，或曰黔王（黔王又有多种故事）、或曰都佬（汉代将军）、或曰伏波（汉代将军）、或曰护国黔王（又名盘瓠）、或曰白帝庙、或曰天王行宫，甚至被说成是炎帝、飞山庙，等等。[1]

而对于社区整体来说，由于汇聚了很多不同地区的原生型文化，整个社区文化很难观察到所谓的典型形式。商业的、农业的、政治的、儒学的、道学的、佛学的、军事的、族群的，等等，总之各种文化都似乎没有占主导地位。大家就这样自然而然地，或者包容性地融合在一起。人们既无法确认相互融合的主线，也看不清相互间融合的必然逻辑。进入浦市古镇开展田野调查，面对的正是这样的大背景。一个外来研究者很难用一些典型的原生型文化来定义这个社区的传统文化，这是典型的聚合型的文化，这是传统文化的典型形态。作为田野学科，审视各种原生型文化的聚合并从这些聚合的文化中发现我们所需要的文化能量，通过文化传播或知识创新促进这些能量的释放，也正是我们的一个主题。

与原生型文化中呈现的聚合形态不一样的地方在于，原生型文化社区，文化的呈现方式是原生型文化占主导方面。宗教信仰、仪式与风俗等，都是原生的。只是在人们的并不显眼的社会行为与话语中会融入了部分外来文化形态。而在聚合型文化中，观察者无论在社会行为与话语中，还是在沉积于底层的信仰、仪式与风俗中，都可以观察到不同来源的原生型文化的聚合现象，传统文化具有明显的聚合特征。

聚合型文化的能量既可以从其所聚合的原生型文化中来，也可以从其聚合状态直接产生。其内含的潜在能量大小也是无法凭借简单的观察加以直接判断的。其潜在的文化能量也是需要通过深入的科学研究才能加以测试并有可能进行释放。

对于传统文化的类型，我们目前就提出以上两种形态。这是按照传统文化的有倾向的特征来划分，现实社会是很难将这两类形态截然分开的。田野中国学面对的田野点，总是在这两类形态中有所侧重。因此我们的田野研究，可以按照研究课题要求进行适当的取舍。那么这些传统文化内在

---

① 对于这个偶像的研究与调查报告，已经有很多成果。分别见谭必友等的《浦市龙舟》（学苑出版社 2016），胡云的《沅水流域辛女信仰中的分神传说及其影响浅析》〔刊于《新丝路》（下旬）2016 年第 2 期〕。李璋奇的《旅游开发背景下的民俗文化变迁研究——以浦市古镇“抬黑龙”为观察中心》（湖南师范大学硕士论文，2018 年）。张学琦的《社区公共祭仪与社区记忆——以浦市龙舟赛为观察中心》（湖南师范大学硕士论文，2017 年）。李嘉豪的《人类学视角下的浦市龙舟节研究》（湖南师范大学硕士论文，2017 年）。

的能量是如何释放出来的？如果顺着马林诺夫斯基的功能论进一步提问，文化满足人们需要的功能到底是怎样得到实现的？

这样划分之后，对于我们田野中的“致用”模式也会采取一些不同措施。在原生型文化社区，适合个体研究者开展田野工作，并组织好对当地社区的相关服务。而在聚合型社区，适合一个或多个团队开展长期的田野工作，并在这个社区开展较为复杂的文化服务工作。我们在浦市的田野调查及相关文化产业策划，都是基于这样的理论思考。

四、传统文化能量的释放形式

传统文化具有满足个体人的需要的功能，有满足社会需要的功能。这些功能的实现，都在于文化具有内在的能量。这些内在能量的存在，使传统文化不仅仅能够服务于该文化涵盖的群体，也可以跨越时空限制，服务于其他地域的文化群体。文化能量对人的服务是通过能量释放实现的。从田野经验来判断，文化能量的释放遵循以下三种途径。

（一）自在释放

拉德克利夫·布朗在其《安达曼岛人》1932年版的序言中，对文化的功能进行了一个完整的说明：“某一制度、习惯或信仰的综合功能，应当通过观察其影响来发现。而首先应当观察的，显然是个人所受的影响，即个人的生活、思想、情感所受的影响。并非所有这些影响都是重要的，或者至少可以说，他们的重要性不尽相同。我们最终关心的，也不是那些直接的影响，而是那些对社会凝聚力和延续性所造成的轻微影响。”在布朗看来，文化的功能表现在两方面，一个是“个人所受的影响”，一个是“社会的……影响。”① 在布朗这里，社会也就是文化所涵盖的社会。无论

① 拉德克利夫·布朗著，梁粤译。安达曼岛人［M］. 广西师范大学出版社，2005：3.

是“个人”还是“社会”，其功能都是直接产生影响。很多学者在论述布朗与马林诺夫斯基之间的区别的时候，认为布朗强调了文化的“社会”功能，马林诺夫斯基则强调了文化满足“个体”的需求。其实不完全是这样的。布朗认为文化的功能在两方面都产生影响，但他本人更加重视文化对社会产生的影响的研究罢了。

文化对个人或社会所发生的直接的影响，正是我们所命名的文化能量的自在释放。原生型的文化是在满足个人与微型社会的需求中产生，因此其内在的能量可以在文化的自身结构中释放出来。布朗对此也有很好的阐释，他说，“在民族学中，‘功能’这一概念是作为一种适应机制建立在文化的概念之上的；这一适应机制，可以使得一定数量的人以有序群体的形式在特定的环境下过社会生活。”① 文化能量在其内在的适应机制中，以群体或个体的需要有序释放出来，保证这个微型社会的人“以有序群体的形式在特定环境下过社会生活”。这就是文化能量的自在释放，文化能量在其自在释放中，仅仅对其涵盖的微型社会群体负责，其能量也只是在其涵盖的微型社会群体中发生了效果。只要这个微型社会没有多大的变化，这个文化就一直在自在释放其能量。

一个微型社会如果没有外界能量的介入，依靠其自身文化的能量释放，是很难实现社会或者技术变革的。因为文化能量的释放与其涵盖的个人及群体已经形成了一种稳定的结构关系。也可以像布朗所言，称为适应机制。文化的能量按照这种适应机制释放出来，维护个人与社会的有序延续。个人无法从这种既成的稳定结构中，去进一步发掘文化的内在能量，更别提将其潜在的巨大能量释放出来改进社会结构了。个人的努力，仅仅改变了文化能量释放出来之后在不同个体之间的分配方式，个体之间拥有的能量结构发生一些变化，而整个社会拥有的能量却依然大致平衡。这只能导致一些个人的阶层地位发生变化。但是，这种变化不足以导致社会结构，特别是文化能量释放与社会形态之间的结构关系的变化。整个社会结构并不能因为个人的努力而有丝毫改进。这些微型社会在其历史变迁中，由于文化能量释放的自在性，导致这些社会的演变十分缓慢。在布朗所考

① 拉德克利夫·布朗著，梁粤译。安达曼岛人［M］. 广西师范大学出版社，2005：3.

察的安达曼岛人，他们的宗教信仰、仪式、习惯等，与其社会形成了一种适应机制，作为个体的安达曼岛人，没有任何人可以轻易改变这些文化的能量释放模式。因此，尽管他们偶尔也会得到一些外来的技术支持，比如铁器的使用。但是这些偶然的技术并不能给这个社会带来社会变革。类似的情况，也像明代玉米在中国的传播一样，除了引发人口结构变化以外，社会结构没有什么变化。

文化一旦产生，就处在文化能量的自在释放之中，如果缺乏外界能量的介入，直至这个社会终结，其演变速度都将十分缓慢。

（二）传递或传播型释放

在传统文化能量的释放过程中，文化传递（纵向的）与传播（横向的）是高一级能量释放形式。两者的原理有相近之处，在此重点讨论文化传播型能量释放。在原生型微型社会里，文化能量的释放基本上是与其社会结构相适应的，并满足它所涵盖的个体与微型社会的需要。传统文化所释放出的能量的大小基本上是稳定的。但这并不说明文化的内在能量的大小是确定的，或者像它所涵盖的个体与群体那样，只能在微型社会起作用。当发生文化传播之后，其释放的能量会与其自在释放出现很大差别。也就是说，传统文化的能量释放，从其自在释放状态跃升至能量传递或传播型释放状态。一般来说，在文化传播中，传统文化的能量已经得到了一次特殊释放。

文化传播是欧洲20世纪前后的人类学民族学重点探讨的课题，形成了著名的文化传播学派。以史密施（G. Ellio Smith，1871—1937）为代表，他认为文化的创造不是逐渐发展的，而是一时的冲动。文明一经创造就不断传播。① 这种传播论给美国的博厄斯所创立的文化相对主义学派以巨大启发。这个学派通过文化区、文化中心、文化边缘等概念，为文化传播建立了一个理想模型。② 有学者将文化传播概括为“文化传播是人类特有的各种文化要素的传递扩散和迁移继传现象，是各种文化资源和文化信息在

① 孟慧英．文化圈学说与文化中心论［J］．西北民族研究，2005（1）：179-186．
② 李安民．试论文化相对论［J］．中山大学学报，1987（3）：76-83．

时间和空间中的流变、共享、互动和重组，是人类生存符号化和社会化的过程，是传播者的编码和解读者的解码互动阐释的过程，是主体间进行文化交往的创造性的精神活动。”① 我们讨论的民族传统文化的传播，与这个学者讨论的文化传播，存在一定的区别。我们的传统文化传播，主要是指传统文化特别是原生型文化在不同的微型社会与群体之间的传播，而非广义意义上的“文化要素的传递扩散和迁移现象”。“文化要素的传递扩散和迁移现象”是现代传播学的课题，而我们讨论的是传统文化内在能量的释放问题。因此，我们必须回到博厄斯时代去，从博厄斯的文化传播论出发，进行我们的讨论。这就必然将我们讨论的“文化传播”限制在原生型文化的跨社会跨群体传播，而不是现代传播学意义上讨论的广义文化传播。原生型的文化被移植到另一个原本不属于其涵盖或服务的社会与群体，从而获得了更加大的生命力，它突破了其产生时的满足个体与群体的存在或延续的需求的原理，成为另外个体与群体的新生能量。

传统文化无论是从文化中心区传播到边缘区，还是从一个微型社会传播到另一个微型社会，或者传播到更加广泛的社会，都是其内在能量持续释放的过程。当其能量释放停止了，它的传播也就停止了。

20 世纪前后的文化传播学派，之所以把文化传播提升到绝对化的程度，就是因为文化在传播中所释放出来的能量常常比其自在释放要大得多。这对于研究者或者观察者来说，其能量释放现象更容易被捕捉到或者被聚焦、被放大。美洲印第安人的玉米种植文化传播到中国之后，其内在能量得到无限放大，200 年下来，到了嘉庆道光年间，产生了一个种植高峰。② 与这个种植高峰相应的是，中国维持了上千年的稳定的人口结构，即 5000 万至 1 亿左右的人口结构在这个时期发生了质的飞跃，一跃上升到 4 亿人口③。这就是文化传播过程产生的能量剧烈释放效应。

文化传播型能量释放比其自在释放产生了更加巨大的能量效应。民族传统文化在不同的社会中传播又有两种情形。一种是民间自发的传播，一

---

① 庄晓东．文化传播论［J］．云南艺术学院学报，2002（4）：88-93.

② 曹玲．美洲粮食作物的传入、传播及其影响研究［D］．南京农业大学，2003：26.

③ 刘睿．人口压力与社会危机——浅谈中国进入近代社会问题背景［J］．琼州大学学报，2003（4）：86-88.

种是有组织有计划的机构传播。前者是自发地发生，传播的速度与范围都比较有限。后者是在人为控制下发生，传播的速度与范围都是可以预期的。后者也正是本章下一节要深入讨论的问题之一：如何保证传统文化的能量能够得到最大化的有效释放并服务更多的个体或群体？

那么文化传播中，有哪些自发传播？又有哪些计划传播？

对于自发传播，在传统的农业社会，主要有族际通婚与民间贸易交往等形式或途径。在人类很长的时期中，族际通婚成为文化传播的重要途径。受到交通工具的影响，一般来说，婚姻关系有着稳定的族际与空间的结构，也就是田野学研究者常常使用的婚姻圈。在稳定的婚姻圈里，各族群对于对方的文化都比较熟悉，相互之间有很高的认同。婚姻交往并未能给各自的传统文化与生活方式带来明显的影响。但对于相距较远、平日很少交往的族群之间来说，婚姻往来就会带来较大的冲击，婚姻往来必然导致文化能量的巨大释放。新的族际婚姻的实现，一定会对原来的文化秩序产生一定的冲击，人们会在这种新的婚姻面前认识到不同文化的存在。可以说，婚姻往来为人民认识并接受不同的文化提供了最好的途径。与婚姻往来一样，民间贸易也有这样的效力。

对于文化的计划传播，在文明社会中主要有政治交流与文化交流。因为这些交流活动都是由政府或者社会精英主导下的活动，都是有一定的计划的，所以我们称之为文化的计划传播。在政治交流活动中，涉及权力之间的合作，这一点无论在什么时代，都是相当重要的。政治交流就是将 A 方的传统政治文化传播到 B 方社会中。这样，A 方的政治文化在 B 方社会中得到贯彻实施。A 方政治文化在一个新兴社会背景下展开，其内在能量释放就比其原有社会中更加剧烈，将对 B 方社会既有秩序施加最直接的普遍压力。而对于 B 方社会而言，这种压力是其社会原有秩序不存在的，这种压力正是 A 方传统政治文化能量释放的表现。政治交流必然是在一方政府或多方政府的计划之下进行的。无论是一方还是多方，都会快速将其中一方原有的权力文化的内在能量，向其他一方社会大量释放。如果不是让对方群众受益，就是让对方群众受损。在历史学中，政治交流因其会产生大量的能量释放，会对社会造成深远影响因而成为研究过程必须格外重视的历史节点。

由官方主导的文化交流或者由社会精英主导的文化交流，在传统文化能量释放方面作用巨大。相对于政治交流来说，文化交流引发的能量释放似乎并没有那么明显。但在人类历史进程中，由文化交流引发的文化能量释放估计更加强大、更加持久、产生的影响也更加深远。世界历史形成以来，这类文化交流成为文化交往的最主要形式。近代历史中，这种文化交流有时候也以价值输出或价值输入的形式出现。因而引发社会上价值观的巨大变革，常常带来社会的长远变动。

传统文化传播型能量释放仅仅是对传统文化的既有形式在不同时空中的运用。就便如此，它也有可能产生比其原来状态下释放更大的能量出来。在没有知识创新的时候，文化传递或传播是获得更大的文化能量的重要来源。但相对于知识创新，它的能量释放又是从属的。下面我们就继续讨论知识创新与文化能量释放。

（三）知识创新型能量释放

这个标题是一个为方便记忆而采取的简写。准确地来说，就是传统文化在经过知识创新之后实现的能量释放。这个课题也涉及现代传播学的内容，总体来说比较复杂，不容易得到清晰阐释，作者在此也只能进行初步的探讨。

让我们再次回到现代人类学民族学初期。马林诺夫斯基阐释了特罗布里恩德岛民的经济生活，特别是对库拉进行了详细描述。在当时的欧洲人看来，类似于特罗布里恩德岛民，都是落后民族。因此，这样的社会、这样的族群都是发展十分缓慢的，或者社会发展长期处于停滞状态。这已经由欧洲人类学民族学的前期一百多年的田野调查与研究实践所证明。就像马林诺夫斯基所研究的库拉，也是原始群体一种落后的经济活动。库拉仅仅在库拉圈有效。① 用文化能量的释放理论来看，库拉的能量仅仅在其库拉圈释放，并服务于库拉圈的各个群体。

可是，库拉经过马林诺夫斯基的研究，获得了知识上的创新。从此，

① ［英］马林诺夫斯基著，梁永佳、高绍明译. 西太平洋的航海者［M］. 华夏出版社，2002：23-31.

库拉不再是一个自在的活动，而成为一个知识产品，在世界的知识体系之内获得广泛且持久传播。库拉本身没有改变世界，但由库拉这个知识产品却改变了世界。这里我们就必须问：库拉为什么具有这样巨大的能量？

库拉改变世界的能量是内在的，但长期以来，这个内在的能量仅仅在库拉圈中自在释放。它无法突破库拉圈的局限性。在马林诺夫斯基之前，也有很多田野工作者到达这个地区，也看到了土著人的相关经济及贸易活动，比如塞利格曼在此开展的田野调查。[①] 但是，在他们的田野观察或描述中，并未给库拉带来实质性的描写并让库拉成为一个足够强大的知识产品。唯有马林诺夫斯基把这个文化现象纳入他的功能主义范畴中加以阐释，才让这个文化现象得到了知识体系的充分认可并接纳，从而获得广泛传播。由马林诺夫斯基所做的这个阐释过程，正是本文所要倡导的知识创新过程。

由马林诺夫斯基阐释的库拉活动是一个经典案例。与马林诺夫斯基一样，无数人类学民族学等田野学科的学者，运用自己的田野调查，并用自己独特的写作方式所阐释的世界各地民族文化，都达到了类似的目标。博厄斯在其《人类学与现代生活》中已有说明："更进一步，我还希望说明：清楚地认识人类学的原理有助于理解我们这个时代的社会进程，而且如果我们准备听取教诲。人类学能够指导我们应当做什么和应当遵循什么。"[②] 遗憾的是，前人仅仅看到了田野学科研究者对知识成果的贡献，把这些知识成果与民族文化分离成两个事件。人们普遍重视学者们的知识创新，而对田野调查地的民族文化则保持一种轻视的态度，仅仅当成是田野学科研究者的"材料"。一些学者在辨析社会学的知识与方法的时候指出，在社会学的案例研究中，讲故事不是目标，而是产出知识。[③] 从社会研究的角度来说，这是非常准确的表达。但一些学者把这个理论延伸到传统文化的田野研究领域，就导致了不必要的含混。一些学者声称田野调查的目标在于理论知识的建构，而田野中的文化呈现则并不是十分重要的工作或

① 张连海．论现实民族志方法的源起——以马林诺夫斯基的三次民族志实践为例［J］．中央民族大学学报，2014（2）：71-79.

② 博厄斯．人类学与现代生活［M］．华夏出版社，1999：3.

③ 张静．案例分析的目标：从故事到知识［J］．中国社会科学，2018（8）：126-142.

学术目的。这些观点，都是将民族文化作为研究的“材料”对待，没有认识到民族文化本身的知识价值。正是民族文化本身中内在的巨大能量，研究者通过知识创新才有可能推动这些能量实现巨大释放。用学术界共通的话语表达就是，正是传统文化本身首先拥有了潜在的巨大能量，然后研究者的具有创新性的知识阐释，使这些能量获得了释放。这些能量从而获得超出自身承袭已久的传播能力，在更加广泛的社会中与更长久的时间中获得新的生命力。在我们看来，传统文化与田野调查研究者的知识创新，两者缺一不可。两者的统一，才有了传统文化能量的巨大释放。民族传统文化是能量释放的本体，知识创新是能量非常规释放的根本手段。

费孝通在总结他的田野调查经历时，说他自己始终坚持“求知”的态度。他使用“求知”这个词，这是我们与费孝通先生有所区别之处。在费先生那里，他把知识看成是客观的存在，是客观的真理，研究者的任务就是将这些客观的知识阐释出来。但在田野中国学看来，知识并不是客观的存在，知识是研究者在传统文化的基础上创造出来的，是研究者的一种创新性科学研究活动。因此田野研究阐释是知识创新，或者是创新的知识，我们简称成“创知”，而不是“求知”。所以，田野中国学的宗旨也是“创知致用”，而不是“求知致用”。

我们在浦市古镇的田野研究也是这样。我们通过广泛的田野考察，认定浦市传统龙舟活动凝聚了巨大的能量，浦市龙舟仪式的知识阐释与现实恢复有望推动浦市文化的广泛传播。这对正寻求浦市文化旅游的当地政府与群众都是一件好事。为此，我们写作了一系列与浦市传统龙舟有关的田野调查文章即田野过程成果，来阐释其中的文化内涵。这些田野调查过程成果与我们预期的目标完全相符，不但唤醒了浦市群众对传统龙舟的热情，而且在我们的一系列田野过程成果（包含相关视频）的推动下，浦市龙舟惊动了文化界，前来参与这个传统民俗活动的文化人士十分踊跃。这对浦市文化旅游开发也起到了积极的或者说关键性的推动作用。①

当然，知识创新只是一个总的方向性概括用词策略，如何定义知识创新还是一个十分复杂的课题。如果单纯讨论田野调查的知识创新的最终意

① 谭必友、田燕、洪文雄. 我在浦市读女神——熤园学人田野考察行记［M］. 煤炭工业出版社，2017.

义指向，张静的《案例分析的目标：从故事到知识》已经阐释得十分清晰了[①]。但是，从田野研究者进入田野到完成知识创新，是一个漫长而复杂的过程。站在知识学的角度来说，只有那个完成了的理论成果可以被视为知识创新。不过，站在田野中国学的角度来说，知识创新应该是一个过程，包含了多个环节。每个环节都是知识创新过程中不同的层次。

最初的环节，就是田野调查及初步的文化现象记录。一个田野研究者进入田野现场，接触到了田野点的民族传统文化，并对这些文化进行了初步的访问、记录与说明，那他就进入了知识创新的轨道了。是否能够最终完成知识创新，则要视后续的各种条件。正是这么一点点文化记录与说明，就让这个文化获得一点新的生命力，它的能量释放也就借此增加了一个途径、加大了一个力度。

第二步环节，就是对田野点文化进行初步的过程性成果写作报道（包括调查报告、民族志等），这已经进入抽象化研究的初期。过程性成果的写作报道，已经使传统文化形成了一些条理，呈现出新的框架与轮廓，有了新的面貌，已经以一种规范的方式在传播。但这种传播毕竟是有限的。因为这种过程成果保留了田野中文化现象的大量粗糙的形式，与世界上既有的知识体系还不能很好地融合在一起，对于世界整个知识体系的价值还不太清晰分明。很多类型的写作，比如那些探险家的游记、新闻记者的观察、作家以传统文化为背景的创作等等，也可以归入这个环节中来。这些探险家、记者与作家等群体的写作与田野研究者的过程性成果写作的区别在于，前者的写作到此为止，而田野研究者在完成这一写作任务时，他只是完成既定目标的一半，他还要继续向前走。眼前的成果只是田野研究者的基础，虽然也是一种科研成果，但这些成果还不精致，还没有在理论上自成体系，还不能与整个已有的知识体系相融合。对读者来说，这些成果审美阅读的价值高于其科学价值。

第三步环节，就是通过田野调查写作出正式的研究报告、学术论文甚至学术专著，这是最终的知识创新成果。有了这个知识创新成果，传统文化取得了与世界知识体系相融合的条件，获得了在不同微观社会与群体中

---

① 张静．案例分析的目标：从故事到知识［J］．中国社会科学，2018（8）：126–142.

广泛传播的能力，它的能量可以持续地在不同时空中进行释放。前文我们说了，就算是这样的理论成果，他们的水平也有高下之别。理论创新水平越高，文化内在能量释放得就越大。在世界田野调查史上，那些改变了世界的田野成果，也正是其所阐释的文化对世界的影响，这样的成果屈指可数。那么知识创新的程度如何鉴定？这是我们将在另外的章节中予以全面回答的问题。但整个田野学科的知识大厦，则是依靠整个从事田野调查与研究的群体共同构建的。在学科史上，我们常常只能叙述那些对知识结构起了关键作用的学者，常常忽略了众多知识人的默默无闻的贡献。

总之，在传统文化的能量释放中，知识创新是非常关键的一环，这也正是我们田野学科重要价值的依据所在。

五、文化能量释放理论对田野调查相关疑问的回应

传统文化的能量及其释放理论，是在文化功能主义、文化价值论等理论基础上发展而来的，不仅与前人的学术研究具有一脉相承的关系，而且还能够解释很多前面理论中无法解释的一些现象。这些现象很多时候关系到我们自身的价值问题。

（一）文化传播与知识创新活动的价值问题

文化传播，哪怕是最普通意义上的传播，都可以带来文化能量的释放。所以，那些在文化传播中默默无闻的传播者，尽管他们的田野调查也许并不怎么深入，在知识创新上也没有做出实质性贡献。但是，他们的田野调查研究与写作，在传统文化的传播上是有贡献的。通过他们的传播，文化能量就得到一份释放，增加了社会上的能量总和，这个贡献有时候很微弱，但毕竟他们是为社会能量增加而做出了努力。所以，我们在田野调查特别是在新兴田野点开启新的文化研究的时候，一定要记住走在我们前

面的人，这些人的学术贡献常常被忽略。他们可能是：

当地一些业余的学者，他们在工作之余，勤奋收集当地的文化资料，并写成各种形式的著作，有的已经有所传播，有的还锁在他们的办公桌里，或保存在他们的电脑里面。但这些文化整理已经启动了文化传播活动。

那些普通的大学生研究生，他们的田野调查与写作，形成了调查报告或学位论文。这些文章的传播范围并不广，影响也很小。但是，这对于田野点传统文化已经有了系统的传播，已经让这些文化释放了一些新的能量，这些新兴的文化能量丰富了社会中能量的总和。所以，只要在开展田野，我们的价值就在得到体现或实现。这些学者的田野研究成果是否达到了人们认可的“知识创新”的水准，并不是唯一衡量田野调查的标准，进行了田野调查的写作就有价值。当然，我们追求并倡导知识创新的文化能量释放，因为这是人类突破自身局限性、获得更加高远发展的根本途径。知识创新与普通的文化，在文化能量的释放上，两者并不矛盾，更不冲突，两者共同构成了知识创新体系上的金字塔。

所以，我们应该充分肯定那些广大的田野研究者，他们的研究活动并没有上升到知识创新的层次，但他们的文化调查与写作增加了社会能量的总和。

（二）中国古代各级政府组织了广泛的田野调查为什么没有带来实质性社会变革

这正是需要我们深入回答的一个问题。我们在另外的章节讨论严如熤的田野实践时，也会进一步阐释这个提问。这里运用传统文化能量释放的理论进行回答。

中国古代为了修史修志，组织了无数次大规模的田野调查。从汉代以来，历朝历代这种调查活动绵延不断。但是，这么长久的田野调查，一直没有给整个知识体系带来实质性的创新，也没有给社会发展带来实质性推动。原因在哪里？

原因在于，我国传统的田野调查研究都是本于文化传播的目的。基本上停留于按照既有的主流文化价值即儒学价值对田野文化进行描述与呈现。因此，这种文化能量的释放永远处于文化传播型与传递型能量释放。这样的文化能量释放是有益的，但是释放的能量总和是十分有限的。文化传播释放出的能量不足以触动社会的现有结构与秩序平衡。从汉代到清代，整体上的趋势都是这样。唯有严如熤在田野中形成了一些新的知识体系，建构了一个新型的区域社会重建图景。所以，他的田野调查才有可能推动嘉庆朝的苗疆新政。① 苗疆新政是中国历史上最重要的一次基层社会组织体系的变革，对当地基层社会产生了深远影响。但是，严如熤的知识创新也因种种原因，没有得到新的继承与发展。在其后的一个世纪的中国田野调查中，一切又回到传统的文化传递与文化传播老路上去了。

因此，文化传递与文化传播都很重要，但要带来根本性的文化能量释放，必须追求田野调查的知识创新。这是知识发展的根本途径，也是促进社会进步的根本动力。唯有文化创新释放出来的能量，才足以打破现有社会的能量体系，它释放出的能量才足以支撑新社会秩序的重建。这就是田野中国学倡导知识创新的原因所在。

（三）文化一体化观念倾向的误区

随着全球各民族传统文化研究的推进，与多元论反向的观点也在流行。这种观点藐视民族传统文化本身的价值，把民族传统文化研究视为仅仅是获取新知识的辅助性手段之一。因此，他们主张文化一体化，也坚信世界文化在不可逆的道路上的一体化。这种思潮的最大误区在于，他们仅仅看到了民族传统文化外在的粗糙形式，而把民族传统文化内在的能量完全忽略掉了。当我们把民族传统文化内在的能量完全忽略之后，我们的社会会出现以下几种情况：

整个社会的文化能量增长变得十分缓慢。此时如果有技术的革新，我们还可以感受到技术革新带来的变化。但这种技术革新并不能根本性改进人的文明素质。在一个只有技术革新而没有传统文化能量释放的社会，并

---

① 谭必友，洪文雄．神韵武陵：故事与文化［M］．（北京）学苑出版社，2019.

不能把人们带进新的文明社会体系。现代技术成果的传播远远比民族传统文化的传播要快很多倍。目前世界的技术革新处于加速度状态，其传播速度也处于相应的加速度水平。在美国发明的新技术，可以在短期内到达全球任何地区，但相互之间的文化传播则要慢很多倍，两者之间的速度根本不在相同的层次之内。但无论如何，技术革新在改变社会结构与文化结构的过程中，还是具有巨大作用的。

我们可以再来设想，如果连技术革新也相应缺失的条件下，还出现民族传统文化传播的缺失，那又会怎样？这是一种极端状况，但也是人类历史中的常态。在这种状况下，我们的社会变得稳定而无创造创新的能力。整个文化都是近乎同质状态，由社会精英所创造的知识新增长带来的文化能量释放仅仅能够维系因人口不断扩大而产生的能量需求，社会创新创造所需要的文化能量无法积累起来，更无法实现量的突破，社会进入循环状态而长期停滞不前。如果知识精英所创造的知识新增长带来的文化能量释放不足以维系因人口不断扩大而产生的能量需求，社会就会陷入隐形的倒退状态，从而引发伦理崩溃与社会混乱。

因此，强调文化发展不断一体化的议题，讨论先进文化与落后文化的议题，都是与我们倡导的文化能量及其释放理论不符的。

本章小结　文化能量及其释放理论是田野中国学的基石

田野中国学的提出是以浦市田野实践为基础的。在浦市田野调查中，我们提出了很多命题，包括创知致用、当地人文化自信的培育、田野过程性成果等等。然而这些命题虽具有一定的独特价值，但还不足以构成一个新兴理论。只有我们在这些理论观点中，结合欧美田野学科与中国田野学科的理论前史，提出了文化能量及其释放的理论之后，我们的学科架构才获得了坚定的理论基石。我们充分吸收了从文化功能主义以来，直至最近时期国内学者提出的文化软实力理论等多个学派的理论。把文化的功能、文化的价值、文化的软实力等理论做了新的概括，提出了文化的内在能量的见解。同时也从中国古代的田野调查学者严如熤的研究中，提出了文化的内在能量都是可以加以利用的理论。这就有了田野中国学的核心见解：传统文化的能量及其释放。这个理论是田野中国学的理论基石。正是有了这个理论，我们才实现了学科的创新。

第一，划分了我们与前人理论之间的界限。我们既是从前人理论而来，也是在前人理论基础上所做的新概括新提升，不是简单地重复前人的理论。

第二，我们在文化的能量释放理论中，划分了不同层次的能量释放方式，将创知与致用融合在一起。这就给我们的理论以新的宗旨，也为中国田野学科进入现代以来，众多学者的努力，包括凌纯声的科学救国、费孝通的“求知”与“致富”相统一等田野实践提供了理论支持。

第三，文化能量及其释放理论，使我们在浦市开展的田野过程中所进行的各项学术探索在统一的逻辑下得到整合。从理论观点到田野调查方法，都获得了理论支持。特别是我们阐释的基地式田野方法，也因文化能量及其释放理论，从而变得有力而必要了。

总之，文化能量及其释放理论是田野中国学的核心理论，也是这个新命名的学科领域得以成立的基础。我们的学术研究正是在这个理论前提下得以系统建构并得到系统展开的。

第四章　基地式田野：田野方法创新及应用

从2012年夏天至今，我们的学术团队（后来称熤园学术团队）在湘西浦市调查基地开展了长达8年的持续性田野调查。前后数十位博士硕士研究生、本科生、专科生在基地开展田野调查工作。我们的研究工作不仅达到了我们最初设计的学术目标（这是比较容易实现的一个目标），也达到了我们设计的服务社会的目标。对我们在浦市古镇开展的田野进行反思，我们发现，我们在研究方法上逐步走出了欧美的田野理论框架，又在某种程度上回到了我们中国传统的田野实践。浦市田野为我们提出的田野中国学理论提供了实践案例。本章试图以这个经典案例为基础，提出田野中国学基地式田野的相关理论与方法范式。有关田野方法反思是近几年学术界的一个热门话题。从2007年以来，学术界举办了多次研讨会，学术界的名家大多都发表了自己的学术论文。我们倡导田野中国学，自然也会对田野方法提出自己的看法。我们的基地式田野的调查研究方法，既吸取了国内同行院校的做法，也有我们自己长期的探索经验。2008年12月，笔者就此问题专门拜访了中央民族大学，并听取了杨圣敏教授介绍他们建立研究基地的经验。2009年，我们借参加世界人类学民族学大会的机会，去云南大学拜访了相关同行，也学习了他们的田野基地的有关经验。当然，中南民族大学在此之前也有大量的教学基地建设的经验，民族学专业在很多民族地区都建立了研究基地。各个大学都做了相当专业的探索。这些田野基地教学实践，都为我们今天的基地式田野提供了思想资源。

一、西方田野理论与方法批判

田野中国学的田野调查与欧美民族学、人类学普遍遵循的田野调查理论与方法有什么相同与不同之处？为什么要在欧美的田野方法之外再提出田野中国学的田野？从实践上存在这样的可能吗？我们此前撰写了相关论文，从理论上论证了田野中国学的必要性与可行性。① 通过浦市田野，我们从田野实践中对这些问题进行了验证。结果表明，田野中国学不仅是解决当前中国民族文化研究中遇到的诸问题的必要选项，同时，如果把我们今天的田野实践与中国传统的田野调查相衔接的话，我们就会发现，立足于中国传统的田野研究也有着自己独特的研究范式。

（一）西方田野学科田野理论与方法脉络

西方田野学科是我们一个临时用词，指的是民族学、人类学、民俗学、考古学、语言学等以田野调查为基本研究手段的学科，我们将其统称为田野学科。这些学科大体上属于同一学科范畴，由于产生时，各国学者采用了不同的名称，导致现在多个名称并存的现状。这个多名称并存的现状对学术也是一件好事，促进了学术研究的多元发展。田野学科的共同特点，就是运用田野调查的方法研究问题。关于西方田野学科建立的田野理论与方法，国内外的著述较多。论系统性与简明性，首推意大利马力罗著、吴孝刚翻译的《民族学与人类学方法论研究》一书。②

马力罗将欧洲古代的田野，即传教士、探险家们的游记等田野调查只看成学科前史，而将扶手椅上的人类学家作为田野学科田野调查的开端。从扶手椅上的人类学家，到运用实地调查的人类学家，再到参与观察的人

① 谭必友. 关于建构“田野中国学”的几点思考 [J]. 北京行政学院学报，2013（2）：108-113.

② ［意］马力罗著，吴孝刚译. 民族学与人类学方法论研究 [M]. 知识产权出版社，2018.

类学家。欧美田野学科的田野调查，大致分成这三个时期。相应地，也就有三种研究范式。

1. 扶手椅上的人类学家时期的田野调查研究范式

此时期的人类学理论研究与田野调查是分离的。田野调查被看成是民族志作者的工作，民族志作者只是给理论家提供经验材料。这个分工的理论预设是：经验材料的价值在于信息本身，它是科学家进行系统性比较研究的基础。为了保证民族志作者获得的材料更加符合理论家的需要，理论家设计了标准的问题手册，由民族志作者们在田野调查中按照手册向那些土著人“询问”与发放问卷。经典的如英国科学促进会 1841 年出版的《民族学问题手册：人类种族问题集》，1872 年出版的《人类学的询问与记录——非文明地区的旅行者和居住者鉴用》。这样的询问与问卷调查，伴随着整个进化论时期的田野调查。扶手椅上的田野调查最大的特点在于，理论家不在乎民族志作者是怎样收集这些材料的，在收集这些材料的时候又要付出什么样艰辛等等问题。那么，如何保证这些材料具有客观性真实性？理论家们大多希望民族志作者最好不受其他书籍的影响，或者，这些作者最好是没受到多少理论教育，以此来保证民族志作者们收集的材料具有客观真实性。① 我们可以把这种田野调查研究范式概括出 5 个要点：

第一，理论研究与田野调查的分离。也就是理论家与民族志作者由不同的人担任。理论家不从事田野调查，民族志作者是低级的材料收集人。

第二，田野调查对象是野蛮人的文化；没有固定的田野点。或者，田野点分布越广越好。

第三，由理论家设计科学询问手册；由民族志作者实施。

第四，民族志作者最好不受到多少理论教育，在调查期间不能读其他人的书。田野调查人不明白自己所收集的资料的意义。

第五，理论家对民族志作者收集的材料进行理论分析思考，或对从各地收集的问卷资料进行统计研究，形成系统性的理论。

这个范式以泰勒、弗雷泽、摩尔根等人为代表。

---

① ［意］马力罗著，吴孝刚译．民族学与人类学方法论研究［M］．知识产权出版社，2018：15-22.

2. 实地调查时期的田野调查研究范式

这个时期是人类学理论与实践紧密结合的时期。扶手椅上的人类学家把理论与调查分离的做法导致了很多质疑。人类学家渴望熟悉被调查地居民的语言、以及其他更多详细信息。因此，人类学家亲身从事田野调查成为新的潮流。以美国卡辛为代表，开始所谓的“内部研究法”，热衷于收集当地的神话故事，分析词源、精神结构以及文化联系等。后来由博厄斯发展成精细化研究。他反对扶手椅上的人类学家对来自不同地区田野资料的统计分析，强调在限定的区域里，对特定土著群体的文化要素以及该群体与周围部落的关系进行直接观察。我们可以对这个时期的田野调查概括成以下几个要点：

第一，被限定的区域。跨文化比较研究也限定在文化区域范围之内。

第二，由研究者亲身从事田野调查。

第三，科考模式是其中经典田野模式。研究者多数情况下组成田野调查团队开展调查，按照调查项目需要，会邀请多方面的科学家参加科考队。科考模式更强调田野调查的科学性。

第四，精细化研究。系统收集当地语言，了解特定场景里的习俗、信仰出现的原因和发展过程等。

第五，注重文化特质而不是文化整体。

因此，实地调查时期的田野模式主要是“科考”模式，这是一种科学思维背景的田野调查。通过组织科考队，在一定的文化区域里收集语言、习俗、信仰及相关实物，找到这些习俗信仰产生的原因与过程。这种田野调查的缺陷是缺乏对文化整体性的研究，对田野所需要的时间也缺乏应有的认识，主要以科考队的调查任务确定。标志性的科考活动是由哈登组织的1898—1899年的托雷斯海峡科考。

3. 参与观察时期的田野调查研究范式

科考模式对文化特质的探索，影响了人类学对土著人文化的深入认识。由众多科学家组成的科考队，影响了对文化整体的认识。人类学家需要更加深入地了解土著人的文化细节及其意义，这就导致了马林诺夫斯基的参与式观察的出现。从1915年6月到1916年5月，1917年10月到1918年10月，马林诺夫斯基一直坚持在特罗布里恩群岛的调查。“他成为人类学家的榜样，完美地体现了人类学家的专业理想：对研究对象有直接的了解和切身的体验，并且将实地调查、理论家两种身份合二为一。”① 我们对参与式观察的研究范式进行概括，可以有下面几个要点：

第一，一个小的土著人社区。对单个文化的研究。

第二，研究者独自一个人在被研究人群中生活很长一段时间（一年左右），掌握当地语言。

第三，收集被研究人群的生活细节与日常生活。

第四，研究者必须保持中立，并把握当地人的观点。

第五，民族志现在时，用现在时呈现文化，克服过去人类学专著的事后研究。

从上面的叙述来看，欧美的田野研究范式是一步一步发展起来的，每前进一步，都是对前面的田野方法的反思与克服，都是在前面范式基础上的创新。相互之间是由内在逻辑联系起来的继承关系，是一脉相承的。站在西方田野学科的角度来说，他们的田野调查研究范式已经十分完善了。特别是，如果能够将这三个时期的田野方法都结合起来，那就几乎没有瑕疵了。但实际情况是不是这样呢？我们最初进入浦市开展田野调查的时候，几乎就是完全按照西方的田野研究范式去做的。但是现在回头来看，我们却不得不在西方田野的基础上再次提出新的研究范式，这就是我们命名的基地式田野研究方式。

（二）西方田野理论与方法批判

西方田野研究理论与方法的发展演变，是相互批判地演进，后人的理论与方法是对前人的否定。上面所列举的不同时期的三种研究范式的前两式，都被其后的田野范式进行了质疑与批判。学术界对参与式观察也提出了各种尖锐的批评②。但是，在我们看来，这些批判还是阈于欧洲学科内

---

① ［意］马力罗著，吴孝刚译．民族学与人类学方法论研究［M］．知识产权出版社，2018：56.

② 胡鸿宝，张丽梅．“从事民族志”：马林诺夫斯基与格尔茨［J］．世界民族，2010（1）：38-44.

部的学术思考，批评得还不够。譬如格尔茨对马林诺夫斯基的批判，他同样是在一个小社区中进行参与式观察，然后就在第一章“专业教学的困境与对策”一节中，以及第二章“创知致用：在浦市田野中与东西方田野学科对话”中，我们已经列出了一些问题。这里我们再次从方法论的角度对马林诺夫斯基的小社区田野加以检讨。

1. 为什么田野点被限定在小社区里面？

马林诺夫斯基认为，主要是为了研究文化的完整性的需要。为了近距离观察，准确理解当地人仪式的意义等。这就假定了社区的相对静止性。如果是一个文化区，那就假定了具有同一性的文化区的静止性。如果在一个文化流动的社区里观察文化，那我们怎么办？或者说，一个具有文化流动性的文化社区，相关文化仪式具有流动性，仪式与意义总是在不断叠合之中，还适合做参与观察的田野研究吗？在中国，由于有着几千年文明历史，经历过几十个朝代，就算是西南各地偏僻的土司统治地区，其领袖也是朝廷正式任命的土司官，他们也要在相当高的程度上贯彻朝廷的相关政策。因此，其习俗、仪式及其意义解读也是不断叠合的。而由于流动性本身，更加会带来更多不同地区的文化解读，导致参与式观察所能获得的“意义”已经并非其原初的“意义”。特别是浦市古镇，这里曾经是连接中原与西南地区的繁华码头，文化的叠合更是非一般地区能够比较。[①] 加上历史上的各个村寨社区，围绕浦市的市场贸易，形成了社区之间的某种依存关系，社区的仪式需要通过多个社区观察才能完成。因此，自 20 世纪 20 年代以来，西方传统的田野点（site）概念，就需要我们重新思考。对社区田野点的突破，已经不仅仅是前文所提出的民族学专业教学的需要了，也是文化研究的需要。

在马林诺夫斯基时代，他本人也已经无法找到理想中的用于田野调查的传统社区了。在特罗布里恩德群岛，所有土著社区都被殖民统治破坏得七零八落。当马氏到达岛上的时候，当地社会在文化、社会和人口方面依然被欧洲摧毁，英国法律已通过间接统治而施行于该社会，税收和人体惩

① 谭必友等. 浦市龙舟赛［M］. 学苑出版社，2017：74.

罚机制被建立起来[①]。但是，马氏依然把这个社会当成一个传统的静态社会加以论述。这样看来，小社区式的田野点，其实是一种假定。马氏并未执着于此，后来的学者也没有执着于此。

2. 为什么田野期限被确定为一年左右时间？

对于这个问题，有许多民族学人类学学者试图做出回答，认为人们的生活以一年为一个周期。里弗斯认为，“强化的研究工作，必须对研究的规模有所限定，还必须使研究深化。其最典型的做法是让（人类学者）在某个社区或400—500人的社群中生活一年以上，同时研究他们的生活和文化所有方面。在此社区或社群中，研究者能够对当地的所有人有所认识，能够研究对当地生活习俗具体的体察，能够用当地话来进行调查，而超越一般的印象。”[②] 在一年之中，围绕生产所需要的各种仪式都基本完成。因此田野观察需要一年时间。也有人认为这是受到马林诺夫斯基的田野影响所致。不过，马林诺夫斯基的田野调查时间却不是一年。马林诺夫斯基在特罗布里恩德群岛进行过三次田野调查，每次时间不一致。1914年10月至1915年1月，他在麦鲁岛上做田野，这次田野调查只花了三个多月时间。1915年5月到1916年3月，他在基里维纳岛做了10个月的调查。1917年10月至1918年7月，他再一次到基里维纳岛做了10个月的田野调查。如果从单次田野调查来看，每次都不足一年。如果将他整个的特罗布里恩德群岛的田野调查整合起来看，他的田野调查时间则长达3年多。以此来看，田野调查应以一年左右为标准的看法仅仅是一些学者的猜想而已。近年来，我国也有一些学者提出，自己的田野调查时间，也是视课题而定，并没有固定的时间要求。[③] 因此田野调查的时间其实并没有一定的要求。马林诺夫斯基以后，尽管有很多学者遵循着“一年左右”的约定，但这并不是一个规范化的约定。相反，马林诺夫斯基在特罗布里恩德群岛开展了长达三年多的田野调查。这种长时间的田野正是我们基地式田野要

① ［意］马力罗著，吴孝刚译．民族学与人类学方法论研究［M］．知识产权出版社，2018：66.

② 王铭铭．西方人类学思潮十讲［M］．广西师范大学出版社，2005：144.

③ 何星亮．人类学民族学田野调查的历史与未来［J］．北京：民族研究，2002（05）：43-45.

探讨的模式。

3. 为什么民族学人类学的研究点具有专属性？

意大利马力罗（Roberto Malighetti）在研究民族学与人类学方法论时提到，“人类学家都有自己的专属田野点，如马林诺夫斯基与特罗布里恩群岛、格里奥与多贡、博厄斯与夸扣特尔人、埃文斯·普理查德与努尔人、弗思与提科皮亚岛、格尔茨与巴厘岛、拉图尔与科学家和工程师、拉比诺与生物技术专家、马库斯与美国精英等”①。田野点的专属性也差不多成为一个基本认同，写在很多教科书中。在解释田野点的专属性的时候，一些教科书解释，就是避免后来的人类学家受到前面人类学家的影响。

当然，也有相反的意见认为，民族学与人类学的田野研究是科学的，研究结论是可以检验的，因而专属性的提法并不科学。正因为前后不同的学者来到相同的田野点，可以对前面的田野结论进行再次验证。②

从上面两种不同意见来看，民族学人类学田野点具有专属性也未必是一种科学判断。这仅仅来自学者们形成自己“个性”的考虑。因此，很多研究者是否选择在同一个田野点进行调查研究，应该从课题本身的需要来判断，而不是从田野点的专属性来判断。

4. 马林诺夫斯基为什么要肯定费孝通的带有中国文化传统的开弦弓田野调查？

费孝通先生来到英国留学，成为马林诺夫斯基的弟子时，他撰写博士论文所依据的材料来自他在江苏开弦弓村的田野调查。费孝通来到伦敦之后，最先推介自己的田野经历并不是开弦弓调查，而是自己的大瑶山调查。因为这个调查更加接近欧洲人类学当时还十分盛行的“异民族文化”研究。可是，无论是弗思还是马林诺夫斯基，都对他采用欧洲田野方法所开展的大瑶山田野并不重视，反倒对他的开弦弓村调查十分上心。按理说，费孝通的开弦弓村田野调查并不符合马林诺夫斯基确定的路线。第一，费孝通在撰写他的博士论文时，对这个村庄只进行了1个月左右的田

① ［意］马力罗著，吴孝刚译．民族学与人类学方法论研究［M］．知识产权出版社，2018：11.

② ［澳］德里克·弗里曼著，夏循祥译．玛格丽特·米德与萨摩亚［M］．商务出版社，2008.

野调查，加上在家里整理资料的时间也只有50天①。离当时已经形成的一年左右田野时间的共识远远不够。第二，费孝通当时似乎也没有使用参与式观察的田野方法。他当时主要是采用访问法与向报告人的询问，与中国传统的田野调查法“采访”“谘问”等方法并无二致。这样的收集资料方法，还与欧洲实地调查方法保持一致。按照以上两点来看，费孝通的田野调查方法不符合马林诺夫斯基定下的田野研究标准。然而，马林诺夫斯基不但接收了费孝通作为弟子，指导他的博士论文，而且还大力推崇费孝通使用这种传统田野方法所撰写的博士论文。马林诺夫斯基在为该书所写的序言中，开篇第一句话就是：“我敢预言费孝通博士的《中国农民的生活》(即《江村经济》）一书将被认为是人类学实地调查和理论工作发展中的一个里程碑。”② 为什么会出现这一意外？难道马林诺夫斯基要否定自己创立的“参与观察”田野方法吗？

按照一些学者的研究，费孝通得到马林诺夫斯基的重视，最初机缘是得力于吴文藻的推荐。可是在与费孝通接触之后，马林诺夫斯基突然对这名弟子另眼相看了！看来，马林诺夫斯基对自己所创立的田野方法也并不是故步自封的！他也在思考自己的田野方法的局限性。正因为这样，他听了费孝通的田野经历之后，突然改变了自己的想法。很多人对马林诺夫斯基在《江村经济》序言中对费孝通的褒奖之言发出感慨，从而推崇《江村经济》的理论成就，却忽略了马林诺夫斯基所赞叹的“是人类学实地调查……的一个里程碑”。也就是说，在马氏看来，费孝通在开弦弓村所做的一个月时间的田野调查，这个方法竟然成为“人类学实地调查的一个里程碑”！可为什么这个方法竟然可以是人类学田野实地调查的里程碑？马氏没有说。马氏的这个判断告诉我们，有关人类学民族学田野方法正宗性或科学性的论述，原本也是需要重新考量的。

通过以上四点反思，我们都可以看出，今天田野学科对各种田野调查方法的论述，其实并没有像一些人类学家民族学家所宣称的所谓的“科学”依据，也从来没有“标准”的规则可言。包括马林诺夫斯基在内，他

---

① 方旭东. 费孝通与《江村经济》[J]. 百年潮，2008 (12)：67-69.

② 费孝通. 江村经济：中国农民的生活［M］. 北京：商务印书馆，2001：1.

也没有把自己的参与观察看成是神圣不可置疑的方法，他能够抛开自己创立的参与观察法转而去赞赏费孝通运用中国年传统的方法所进行的田野调查，能否建立更加科学的文化理论成为衡量田野方法科学与否的重要标志。

二、基地式田野的提出与初步实践

（一）基地式田野的提出

2012年夏天，我们团队进入浦市古镇开展田野调查，后来决定在此建立田野调查基地，组织民族学与人类学等相关学科的师生开展长期的田野调查。在建立田野调查基地的初期，也只是基于传统的民族学专业教学的需要，建立的是教学型实习型调查基地，主要是满足学习训练调查方法用的研究基地。到了我们对浦市古镇进行了比较系统的调查之后的2014年冬天，我们开始形成不同的想法。我们认为，这里不仅仅是要开展教学型田野调查，更应该开展研究型田野调查。我们必须对这个田野调查基地进行新定位。教学型田野基地，其主要功能是在完成教学训练的基础之上，出一些科研成果。研究型基地就是以科研任务为主的田野基地，对学生的教学训练成为附带任务。

从此，我们按照研究型田野基地的模式对我们的工作进行了新的规划。这个规划涉及对古镇文化的多方面研究，历史过程、商贸文化、经济、宗祠文化、习俗、信仰、艺术与审美、古建筑、民族及迁徙，等等。内容十分庞大，需要很多专业科研人员的参与。问题绕来绕去，从表面上来看，研究方法似乎又回到1900年前后欧美组建“科考队”时代了。但其实不是。我们的研究基地，既是一个研究平台，同时也已经上升为一种田野调查研究的方法。这是一种新型的田野方法，需要进行新的规范。我们当时对田野基地定下几个任务：

（1）要出一批学术成果，即实现知识创新的目标。我们拟定了很多科研课题。有些课题可以很快完成，有些课题需要很长时间，或者留待下一批学者来完成。

（2）对这个地方的文化发展担负起我们科研人员的责任。我们当时的想法还是比较单纯，把这里打造成一个文化旅游区。我们当时感觉浦市这个词不靓丽，重新依据本地信仰，把浦市古镇及其商贸覆盖地区拟定了一个新名称叫“辛女文化旅游区”。这个文化旅游区包括如今的怀化市沅陵县、辰溪县、麻阳县以及湘西州的泸溪县四个县位于沅水两岸及辰河两岸的地区。这些地区历史上都与浦市保持着紧密的经济关系。

（3）我们将在这里坚持长期的持续的田野调查。分批次地组织科研人员进入浦市古镇开展田野工作，完成不同的课题。我们要打破田野的专属性的不成文约定，让前后不同时代的学者在这个田野基地共享知识创新。

（4）宽泛的课题形式。课题研究相对于传统的民族学人类学科研课题来说，将更加宽泛。甚至包括了文化小说、影视创作、文化创意等课题。我们拟定了一个包含这么多研究领域的实施大纲，准备逐步完成。

以上是我们在基地建设之初的设想，这些初步设计成为我们后来提出基地式田野概念的最初来源。可以看出，这个“基地式田野”已经与欧美三个不同阶段的田野范式有了很多区别了。2017 年，我们把这个田野模式正式命名为基地式田野，并将其作为一种新型的研究方法纳入我们新命名的田野中国学体系之内。2018 年，我们在多所大学开展“浦市田野反思”系列学术讲座，对基地式田野进行了相关阐释，基地式田野得到了一些同行学者的热烈讨论与认同。

（二）基地式田野的基本方法

必须说明的是，基地式田野概念的提出是对浦市田野进行反思的结果，并非是对西方田野学科批判的结果。我们最初没有批判，只是基于浦市田野调查的实际需要，采取了一系列必需的田野调查措施。在当时也没有意识到要在今天提出新的研究范式出来。然而，经过几年的研究实践之后，再回头来反思我们走过的路，我们的方法与西方田野学科研究方法之间的关系的时候，我们才发现，我们有继承有创新。那么在何种程度上继承了？又在何种程度上创新了？

从继承上来看。我们在开展具体的田野调查过程中，调查技术还是遵循着西方的田野方法。无论是实地调查还是参与观察，从理论假设到框架设计，再到具体收集资料，这些都继承了西方的方法。

从创新上来看。我们在浦市开展田野调查的时候，也有一些环节与要求突破了西方的传统。我们运用参与观察法、坚持在一个文化区开展长期的田野调查等方法，突破了西方实地调查时期的方法。而我们由多个不同科研项目的团队在同一个地方开展田野调查、又突破了参与式观察之后，对田野点的专属性、时间性、田野调查目的等都有所突破。浦市田野基地已经不属于任何个人的田野点，而是可以分享的公共田野点。从一个人类学家的一年左右的田野，变成了众多学者或长或短时间的田野。从纯粹的民族志写作与知识生产，变成了对这个田野点未来发展的关心。这些都是对西方传统田野理论与方法的创新。

而浦市田野相对于西方的创新，其实又正是中国传统田野的基本内容。比如对一个文化区的长期田野调查，对田野点未来发展的关注，通过田野调查对田野点的文化进行某种改造等等。这些方法正是由严如熤集大成的中国传统田野的基本内容（参见本书第六章“中国古代创知致用田野范式及其贡献：以严如熤为观察中心”）。

如果把我们在浦市进行的基地式田野进行简单概括，可以形成以下几个要点：

第一，以一个可观察的传统文化为标志建构文化区，并将这个文化区定为田野点；

第二，一个或多个研究团队在基地开展跨时段跨专业的长期田野调查；调查方法涵盖实地调查与参与观察等多种方法；

第三，追求知识创新，同时对田野基地（文化区）的未来命运倾注关心；

第四，以知识创新为标的为动力，规范过程成果的写作或创作；充分运用过程成果实现传统文化的呈现，并释放传统文化的能量。

（三）基地式田野的初步实践

从2012年夏季开始进入浦市开展田野调查，再到后来建立基地进行田野调查，我们的基地式田野做了以下几个方面的初步调查实践。

1. 传统文化的田野调查

我们对浦市传统龙舟赛活动进行了田野调查，2014年夏天开始，到2015年龙舟节期间现场观看及参与观察，并拍摄了大量影视素材，到2016年出版了国内第一本传统龙舟的民族志著作《浦市龙舟赛》。这是一个集体成果，由熠园师生集体创作，耗时两年多时间。龙舟赛是我国传统民俗活动与体育赛事，从宋代开始就被主流文化拔高到“爱国”的高度。但正是这样的活动，一直没有一本完整的基于田野调查的民族志。相反，一些由个体传承的传统文化活动与仪式反倒是得到了广泛的著述。类似于浦市龙舟赛，几十万人参与的活动反倒是没有一本田野民族志。原因是这些活动涉及面广泛，且具有鲜明的周期性，需要调查的项目十分繁杂，作为个体的田野研究者很难在短期内全面把握。对这个活动的整体调查研究，以集体田野最为有利。

我们对浦市古建筑人文志的调查。浦市古建筑群已于2019年10月获批国家第八批文化保护单位。浦市古建筑群目前尚有50多栋清代建筑，这是一处十分罕见的清代建筑群，大多是豪宅大院，以三天井加后花园，或前门店加三天井结构的砖木建筑为主。由于建筑年代久远，产权多次流转，今天的房屋主人大多数不知道自己所居住的建筑的历史。因此，有关这些建筑在历史中的变迁规律的研究成为我们关注的问题。一群年轻的研究生本科生甚至专科生，在老师的带领下，对这里的古建筑人文历史进行了详细调查。撰写了第一期的古建筑民族志“浦市古建筑人文志系列”：《李家古宅》《吉家大院》《姚家大院》等。当然，这些民族志只是初步调查，还没有形成理论上的研究。

其他系统的调查还有民间信仰、宗祠、石刻文献等等，此不赘述。在调查的基础上，研究人员也有了一些理论成果。由来自中南民族大学与湖南师范大学的9名硕士研究生在各自导师的指导下以浦市文化为研究对象，完成了9篇硕士学位论文①。这些论文涉及较多领域，在论文答辩中得到答辩专家的好评，具有一定的学术价值。我们把这9篇学位论文汇编成《浦市文化研究：田野中国学学步集》并交给出版社出版。另外，以浦市田野调查为契机，我们重新理解历史上的民族关系，特别是重新理解苗族、清朝官场、外来移民的文化，以及这些文化对他们历史活动的影响，由此写作了《文化与战争：乾嘉苗民起义战争的历史人类学研究》一书，该书获得了国家社科基金的后期项目资助②。

2. 传统文化的呈现与能量释放

对于传统文化研究的价值，学术界主要是从人文关怀、寻根意识等角度加以阐释。我们希望从能量的角度加以阐释。严如熤在其《乐园记》一文中，提出了一个命题：天下荒弃之物无不可整而治。传统文化也属于荒弃之物，也可以通过整治实现其新的“用”。受到严如熤的这个理论的影响，我们假设，传统文化蕴涵巨大的能量，传统文化的呈现就是将其内在的能量释放出来，服务于文化持有者以及关系者。传统文化研究，在某种意义上就是传统文化呈现。在中国近几十年的传统文化研究中，已经有无数通过民族文化呈现实现经济目标的成功案例。比如社会上盛行了三十多年的“文化搭台、经济唱戏”的运动。通过传统文化研究与呈现，为企业家经济运作提供舞台。一般采用举办传统文化研讨会，或传统文化展示表演，为招商引资、经济开发提供平台。然而在这些案例中，文化成为“搭台者”，似乎仅仅是经济发展中的一个辅助条件而已。这与我们提出的文化能量论，还是有一定的区别的。我们的假设是，传统文化在呈现过程中，自然会释放出相应的能量，对现实的经济生活或文化生活必将起到作用。因此，我们必须亲自实践，在设计的可观察程序中来验证我们的假设。

---

① 分别是胡云的《沅水流域辛女信仰研究》、李璋奇的《旅游开发背景下的民俗文化变迁研究：以浦市古镇抬黑龙为观察中心》、何强的《当代宗族认同的重构——以浦市姚氏宗族为中心的观察》、袁伟宁的《祠堂记忆：一个浦市家庭的兴与衰》、李嘉豪的《人类学视角下的浦市龙舟节研究》、张学琦的《社区公共祭仪与社区记忆——以浦市龙舟赛为观察中心》、易静林怡的《旅游开发背景下民间舞台艺术团体对观众的建构研究——以浦市辰河高腔剧团为观察中心》、秦嫚曼的《现代交通背景下浦市码头文化的变迁研究》、成龙驹的《严如熤浦市活动纪念馆展示设计研究》。

② 国家社科基金后期资助项目：《文化与战争：对乾嘉苗民起义战争的人类学考察》，课题号：16FMZ004.

2013年冬天，我们开始接触到浦市传统龙舟赛。这个习俗已经中断二十多年了，以致很多年轻人从未看过传统龙舟赛。但是有关龙舟的传说，在当地流传久远。我们在搜集与龙舟有关的民间传说过程中，逐步意识到这个民俗活动必将给浦市振兴带来新的契机。大约到了2014年夏天，我们决定以恢复浦市龙舟赛为突破口，提升浦市群众与本地干部的文化自信心。我们向泸溪县有关机构提交了筹办浦市传统龙舟赛的倡议，最后得到县政府领导的重视。2015年1月份，我终于得到一个机会，陪同相关机构负责人一同前往浦市，与当地村干部见面，现场咨询恢复龙舟赛所需要做的准备工作。也就是这么一个简单的见面，点燃了浦市群众的龙舟热情。当然，好事总是多磨。我们前期虽然做了很多准备工作，但在审批单位来看，浦市还不具备举办这么大的传统赛事的条件。因此政府决定暂时不举办这个活动。不过，当地群众却非要自发举办不可。2015年6月11日，个别村的新龙舟开始下水训练，到了6月底，就有几十条龙舟下水了。浦市河中，每天鞭炮不断、锣鼓不停、运动员的扒船号子“扒潮、扒潮”之声此起彼伏。这几乎是一次想象不到的盛会。在农历五月十二这一天，恰逢浦市传统的集市日，来自周围村庄的40条龙舟聚在浦市河中竞赛，将赛事推向高潮！我们当时发了一个现场报道，记录了当时的盛况：

> 今年的龙舟节，共有10000余名青壮年劳动力从世界各地返回浦市参加龙舟节。而回浦市参加送红活动的人更是遍及世界各地、涉及10余万人……今年的龙舟节，共吸引观众57万人次。从农历四月二十七日有2万观众算起，每日观众都在2万以上。其中五月初二约4万、五月初五约5万、五月初七约8万、五月十二约10万，四天共有27万观众。剩余17天，总观众人数约30万。[①]

这次龙舟赛几乎与我们预测的效果十分接近。特别是在建立当地人的文化自信、释放文化能量方面，基本实现了我们最初的设计。我们当时就发表了一个调查报告，对其效果进行了描述：

① 谭必友，田燕，洪文雄. 我在浦市读女神——熤园学人田野考察行记［M］. 煤炭工业出版社，2017：100.

> 通过这次龙舟节，不仅仅是从事旅游开发的官员与企业家看到了希望，对于全县各级官员、各领域的企业家、零售业主、各阶层百姓，都从中看到了发展旅游的优点及其希望。本届龙舟节，不仅仅没有群众打架闹事，也没有产生什么不良后果。这对提振泸溪县全县人民发展旅游、投资文化，都有着不可估量的积极意义。原来在群众中宣传旅游效果不明显，经历这次龙舟节之后，群众对发展旅游，对招商引资，都产生了强烈的共鸣。有更多的义务宣传员，分布在全国各地，信心十足地宣传自己的家乡浦市，宣传浦市的旅游发展前景。这对龙舟节后的招商引资，无疑起到了绝佳效果……引起了各级领导的高度重视。这届龙舟节之后，各级政府都会有不同程度的建设投入，这对拉动浦市的建设，起到了很好的龙头效应。①

对浦市龙舟赛的呈现，充分实践了我们关于传统文化能量释放的假设。我们因此对我们的理论有了更加充分的认识与信心。我们开始以一种理性的目光来看待我们的前期工作。这就是我们在浦市田野基地所开展的关于文化能量论的初步实践。

三、基地式田野的学理依据

前文我们用浦市田野调查的实践阐述了基地式田野的相关范式，下面我们从三个方面阐述基地式田野的学理依据。

（一）传统文化呈现需要对田野基地坚持长期调查及相应的文化建设

传统文化呈现是一个学术研究与文化实践相统一的过程。把学术上的

① 谭必友，田燕，洪文雄．我在浦市读女神——燈园学人田野考察行记［M］．煤炭工业出版社，2017：104.

理论研究演变成实际的文化形态或文化过程，需要很长的时间。特别是经过几十年的工业化与城市化运动之后，人们在追逐现代生活与现代文化的过程中，传统文化逐步边缘化并被现代科技与工业、现代城市生活掩埋到生活的最底层。要使这些传统文化重新呈现出来，并不是一件单纯的行政工作，而是一项严肃的学术研究工作以及复杂的文化建设工作。仅在现代生活的底层去追寻那些已经被掩埋的有价值的传统，就已经十分不易，这就是当代“非物质文化遗产保护”运动兴起的原理所在。在田野中追寻那些已经被掩埋的传统文化并加以学术研究，是一项漫长的工作。特别是那些有着深厚传承历史的活动，更加复杂，需要经过深入的观察、反复的辨析，我们才能掌握其规律，才能在田野的基础上形成具有创新价值的“知识”。这个田野过程到底需要多长时间，我们在前文已经论述过了。总之也许是几个月、也许需要几年时间才能够实现目标。因此唯有长期坚持，才能完整地理解传统文化、呈现传统文化，并推动传统文化能量释放出来，服务于文化持有者。

（二）整合传统文化能量释放，实现对文化持有者的有效服务

相对于传统文化的呈现来说，传统文化能量的释放更是一项复杂的工作。广义上来说，对传统文化的研究与呈现，本身就可以释放文化的能量。这些知识成果在丰富人类的知识体系的过程中，本身就是一种能量释放过程。越是具有重大知识创新的文化研究，它们释放出的能量越大，对人类的影响也就越大。但是，这种能量释放不是直接的，对本地人的现实应用价值也是间接的。这里所说的传统文化能量的释放，是在狭义的意义上而言的。也就是说，这些传统文化的能量释放出来，对文化持有者及其周围的群体会产生巨大的实际影响。而这样的能量释放过程，也就必须就其特殊性而采取特殊的措施。这些特殊性具体表现在三个方面。

1. 长期性

经过学者的田野研究并呈现的传统文化，还处于知识层面。要将这个传统文化的能量释放出来，也不是短期内能够完成的。传统文化都是在一定的仪式中得到体现的，而这些仪式都是周期性的，因此其能量释放过程

也表现出周期性。需要等到一个又一个时间点，它的真正意义才能体现出来。传统的这个时间周期，有的长有的短，有的还比较模糊。在浦市辛女信仰中存在一种公公与娘娘相会的仪式。这个仪式并没有固定的周期，主要视当地人对“年成”的感觉。当有人感觉到年成不对，风不调雨不顺，就认为是辛女娘娘与盘瓠公公这对夫妻分别已久，需要相会了。这个时候周围村庄就有那些感受到了年成不对的人站出来提议，是否举行公公娘娘会？回应的人多，就会举办娘娘会。附近村庄的人聚在一起，把位于沅水西岸、浦市铁柱潭村的盘瓠庙里的公公菩萨，抬到位于沅水东岸的辰溪县汀流村娘娘庙里去与辛女娘娘相会一个晚上。① 这个仪式的周期性很模糊，完全依赖于当地人的感觉。但毕竟它会周期性地举行，只是时间不规则而已。这对于研究者来说，就算掌握了这种仪式，而要推动这个仪式对实际生活产生一些新的影响，那就需要等待很长的时间了。如果没有持续性的研究，研究者的成果就仅仅是广义上的能量释放，对当地文化持有人并未产生任何积极意义。

2. 能量的巨大性与多方向性

传统文化能量的大小与什么因素相关？这需要做进一步的研究。但经验告诉我们，传统文化能量的大小与其参与人数没有直接关系，而与其传承的历史过程有关，与其内涵的人类活动的基本规律有关，与文化呈现者的创新有关。因此，常常会发现一些很小的活动也许蕴藏着巨大的能量，有些重大的活动所蕴含的能量也许很小，即投入产出并不成比例，对传统文化能量的释放过程就需要很好地规范。如果没有规范，这些能量的辐射力将是散乱的，没有合力的。

同时，既然是能量释放，就会对文化持有者产生一定的影响，这个影响也许是正面的也许会是反面的。作为研究者应该对这些传统文化能量的释放具有较高的预见性，这种预见性短期内很难看明白。只有经历前后不同时期之后，能量影响的正反效果才能比较清晰。如果没有基地式田野，我们就缺乏这样一个长时段观察文化能量释放的机制与机会。

3. 影响因素的多面性与复杂性

传统文化释放过程也是一个知识创新过程，需要处理好很多的方面。

① 胡云. 辛女信仰中的女性威权浅探［J］. 民族论坛，2015（6）：42-45.

特别是在现代的社会中，传统文化的能量释放，也是一个政府严格管控的文化行为。因此需要处理好政府、市场、文化持有者等多方面的关系，我们的目标才能实现。这个时候，已经超越了田野调查本身。学者们在这个过程中担任什么样的角色？田野调查又能够担任什么角色？这些问题的存在，都给田野调查带来严重挑战。学者们在短期内是很难理顺这其中的关系的。浦市传统龙舟赛的恢复，也是一个复杂的系统工程。我们的研究团队也是在处理好政府、文化持有人、企业、文化研究机构、媒体等关系后，才取得了预期成果。

基于以上三个原因，传统文化能量的释放，要实现其有效利用，就必须对其进行有效整合。而这个整合是一个长期行为，不能寄希望于短期完成。马林诺夫斯基的田野之所以留下一个没有很好服务当地人的遗憾，就在于他的知识创新所产生的能量释放是广义的、没有具体的针对性，这成为马林诺夫斯基一直没有想明白的问题。马氏只是他一个人的田野，他的知识创新所释放的文化能量世所罕见，影响长远，唯独对当地人没有起到实质性的作用。因其知识创新所产生的文化能量释放无法进行目的明确的整合，所以无法对本地人实行有效服务。只有通过基地式田野，才能实现不同时间段不同学者研究成果的有效整合，让这些原本不相统属的田野研究所产生的能量释放整合成服务本地的文化能量，这就是基地式田野的现实需要。

（三）传统文化批判与社区文化品质的重构

文化批判是西方田野学科的重要主题之一，从博厄斯开始倡导文化平等开始，就在利用对异文化的田野调查开展对西方文化中心主义的批判。他的学生米德等人更是将这个学术路径发展成自己学术的主要方向，通过萨摩亚文化研究对欧美现代文化提出严厉的批判①。相对于早期的文化批判理论，在20世纪后期，西方兴起了以萨林斯、格尔兹、施耐德等人为代

① 肖俊明．文化人类学的新格局：文化批判（上）［J］．国外社会科学，1994（4）：8-12.

表的借从事国际民族志研究解决本国问题的学术研究路径。[1] 这些文化批判将田野调查推向一个新的高度。

类似于美国运用异文化研究批判自身现代文化的方式，在中国一直没有很好的开展。传统文化是我们生活世界的基础，是人类的根所在，但其本质上是过去时代留下来的文化。人类在科技进步、工业化与城市化过程中，不断地发展出新文化，并逐步淘汰了传统文化。传统文化本质上属于过去时代，与现代文化、现代生活有着一定的距离。因此，对传统文化进行批判是其现代运用的前提。没有文化批判，就没有文化进步。20 世纪，我国思想界、文化界一直盛行的主题之一，就是五四新文化运动以来，采用研究西学的方式对中国传统文化进行反思与批判。[2] 在反思的过程中，则具体采用两种方法：（1）对中国古代经典文献的梳理进行批判；（2）通过文学艺术等方式对现实的现象进行批判。这两种方法一直持续了近百年而不衰落。

在浦市田野调查中，我们也不是将文化能量释放作为唯一的研究目标。我们认为，基地式田野调查中，对传统文化的呈现也可以是批判的。在一个田野基地，经过长期的观察，我们会发现越来越多的社区文化形式已经十分落后，必须加以批判性改造，才能让社区居民从所持有的传统文化中获得相应的幸福感，否则这些落后的传统文化会严重影响当地人的生活品质。譬如，在龙舟赛期间，各个村落在组织龙船队的时候，少数头人会强行要求一些在地企业必须捐款多少资金，不捐款就会对企业进行威胁的做法，这种募集方式确实有其传统因素。表面看来，这种传统违背了当代的法治精神，因此使用法律武器就可以整治。其实，问题远远没有这么简单。这种现象有其深厚的文化心理与历史传统，不是简单的法律整治就可以解决的。这是传统文化中的强制性摊派习俗，有其内在的社会心理基础，需要我们去深入调查。需要我们通过长期的田野调查，形成新的知识，才能对这些传统进行有效的批判，从而为当地建设当代新型的社区提供思想武器。

---

① 肖俊明．文化人类学的新格局：文化批判（下）［J］．国外社会科学，1994（5）：17-22.

② 杨春时．五四“传统文化批判”的历史经验［J］．上海文化，2019（6）：5-14.

当然，基地式田野也可以对主流文化进行批判，这需要我们开展更多的田野调查实践来回答，此不赘述。在建立浦市田野之后，我们的团队也在巴基斯坦拉合尔的旁遮普大学建立了“南亚田野基地”。通过东北大学秦皇岛分校与旁遮普大学联合培养博士学位项目，派出一批年轻博士生，对巴基斯坦文化进行持续调查研究，从初期写作的一批过程成果来看，这种异文化的田野，对我们的主流文化也能发挥重要的批判作用。有关这方面的文化批判及文化品位重构，也需要等到我们的研究实践加以进一步的验证。

四、组织跨时段研究团队的学理依据

基地式田野的长期性就必然涉及跨越时间段组织研究团队，或称跨时段研究团队。之所以用“跨时段”而不用“长时段”，是因为“跨时段”这个概念仅仅是对田野时间很长的描述，超过十年二十年时间的意思。“长时段”的概念经过布罗代尔的规范后，成为一个专用名词，是一个结构概念，虽然也大概可以对应十年或几十、几百年，但毕竟有具体的含义。[①] 当我们把田野时间延伸到跨时段的田野调查，必然产生一个现象，团队成员因为各种原因也在不断变化。一些成员离开了研究队伍，一些新的研究成员又加入了这个队伍。特别是大学的课题研究，主要由教师与研究生、大学生组成课题组，这是最典型的跨时段研究团队。这些主要由教师在不同时期带着不同课题的研究队伍，可以不断调整田野点进行调查，也可以围绕田野基地进行跨时段的田野调查。后者正是基地式田野的基本模式。因此，基地式田野必然涉及组建跨时段的研究团队问题。

（一）跨时段研究团队是基地式田野的内在逻辑

基地式田野，就是在一个田野调查点进行长期的、跨越了多个不同时

① 孙晶. 布罗代尔的长时段理论及其评价［J］. 广西大学学报，2002（3）：80-84.

段而开展田野调查。跨时段的田野调查，需要一个或多个课题组前后接续，对基地的传统文化进行反复观察、反复研究、反复验证。然后才能形成一些更加明确系统的传统文化知识。田野学科史上，学者们也已经用多次经验告诉我们，一个田野周期所能形成的有关“知识”其实有着很多可商榷之处。田野史上，也已经出现过多次跨越长时段的“同一田野点”的多次田野调查。庄孔韶用人类学的“回访”这样的概念，对不同时代的人类学家在同一地点开展相同课题的田野研究称为“回访”。人类学的回访有重要意义。“回访重新找到审视同一调查点的机会，延伸了先驱者作品的学术生命与意义……在同一调查点上开展跨越时空的考察，有助于更好地理解一个社区过程的诸多意义。”① 兰林友用“再研究”的概念，“再研究（restudy），则通常是对他人的调研点进行重新调查研究，也就是在他人原先的调研点做田野工作，以期与先行研究进行学术对话。”②

田野调查的历史上有很多回访实践，最令人瞩目的是米德与弗里曼围绕萨摩亚青春期女孩的调查，前后长达近 60 年时间。1925—1926 年，米德在萨摩亚开展田野调查，写出了著名的《萨摩亚的成年》一书，认为萨摩亚人的青春是从容、无忧无虑的，青春期是其一生中最轻松而快乐的时光。因此，在现代社会中出现的青春期躁动现象是文化的而非生物上的原因。时间过去十多年以后，弗里曼于 1940—1943 年来到萨摩亚开展田野调查，却发现了与米德不同的现象，因而出现了不同的结论。从此，弗里曼花了四十年时间断断续续来到萨摩亚，进行田野调查，寻找米德形成错误结论的原因。这就是著名的米德与弗里曼在萨摩亚围绕青春期问题开展的长达半个多世纪的田野调查。③

表面来看，米德与弗里曼是两个不同派系的人类学家。其实我们也可以把他们两个人看成一个跨越长时段的研究团队，在同一个田野点上开展了几十年的田野工作。他们在这里开展同样课题的研究，都创造了不同的新知识。可以说，他们两个人共用了田野点，这个共用的田野点，正是我

---

① 庄孔韶．谈田野工作的质量问题——试试阅读弗里曼［A］．共识（2009 春刊 01）［C］．中国会议，2009：066-069．

② 兰林友．人类学再研究及其方法论意义［J］．民族研究，2005：36-46．

③ 张丽梅，胡鸿保．米德·弗里曼·萨摩亚——兼论人类学田野调查与民族志写作［J］．北方民族大学学报（哲学社会科学版），2009（03）：76-79．

们要命名的基地式田野。类似于这样的共用田野点的田野调查活动，在田野学科史上比比皆是。林耀华与其弟子庄孔韶在福建闽江中游的古田县黄田镇凤亭村开展的田野调查，前后间隔40多年。其后还有很多其他的类似回访调查。①

然而多个学者共用田野点与我们要提出的田野调查基地还是存在一定的区别。共用田野点，是因为前后不同学者对人类学的某些理论持有相同或不同的观点，需要利用同样田野点收集不同的文化现象或文化事实，达到证明自己观点的目的；或者后面学者利用前人的田野点进行不同方向的课题延伸。这样的田野点对于学者而言，仅仅是“实验室”。但是基地式田野调查的基地，对于学者而言，这里不仅仅是“实验室”，也是他们关心的地方，他们试图建设的地方，他们试图通过前后不同时代的学者之间长期合作，对一个地方的发展给予学术支持。可以说，庄孔韶利用其导师林耀华的田野点的再回访，就创造了一个成功的案例，也给我们提供了极好的启发！由于前后多代学者在黄田镇开展田野调查，这里也成为一个重要的文化打卡地。目前已经成为一个著名的文化旅游区，成为当地的文化名片、文化品牌。这种价值是一般的企业行为所无法企及的，黄田镇也可以视为庄孔韶创立的一个田野基地。

（二）跨时段研究团队是当代大学学科制度建设的必然产物

当代大学学科制度是指目前国家在大学中推行的学科建设体系。政府以学科水平为重要单位对大学进行评价，高校则以学科为基本载体进行人才培养和科学研究，硕博士研究生按照学科招生并授予学位，科学研究按照学科申请课题、组织学术活动等。学科在学校发展中发挥着十分重要的作用，② 特别是教育部已经实施的四轮学科评估政策，进一步推动了当代学科建设的发展。教育部以第四轮学科评价结果，于2017年12月确定了

① 兰林友. 人类学再研究及其方法论意义［J］. 民族研究，2005：36-46.

② 赵婷婷. 释放高校学科建设活力、加快推进一流学科发展［J］. 中国高等教育研究，2019（9）：14-15.

中国高校“双一流”建设大学名单①。这个结果将前面推行的三轮学科评估推向了一个新高度，成为所有大学进行自身教学与科研建构的新标准。几乎所有的大学都以这个评估结果做依据，重新调整了本校学科建设思路，重视学科积累、学科传承、学科的连续性、一级学科的相对均衡发展等成为共识。学科积累与传承，就要求学术研究团队必须保持跨时段的继承关系；跨时段的继承关系，主要通过组建由不同年龄段组成的学科梯队来实现，这已经成为每个大学都在思考的问题。在民族学、人类学、民俗学等田野学科中，不同年龄段的学科梯队，如果进入同一个田野点开展田野调查，就成为本书探讨的跨时段研究团队。因此，跨时段研究团队正是当代大学学科制度要产生的学术结果。

本章小结　基地式田野方法有自己创新的内容

基于以上论述，我们形成了几个基本结论。基地式田野既是对西方田野研究范式进行反思并对西方田野研究史上进行发展的结果，也是对浦市田野调查进行反思的结果。基地式田野超越了西方田野范式，在田野时间跨度、田野点的专属性、异文化田野、田野调查的社会服务功能等方面都与西方盛行的范式存在很大差距。在对浦市田野的反思中，我们又建立了文化能量释放、文化批判等基地式田野的独特功能。而基地式田野中的一些基本环节，诸如跨时段团队的组建等，既与基地式田野的学术目标相应，也有其深厚的时代背景，同时也是因应当代学术制度而诞生的新兴研究方法。

---

① 教育部研究生司．“双一流”建设高校名单［EB/OL］．中华人民共和国教育部，http://www.moe.gov.cn/s78/A22/A22_ztzl/ztzl_tjsylpt/sylpt_jsgx/201712/t20171206_320667.html.

第五章　过程成果的提出及其运用

从2012年夏天开始，我与我的学术研究团队进入湘西土家族苗族自治州泸溪县浦市镇开展田野调查，至今已经8年多时间。中间经历浦市两次重要发展，即2016年被评为国家4A级旅游景区，2019年古镇清代建筑群被列为国家第八批文物保护单位。我们从浦市古镇这两次重要发展中，对我们的田野进行了新的反思。其中涉及对我们的田野书写进行的系统反思，建立了新的认识。这就是有关田野研究成果的新划分，我们区分出目标成果与过程成果概念。在此对这些概念进行初步整理，并以此就教于田野学科的同行大家。

一、问题的提出：田野研究成果何谓？

学术研究成果已经发展成为当今时代一个比较共识性的概念，有的称为研究成果，有的称为学术成果，总之大约是同一个意思。也就是说，尽管至今没有得到多少烦琐的学术讨论，但“学术研究成果”这个概念似乎已经成为大家都在使用、都可相互识别，并能够给予公正评价鉴定的客观存在。但这个概念成为今天科学研究者的常识，却是经历过一番演化的。

汉语中关于研究成果的概念，大约出现在20世纪40年代，应该是由英语翻译而来，偶尔有些期刊报纸使用这个概念。中华人民共和国成立之后，在介绍苏联的研究活动时，研究成果得到频繁使用。如《科学通报》1950 年翻译并刊登了 E. A. 朱达柯夫院士的文章《将科学成果应用到实际中去》，就使用了“科学研究成果”一词。随后几年，《科学通报》每年都翻译发表苏联科学院的这类“研究成果”总结，这个词逐步进入汉语文献中，成为使用频率较高的一个词。这个词最先在自然科学研究中大量使用，主要是在实际工作中作为一种倡导而使用，并未成为科学研究管理中的规范用词。因此，在这个词出现的长时期中，至迟在 20 世纪 60 年代为止，这个词并未成为传播媒介中的常用词，只是偶尔见诸报刊。我们今天能够检索到的文献也就十分有限。1959 年，科学出版社发了一条总结“让科学研究新成果大放异彩：科学出版社今年将出版大批尖端的、重大的、基础理论的和总结生产‘大跃进’经验的理论著作”。① 在这个报道中，科学研究成果被定义为各种著作，特别是理论专著。1962 年《法学研究》在第 3 期发表《关于怎样进一步加强法学研究工作，提高研究工作水平和研究成果质量的问题》的文章，② 标志着“研究成果”这个词从此成为社会科学领域中的常用词。由于随后我国进入“文革”时期，科研中断了，这个词也就从工作话语中从日常生活话语中消失了。直到 1978 年 9 月召开“全国哲学社会科学规划会议”，研究成果在相关领导人的大会发言中多次出现，③ 从此这个词成为哲学社会科学研究（今天也有人使用“人文社会科学研究”的概念，两个概念大致相当）中的高频词，在科研管理、成果鉴定、学术报道等活动中，逐步成为大家常用的词。

但如何认定研究成果？一直没有得到严谨的讨论。也就是说，社会各界在使用这个概念的时候，其实是各有所指，其内涵与外延有较大的出入，但这并不妨碍对这个概念的使用与传播。经过新时期以来的四十多年的发展，我国的学术研究逐步成熟，有关这个概念的使用也就逐步发展成

① 谈星. 让科学研究新成果大放异彩［J］. 读书，1959（01）：32.

② 解黄. 关于怎样进一步加强法学研究工作，提高研究工作水平和研究成果质量的问题［J］. 法学研究，1962（03）：1-10.

③ 见周扬《哲学社会科学的发展规划和百花齐放、百家争鸣的方针——在全国哲学社会科学规划会议预备会上的讲话》（刊于《哲学研究》1978 年第 10 期），胡乔木《在全国哲学社会科学规划会议预备会上的讲话》（刊于《经济学动态》1978 年第 12 期），于光远《在全国哲学社会科学规划会议预备会上的总结》（刊于《经济学动态》1978 年第 12 期）。

社会上的高频用词。仅中国知网检索，以“研究成果”为主题的检索文章达到30余万条，尤以2008—2012年为盛，2008年出现55100条，是为顶峰。这个现象表明，研究成果概念已经深入人心，也深入科研管理工作之中。基于这种情况，教育部科学技术委员会学风建设委员会于2010年组编的《高等学校科学技术学术规范指南》，使用列举法对学术成果概念作了初步界定：“学术成果是指人们通过科学研究活动，如实验观察、调查研究、综合分析、研制开发、生产考核等一系列脑力和体力劳动所取得的，并经过同行专家审评或鉴定，或在公开的学术刊物上发表，确认具有一定的学术意义或实用价值的创新性结果。学术成果的表现形式主要包括学术专著、学术论文、学位论文、学术报告、发明专利、技术标准、手稿、原始记录等一次文献；文摘、索引、目录等二次文献；文献综述、情报述评、学术教材、学术工具书等三次文献。”① 教育部这个规范是就所有学科而言，列举得比较详细。教育部的这个成果形式列举带有官方色彩，从而成为其他机构对学术研究成果进行管理时的分类依据。在这个基础上，产生了各种各样的成果分类方法。有的学者认为，研究成果常见的有三种形式：基础研究成果、应用研究成果和开发研究成果。三者的成果形式一般是理论知识形态的学术专著、论文、研究（考察）报告、政策法规、统计资料等，而常见的是前三者，即学术专著、论文与研究报告。② 以上这些学术成果分类，是就整个学术界的情况来定的。就田野学科来说，对研究成果的分类虽有一些细微的个性，但总的方向与学术界保持一致。当我们在反思浦市田野调查的时候，我们对研究成果概念产生了一些新的认识。

二、过程成果：浦市田野成果分类的新尝试

依学术界对研究成果的分类约定，我们基于浦市田野经验，对田野调

---

① 教育部科学技术委员会学风建设委员会组编. 高等学校科学技术学术规范指南.

② 杨霞，熊世春. 社会科学研究成果综合评价指标体系研究［J］. 陕西师大学报（社会科学版），2008（3）：51-54.

查的学术研究成果提出了新的分类尝试，即把学术成果分成目标成果与过程成果。

目标成果即田野学科传统上约定的成果，包括学术专著、学术论文、学位论文、民族志、影像民族志等等。这些成果是以知识创新为目的的成果形式，每种成果又有不同的规范。学术专著，是就某个理论问题进行系统的论证，有一定的篇幅，有系统的理论表述。学术论文，在我国国内，也是约定俗成的，即用于学术期刊（包括公开出版的学术集刊）刊登的成果形式。经过最近40年的发展，学术论文虽具有一定的格式化程式，但真要给一个定义恐怕也不好确定，因此常常以学术刊物发表的文章来加以确认。学位论文是用于检验学生从事学术研究基础、研究素质、研究能力以及知识创新能力的论文形式。相对于学术论文来说，学位论文需要更多的要素；相对于学术专著来说，更侧重于考察作者的基础知识与创新能力，而专著则更侧重于知识创新的完整性与系统性。民族志与影像民族志重在记录，主要是记录的知识，不强调知识创新。这是我们今天在田野学科中关于研究成果的常见表述。然而，教育部科学技术委员会学风建设委员会组编的《高等学校科学技术学术规范指南》中所列的成果形式“手稿、原始记录”很少被纳入学术成果的认定范围。那么，如何对与“手稿、原始记录”类似的田野考察材料进行定位与评价？这就是我们在浦市田野中遇到的经验问题，我们把这类形式的成果统一命名为过程成果。

过程成果即在田野调查过程中围绕撰写目标成果而收集、整理甚至撰写的各种体裁形式的文献，这些文献通过某种媒介公开传播，从而实现了其服务社会的部分学术价值。因其属于学者在研究过程中未定型的成果形式，我们将其定义为过程成果。在田野中，学者们收集的资料或者自己撰写的“手稿、原始记录”，包括田野调查笔记、日记、通信、通讯、游记、散文、创作的场景小说、诗歌、新闻报道、艺术作品、活动策划、小微调查报告、口述史、影像材料、收集的民间故事与传说、收集到的原始档案材料、谱牒等等。传统上，这类材料都属于学者私下拥有的研究资料，是为了撰写目标成果而收集的学术证物，这些材料将在学者的学术专著、论文、民族志、调查报告等目标成果以证物的形式出现，其中只有很少的部分得到公开发表，而且发表时间往往不确定，发表时间与发表方式，完全依据作者个人的兴趣爱好确定。有很多这类文献被永久封存在学者们的个人资料或者档案馆里面，从而没有实现其价值，没有变成研究成果。但是学者在田野期间，也可以将这些材料进行一定程度的加工，使其具备传播能力，在社会上产生一定的阅读价值，这个时候，我们就可以说，这些成果具备了过程成果形式了。那么，要成为田野中国学意义上的过程成果，还必须具备哪些具体条件？下面我们对过程成果成立的条件加以详细的论述。

三、过程成果成立的条件

过程成果也是学术研究的成果形式之一，它的价值是相对于目标成果而言的。与普通意义上的田野调查过程中由学者们收集到的资料相比，到底有什么区别？也就是说，如何才能确认这些零碎的“手稿、原始记录”可以被确认为学术研究成果？因为只有当学者们在田野现场所写作的这些零碎的“手稿、原始记录”发表之后，能够被认定为学术成果，才能进一步激发学者们的创作动力。所以，我们对浦市田野进行反思，归纳了这几个条件。

第一，过程成果必须是在目标成果统领之下，才得以成立。也就是说，没有目标成果作为目标，没有目标成果的统领，过程成果就不成立。在一个田野调查基地，除了田野调查的学者以外，还有其他学者进入现场进行各种目的的调查，因而会写出各种形式的作品。比如写出散文、游记等等。但是，这些作品就是文学创作成果，不属于田野学术成果。因为他们是缺乏学术目标的其他成果。因此，提到过程成果，后面必然会有一个目标成果。过程成果不应该单独存在，是与目标成果配合在一起而使用的。至于这个目标成果出现在什么时候，那是学者的决定。但无论如何，在过程成果的前方一定立着一个目标成果作为自己的向导，作为自己的方向。这样的“手稿、原始记录”等，才能具备过程成果价值。否则，这些都是一些零碎的、散乱的手稿或原始记录，是一些不成体系的文艺作品。

这是从事田野学科研究的学者与那些文艺爱好者、旅游者写作的区别所在。

第二，过程成果是学者依托田野基地开展长期田野调查的结果。田野基地是过程成果成立的前提条件，过程成果是为了推动传统文化能量的释放，造福当地群众也造福其他地方群众。要达到这个目标，就不是一篇两篇散文或游记文章可以实现的，需要从不同角度，运用不同形式的文化产品，对传统文化进行全方位的阐释与报道。这就需要田野调查人或学术研究团队，在同一个田野点开展较长时间的田野调查活动。通过长时间的坚持，使自己创作的各种作品在当地产生重要影响，这就要求这个田野点必须是以田野基地形式存在的。同时，过程成果除了要服务目标成果的写作以外，它最大的服务对象就是研究者所在的田野点，包括田野点的传统文化保护与建设以及田野点传统文化能量的释放。因此，离开了田野基地，仅仅是围绕一个课题所整理的“手稿、原始记录”等，很难达到“过程成果”的要求。

第三，过程成果的理想创作形式是集体创作。过程成果是一些“手稿、原始记录”，从形式上来说，是零碎的。这些零碎的文章或作品，如何才能发挥出“研究成果”的效果？除了系统性与长期坚持以外，还需要多方面阐释（也许这些阐释之间是互相矛盾的），这就要求必须是一个团队合作。只有很多学者从不同的角度对同一个现象进行观察与阐释，才能生产出多种不同形式的产品，进而产生更大的影响力。如果没有一个团队，一个学者也可以在田野基地长期开展调查，并创作大量过程成果，实现对一个区域社会的文化建设。但是，这样做的效果不是最理想的。理想的创作形式是集体创作，是一个团队甚至很多个团队在同一个田野基地上长期持续开展这样的过程成果生产。我的研究团队在浦市基地已经坚持长达 7 年多的田野调查了。这期间，团队成员已经经过多次重新组合，不变的是几位导师，而参与该项目的研究生与大学生，已经换过好几批了。正是有这么多学生的加盟，使我们能够在这个古镇持续不断地发掘出新的文化元素、新的故事、找到新的文物，也才能使我们的过程成果创作不断在更新，不断出现新面孔，不断吸引新的读者群体，建立新的传播群体。这是我们浦市田野调查中过程成果的生命力所在。

第四，过程成果的生产有赖于现代新兴的传播技术的发展。在传统传播技术背景下，就算作者们有这种大量创作过程成果的想法与冲动，但阈于传播技术的限制，创作出来之后，也很少能够得到传播，也很少能够产生预期的效果，这就是田野调查作为学科基本方法确立以来的一百多年中，学者们没有提出“过程成果”概念的原因之一。因此，传统文化能量的释放、田野调查的过程成果，都是与现代传媒联系在一起的，都是只有到了现代传媒的条件下才能够被提出来。特别是现代的自媒体技术的广泛运用，更是为“过程成果”概念的运用提供了充分的条件。

总之，田野调查中，过程成果的评定还是有一定的要求的，并不是一个从事调查的学者在田野现场所写的所有零碎的文章及其他文化产品，都可以称为过程成果的。目前我们能够梳理出过程成果成立的这五个条件，算是初步探索。随着田野中国学田野调查实践的深入开展，我相信，以后会慢慢总结出比较规范的认定条件的。

四、过程成果的特点及其运用实践

到目前为止，我们团队在浦市田野基地召开过一次全国性学术会议，十余次学术座谈会，公开发表了十来篇学术论文，出版了专题民族志《浦市龙舟赛》（学苑出版社，2016 年），答辩通过了 9 篇硕士学位论文，9 篇学位论文已经汇编成论文集《浦市文化研究：田野中国学学步集》。编制了《湖南泸溪县浦市古镇旅游控制性详细规划》，其他已经完成及正在撰写的学术论文、专著、调查报告还较多，这些成果都属于田野中国学所划分的目标成果。仅从数量上来说，已经算是十分可观了。在完成目标成果的同时，我们也完成了大量的过程成果，其中 2016 年 10 月之前的成果已经汇编成《我在浦市读女神——熠园学人田野考察行记》一书（下文简称为《读女神》），由煤炭工业出版社于 2017 年 9 月出版，也为浦市古镇设计了《天下第一知府：严如熤浦市活动纪念馆》等。这期间对过程成果与目标成果的结合运用，进行了充分的实践，总结了一些有价值的经验。

第一，过程成果为目标成果创作奠定了基础。在传统的田野实践中，我们总是向参与田野调查的队员强调每天写一写笔记、日记，每天对遇到的现象做一些思考性记录。但是，这个效果并不是很好。总是有一些年轻的学者在这一环节有所忽略。当我们用过程成果对队员们进行科研考核之后，队员们就会经常认真地去思考田野中最让自己感动的材料，他们会对这些材料加以细致揣摩并撰写成相应的文章发表，这一工作极大地促进了学者们的田野热情与思考热情。因为，这些发表的材料将接受同行评价，也将接受当地人评价，这些思考成为一个严肃的问题。由于有了丰富的前期过程成果，科研人员在后期的目标成果创作中，相对就轻松一些，写作也更加顺手一些，对问题的理解也会深入一些。作为教师，都希望招收到最优秀的学生，但现实情况则是，我们招收到的学生可能并不是优秀的，绝大多数都是普通的学生。作为导师，我们不得不想办法让这些普通的学生在自己的教育下变成优秀的学生。我的经验就是让学生在田野中勤奋写作过程成果，为他们写作目标成果奠定基础。这样实施的后果基本上如我所愿。这些研究生本科生通过自己的写作，锻炼了自己把握文字的能力、分析问题的能力、建构理论的能力，在未来写作自己的学位论文时，就相对顺手得多。

第二，过程成果在促进田野基地传统文化能量的高效释放方面具有重要作用。过程成果既然被命名为“成果”，就是它们产生了一定的实效，用田野中国学的概念来说，就必须达到“传统文化能量的释放”。这些还没有实现知识创新的“手稿、原始记录”，由于通过传播媒介的传播，在社会上产生了一定的反响，对于传播一个地方的知名度，特别是对田野基地传统文化能量的高效释放方面，具有决定性作用。我们在浦市推动传统龙舟赛复兴的过程中，就是把在田野中收集到的与传统龙舟有关的故事、文物、事件等，进行一系列的初步整理，写成各种笔记、日记、民间故事等，然后通过我们自己的微信公众号“熠园问学”与“神韵武陵”（后来由于我们的田野基地扩展至“一带一路”沿线国家，我们的公众号也改为“田野东方”），及时向社会公布。这个方法在社会上产生了非常好的效果。后来浦市传统龙舟赛得以顺利恢复，并在社会上产生强大影响，都得力于这个微信公众号上的文章的传播。浦市很多群众主动给我们的微信做推介，使我们从田野中收集到的大量第一手信息得到了本地干部与群众的认可。除了通过微信公众号以外，我们还在2015年元月在浦市召开了一次谭子兴文化学术研讨会，借这个研讨会，我们在会上发布了一些不成体系的学术观点，这些会议材料在当地文化人中也产生了很大影响。总之，在我们推动浦市传统龙舟赛复兴的过程中，是这些过程成果起到了决定性作用。

第三，过程成果具有实时与精准的协调功能，这几乎是目标成果绝对无法比拟的一个优势。执着于目标成果是传统的做法，目标成果对田野基地的干预效果需要很长时间。过程成果形式多样、不拘一格，在现代传媒体系的帮助下，具备了强大的实时与精准协调功能。在我们研究浦市传统龙舟过程中，也遇到了很多新兴的棘手问题。比如，当地百姓强烈要求恢复传统龙舟赛。但是由于浦市龙舟赛的最显著特点，是比赛双方横渡激流的洪水，龙船被激流的洪水冲翻成为每天比赛中都可能遇到的重大事故，自古以来即如此。龙船侧翻之后，运动员全部都会落水，掉进激流的洪水之中，严重者被洪水淹没。这对于重视群众生命安全的当今政府来说，这是不可忍受的重大事故。为了避免这类严重事故的发生，地方政府就出台了政策，严禁民间私自组织传统龙舟赛。2015年，浦市民间第一次自发恢复传统龙舟赛的活动，即遇到了这个难题。6月初，民间几十只新购的龙舟几千运动员等着要下水训练；政府却准备了几百干部包括警务人员要去制止。这是一个十分麻烦的难题。恰在此时，我们刚好发表了一则微信文章《1800运动员与50000观众面临哪些危险》，列举了一些安全隐患。[①] 这篇文章带来了一个戏剧性的后果。我们原本是从田野中看出了很多危险的问题，但是县政府领导却从这个文章的标题中读出了另外的意义。1800名运动员与50000名观众？真会有这样壮观的龙舟赛场面吗？如果谭必友的预测是准确的，那么我们不妨来做好一次服务工作，这也许是泸溪县历史上一次千载难逢的运动盛会？也许会给泸溪县发展带来机会？基于这样不同的解读，这篇文章第一时间被人转发给县里相关领导。因此由政府组织原本要上河堤去制止龙舟赛的工作人员，第二天变换了身份，成为

---

① 谭必友，田燕，洪文雄．我在浦市读女神——熤园学人田野考察行记［M］．煤炭工业出版社，2017：58-60.

龙舟赛的安全服务人员。人马还是一套，但不是制止而是去服务。这样一来，局面立马变了。群众对政府抱有感激之情，各村运动员、各地观众都十分配合政府的安排，政府也组织力量对安全措施进行严格整顿防备。2015年第一次恢复的传统龙舟赛，就这样出现了戏剧化反转！浦市传统龙舟节也安全圆满地完成了所有传统仪式。我们的课题组也才有机会看到了最全面的一次传统龙舟赛仪式，这为我们后来写作《浦市龙舟赛》打下了基础。对于过程成果的精准协调作用，我们还有许多经验，这里就不赘述了。

第四，过程成果可以直接服务当地底层群众，建构田野工作与田野点之间的良性互动关系。如何解决学者的田野活动与当地群体之间的利益关系，一直是田野学术界无法直面的问题。当地人总是会问一些问题："你们的访问调查与我们有什么关系？""对我们有什么用？"等问题。"为什么政府不接待高等学府的学者？……你们做的事情要是有意义，当地政府早就敲锣打鼓地欢迎你们了。"甚至记者还有用一些，"还以为你是记者呢，你要是记者，就跟你说说，你又不是，和你说了也没啥用。"[①] 这样的提问是很多田野调查学者必须回答但却一时语塞的一个十分尴尬的问题。在此前的漫长的田野调查中，我们也试图找出一些冠冕堂皇的理由，但是都十分勉强。好在当地人也并不十分追究，问了也就问了，并不紧追不舍！所以，绝大多数田野调查学者在面对这一问题时，其实是搪塞过去的。有一些学者不得不另想办法，通过政府的帮助，从头开始。[②] 通过政府协助建立调查者与被调查者之间的良好关系，应该是最后的选项。因为政府出面之后，很多关系就发生了不应有的改变。加之学术研究中有很多问题也不是政府关心的问题，这个时候，研究者应该如何去建立调查点的良好关系呢？看来，良好的关系还是应该通过调查者自己的努力去建立。田野调查的过程成果在服务当地群众，并与当地人建立良好关系上，具有无法代替的优势。

---

① 谢元媛. 从布迪厄的实践理论看人类学田野工作［J］. 社会科学研究，2005（5）：118-122.

② 刁统菊. 不为、匿为与过为——试析田野作业中访谈对象的几种反应［J］. 民间文化论坛，2009（6）：68-75.

过程成果写作要求相对简单，成果可以尽快公开发布。加之当今自媒体的普及，每个学术团队都有自己的多个自媒体平台，成果发布更加便捷。而手机阅读的便捷又使普通大众都可以第一时间阅读到他们想要阅读的文献。所以，过程成果可以第一时间到达当地群众的手中，他们可以第一时间阅读到对自己家乡文化的报道，可以看到一个外来学者是怎样认识与评价他们的文化的，在很多时候，甚至有他们自己的照片。这些方式，都给当地人带来极大的鼓励。而当地人看到自身的传统文化可以通过这种方式快速传播，他们自己也更有信心。在浦市，我们正是通过这一系列方式，赢得了当地人对我们的信任。比如，我们最初在浦市调查时，非常关注明朝在修建皇宫时，派出大量朝廷大员来沅水流域砍伐楠木的历史。这是一个被淹没在历史深处的往事，不仅仅历史学家很少讨论这些故事，当地人也很少知道这些故事。但这是历史的真实。明朝皇宫中后期的皇宫用材基本上采自沅水流域。而楠木砍伐与运输十分复杂，每砍伐运输一棵楠木常常需要上千工人。这些楠木商人为了安全，经常就将砍伐运输队伍驻扎在浦市这样的商业码头上。这正是浦市在明朝进一步兴盛的原因。明朝中后期，在浦市与北京之间建起了一条楠木通道，由沅水到长江，再到运河，直达北京。楠木属于皇宫用材，称为皇木。沿途关卡没人敢盘查，楠木运输基本上都是畅行无阻，这就打通了一条从浦市到北京的商业大道，我们称之为“栋梁之路”①。有一段时间，我们通过微信推介这条栋梁之路，通过面对面交往讲述这段故事，这给当地人带来了极大自信。许多当地人与我们建立了朋友关系，愿意来听我们讲述的这段动人故事。我们对浦市传统龙舟的介绍，首先是从我们与当地人建立的良好互信关系起步的。这是当地人对我们的信任，相信我们的田野调查对他们是非常有用的，我们的田野才更加顺利。我们的研究团队在浦市开展调查的人数最多的时候是 30 多人，可是并没有因为这么多的调查人员而给当地人带来“打扰”，这也是大家信任我们的缘故。

有关目标成果与过程成果结合运用，在浦市田野中也仅仅是初步的，相关结论与认识都只是一种经验性的。我们希望在未来不同类型的田野研

---

① 谭必友，田燕，洪文雄．我在浦市读女神——熤园学人田野考察行记［M］．煤炭工业出版社，2017：41-44.

究基地中，探索更多的运用模式。2018 年，我们团队已在巴基斯坦旁遮普大学建立了“南亚田野基地”，我们怎样在“一带一路”背景下去处理目标成果与过程成果之间的关系？又怎样去定位两者各自的地位与作用？这都是我们倡导的田野中国学必须去探索的问题。

五、从费孝通的《桂行通讯》到《我在浦市读女神》

过程成果的概念及其运用，似乎是我们的发明。但是，如果真正地关注“创知致用合一”的田野研究，这个问题就有其历史渊源了。费孝通早在 80 年前就对此十分注意，并充分利用当时的传媒条件加以探索实践了。或者说，我们利用田野中国学这个概念所要探讨的主要问题，早在费孝通的年轻时代，就已经形成了比较完整的认识，只是他十分谦虚，没有提出这样的学科主张，而是用“人民的人类学”加以笼统地概括了。费先生的“人民的人类学”正是田野中国学的前身。从费孝通的“人民的人类学”到“田野中国学”，中间只差一个“文化能量及其释放”理论作为桥梁。当今时代的学者在研究费孝通学术理论的时候，都注重他的《江村经济》《乡土中国》等等。但对于费孝通早期所写的两组田野调查《通讯》却甚少人讨论。第一组是《桂行通讯》，第二组是《江村通讯》。下面对这两组通讯做一些介绍。

1935 年 8 月，费孝通与前妻王同惠女士由广西省政府安排对该省少数民族情况开始调查。9 月 18 日，他们抵达南宁，10 月 10 日，他们来到象县。10 月 18 日到达六巷，住进瑶族同胞家里，开始对瑶族进行正式的调查。王同惠留在村里进行花篮瑶社会组织的研究，费孝通则访问附近各村，进行人体测量。到 12 月 1 6 日，发生了意想不到的事件，王同惠不幸去世，整个调查被突然中断。这期间他们对大瑶山做了 60 天的调查。[①] 这

① 丁元竹. 农村社区研究：由简单到复杂的社会结构探索（上）——费孝通三十年代农村调查的理论与方法述评［J］. 农村经济与社会，1992（3）：49-57.

次调查开启了未来中国社区研究的先河。

这次大瑶山调查，实际在田野点的调查时间只有60天，前往大瑶山的路上另有40多天，前后总共100多天。从9月18日写作第一篇《桂行通讯》起，到结束整个行程，费孝通与王同惠一起，他们的《桂行通讯》共写作了20多篇通讯，6万余字。内容涉及很多方面。这些通讯在1936年4—6月期间通过《天津益世报》陆续刊登出来。我们仅仅看看标题，就可知其一斑：《到南宁去》《到大麻村去》《广西省人种及特种民族社会组织及其他文化特性研究计划》《在特种教育师资训练所》《过柳州》《在象县》《百丈村》《入瑶山》《王桑三日》……其实就是简单地把沿途见闻与思考用最简洁的文字报道下来，不做多少理论思考。这种通讯，正像我们后来的田野调查笔记与调查日记。然而，这些文章的价值绝非普通意义上的笔记与日记。

《桂行通讯》的发表，在同行中产生了良好效应，对作者也是一次很大的鼓励。因此，不久之后，作者开展江苏开弦弓村调查的时候，再次在田野过程中及时发表了一组《江村通讯》的文章，其文章形式与《桂行通讯》大致一致。他当时对写作的动机作了交代："在离开北平的时候，我允许社会研究社的朋友们，继续我的《桂行通讯》，来写《江村通讯》。在这种通讯的方式中，我们可以记述种种个人的经验和遭遇及一切未确立的假设和事实。这一类记述在正式的专刊中是没有位置的，但是对于其他想做同样工作的人，有时却有不少帮忙的地方。还有一点就是朋友们大家关心着一个在实地研究的工作人员，这种通讯正可使他们获得希望着的消息，同时亦可以受到一些劳动力工作的刺激。所以我允许继续写江村通讯。"① 是的，这种通讯在正式的专刊中没有位置，换句换说，就是得不到"研究成果"的认定，没有很大的学术价值。但它们对研究者本人来说，却可以：(1)"记述种种个人的经验和遭遇及一切未确立的假设和事实"；(2) 对其他同行也有帮助。费孝通先生当时就大力提倡田野调查研究的致用性，我想他虽然没有把田野调查通讯明确提高到"致用"的高度，但他的探索目标却是朝着这个方向努力的。事实上也是，正是他发表了这两组

① 费孝通．费孝通全集第一卷［M］．内蒙古人民出版社，2009：456.

通讯，提高了人们对他的田野点的高度关注。

这两组田野调查《通讯》在当时并没有产生什么特殊的影响，在未来漫长的历史中，也几乎很少有学者加以评论。但是，站在今天的田野中国学的角度来看，这差不多就是最早的田野调查过程成果创作探索了。这些通讯即过程成果的最大价值不在于其理论意义，尽管其学术价值也是不可评估的，比如费孝通关于瑶族人体格测量的资料后来全部丢失了，但有关体格测量引发的学术思考，却在这个通讯中还能找到蛛丝马迹。这两组通讯灌注了中国学者对田野调查研究的致用性的最初思考，也是影响着未来几十年的思考。从这一点来说，它们对学科史的影响是巨大的，无与伦比的。

当我们在浦市推行过程成果书写的时候，我们并不知道费孝通在八十多年前所做的这样的前期探索。我们在完成对浦市田野所做的第一期田野调查，并将我们的过程成果编辑成《我在浦市读女神：熠园学人田野考察行记》（以下简称《读女神》）予以公开出版之后，在我们着手对浦市田野进行系统反思的时候，我们才发现了费孝通的两组田野《通讯》。表面上来看，从费孝通的两组田野《通讯》到我们熠园团队的《读女神》纯粹是巧合。但从学理来说，这里面也有一定的发展逻辑。因为当我们强调田野学术研究的“创知与致用”相统一的时候，也就是费孝通倡导的“求知”与“致富”相统一的时候，我们就有了一种动力去谋求田野调查与当地居民福祉的统一。这个时候，发展出一种对当地居民福祉有极大影响的成果形式，就成为必然的趋势。所以，从田野《通讯》到《读女神》就有了前后继承与发展的内在合理性。从浦市田野反思中所凝练出的“过程成果”与“目标成果”概念，是田野中国学作为一门学科的必然结论。

本章小结　过程成果不是独立的成果类型

田野中国学在对浦市田野反思的基础上，对学术研究成果进行了重新分类，划分出“目标成果”与“过程成果”两种类型。这两种类型并不是什么新的学术体裁，而是对我们在田野中的不同阶段所创作的不同体裁的作品按照成果的不同服务对象进行的新分类。这两类成果应该是相辅相成的，特别是过程成果，不应该作为独立的类型，必须是以目标成果为基础为方向，以当地人的福祉为目的所创作的作品，才具有过程成果的品质。而这些过程成果当其形成一定的体系并有了相应传播之后，它就会实现其预期的目标，即同时服务目标成果与当地人的福祉。过程成果具有自己独特的个性，与普通意义上的通讯、文学作品、日记等有着本质的区别，并不是所有人在田野基地所创作的各种作品都足以认定为田野调查的过程成果的。我们凝练出的这种成果分类及我们的运用实践，也并不完全是我们的独立发明。在八十多年以前，费孝通即在自己的广西大瑶山调查与江村调查中，都已做过充分的实践。尽管他没有提出我们今天这样的主张，但他所做的实践与探索，对于田野中国学的过程成果所需要的要素却做了前期铺垫，并形成了一定的规范，这是田野中国学的先声，也是我们今天提出田野中国学的学理基础。没有费孝通的前期探索，我们今天的概念反思还需要费更多的周折，就需要做更多的探索，总结更多的经验，才能在学术上达成一定的共识。

附：过程成果创作及运用笔谈

（一）“过程成果”写作要求谈

——以参与撰写“南亚田野”为例

程林盛

田野中国学研究是目前学术界出现的新名词，从新名词、新研究、新体系到新学科，需要付出艰辛的努力。关于田野中国学研究成果的界定是本研究的主要问题之一，尤其是在努力塑造其成为学科的过程中，在现行学科认定体系下，我们需要对田野中国学研究成果予以明确。谭必友教授将田野中国学的研究成果划分为过程成果和目标成果，本文旨在结合笔者撰写“南亚田野”的经历①，对过程成果的写作要求进行讨论。

过程成果，顾名思义，就是产生于田野调查过程中的各类成果，它是形成目标成果的基础，但又一定程度地独立于目标成果。过程成果是由参与田野研究的作者在田野调查的过程中围绕调查目标而撰写的过程性稿件，因其是作者边思考边田野边写作的成果，保留了田野过程中的粗朴形式。它不是最终的研究成果，但在田野过程中，它可以作为独立成果通过自媒体平台以及传统纸媒等一切媒介（体）发表出来以实现其价值和影响力。

一、真实性

过程成果的记述应当是真实发生的事件或真实事情。过程成果的创作是基于田野作者的亲身经历，这些经历必须具备真实性，不能虚构或捏造，否则会对田野地的当地人或未来的目标研究成果造成伤害，并进而冲淡研究的准确性。在田野基地里，或许我们面对不同的被调查者所获得的结果有差异，但应当基于真实而多样呈现。这里的“真实”是基于田野调查所获得事情的真实，当然调查者也有义务根据自己的标准去判断这个“真实”，这个判断标准或过程可以呈现在过程成果中。如在南亚田野中记述的“‘医’在巴基斯坦”一文，该文中提到了在巴基斯坦公立医院就医的免费性，这段经历是我和朋友的亲身经历，我如实记述了我们的经历和了解，将其作为巴基斯坦的一种情况呈现出来。该文受到其他同学的质疑，事实上，出于更完整全面地体现田野过程成果，质疑的同学应当进一步将自己的质疑与经历写下来，然后通过不同作者对同一（或同类）事件的记述，请读者了解田野地的不同差异，并进而呈现其复杂性和多样性，使这些不同“真实”在对比中进一步提升，并诱发调查者去思考为何不同、如何回答不同等更深层次的问题，这些问题的回答可以促进目标成果的产生。

---

① 南亚田野是由东北大学民族学研究院谭必友教授组织的田野调查。谭必友教授希望把在浦市开展的基地式田野模式，在“一带一路”沿线进行新的实践。2018 年 3 月，谭必友教授首次访问巴基斯坦旁遮普大学，并与旁遮普大学签订了联合培养博士学位项目协议，同时在旁遮普大学建立了南亚田野基地。由教授与一批博士生组成的课题组，开始了南亚田野的调查与书写。

二、及时性

过程成果是产生于田野作者研究的田野过程之中，要利用田野作业的间隙将这些调查研究心得记录下来并及时发表出来，分享于读者。通过及时有效的发布，使得研究者的研究心得被别人关注，并将田野地推荐到读者面前，提高田野地的知名度，为田野地做一些力所能及的贡献。巴基斯坦在国人心目中，一般是有既定印象的，包括我本人在赴巴之前也受到很多既定印象的影响，但当我真正地踏在巴基斯坦土地上时，当经历过一个生活周期后，会发现巴基斯坦并不是我们过去既定印象所表述的样子，它本身有自己的特点。当我们的南亚田野过程成果接续呈现在微信公众号上时，我们对巴基斯坦生活点滴的记述成为改变大多数读者印象的源泉，甚至有的读者迫不及待地留言希望了解更多情况，督促我们不断写作和发表过程成果。将我们在田野中的所见所闻及时记录并发表出来，对读者是履行一种义务，对作者则是一种历练。及时地记述和发表，可以吸引一批读者变为忠实“粉丝”，这样可以稳定我们微信公众号平台的读者群体，进而可以通过这些读者群体扩大过程成果的影响力，为“创知致用”扩大“市场”、稳定“顾客”。

三、相关性

过程成果不是独立存在的，它是配合目标成果而产生和存在的。没有目标成果作为研究目标，过程成果就会变得零散和随意，这对田野学术研究是没有好处的。学术研究有其终极目标——目标成果，过程成果与目标成果之间要存在相关性。二者不是整体与部分的关系，而是有相关性联系的关系。过程成果可以作为目标成果产生的基础和证物，但过程成果不是田野调查所得证物的原形再现，而是经过研究者的创作后生成的非目标成果，其中融入了研究者的智慧与思考。过程成果的特征与目标不能脱离于目标成果，它应当服务于目标成果。当然过程成果经过再加工、再处理后是可以作为目标成果的组成部分的。之所以可以作为其组成部分，就是因为二者之间存在相关性。过程成果与目标成果的相关性体现在二者共同作为田野中国学学科研究成果的一致性上，过程成果是形成于目标成果形成的过程之中，特别是形成于田野工作者为达致目标成果而进行的田野作业的过程之中的。研究者在田野作业中将自己从事田野的一切见闻与所想、所思通过文字、影视、微视频等形式记录下来并在相应的自媒体或其他公共媒体平台上予以公开发布，以求得社会大众的阅读与关注。而这些过程成果也将使得这些读者将来有机会读到目标成果，并更容易理解目标成果，以体现二者的相关性。

四、可读性

过程成果面向的读者群体有比较多的层次，不一定都是学术研究者，另外，过程成果还面临着推广田野点的责任，希望田野工作者的过程成果能够造福于当地民众。同时，过程成果被相关媒体平台发布出来以后，还需要依靠当地民众极力转发、分享，通过这种新型媒体的传播功能扩大影响力。这个时候就需要这些成果在某种程度上符合传播的条件，如易懂、简洁、可视等等。因此，我们在田野中形成的过程成果也应该多样化，即内容和形式上呈现多种样态，且坚持易懂、简洁的原则，也可以适当录制一些短视频资料并配以文字说明，以直观地呈现田野点的影像形态。这种记录及其发布的先后顺序，一定程度上也反映和记录了作者思考与研究的过程，对于研究者对学界贡献新知、推荐田野点并进而造福于田野点及其住民会起到循序渐进的作用，因为过程成果的展现，一定程度上遵循着人类认知由易到难、由浅入深的自然规律。过程成果的写作遵循这一规律有利于读者的阅读和理解。

以上四点是笔者在撰写过程成果时感受到的几点有利于规范写作的要求，供大家参考、讨论。

（作者为旁遮普大学—东北大学秦皇岛分校联合学位 2018 级历史学博士生）

（二）过程成果能否成为人文社科的"基本法则"？

——基于《南亚田野》微信文章写作的经验

田雪枫

在2017年从中国地质大学毕业进入熤园（最初的实体单位属于湖南师范大学民族学与人类学研究中心，由认可熤园章程，并加入微信群的师友们组成）学习后，曾跟随谭必友教授下到湘西腊尔山与浦市开始田野调查，也是从那时开始才第一次接触到"田野调查"这一研究方法。从教育经济与管理专业毕业，我对于"田野调查"有熟悉感，因为无论是教育学，还是教育管理学，观察法都是最为基础与普遍的方法，也是最容易出成果的研究方法。观察法的威力在于完全的一手材料，直观的描写与主观的思维相结合，自然而然就与别人大不相同。

我的硕士学位论文大量使用了观察法，获取了新材料，结合了当时还不完全深刻的主观思维，顺利通过了查重与答辩。因此第一次了解到熤园的基本理念后就非常认同。但实际上，田野调查法不是一种简单的观察法，还包括了访谈、问卷、测量、实验等多种研究方法，因此观察法并不等于田野调查法，田野调查法中包含了观察法的基本精神。

在田野调查中，谭教授以熤园思维指导我与当时三到四位硕士师弟师妹们，随着不断学习与摸索，先后学习了如何进行田野调查，如何搜集整理田野调查中的材料，如何写作微信文章。熤园也在此过程中更新了章程，并以更加成熟的逻辑系统思维，提出了过程性成果。尽管这种说法是否经得起推敲还有待进一步验证，但这可以说是所有现在或曾经的熤园师友们，通过不断前行与摸索得来的宝贵财富。

由于东北大学秦皇岛分校与巴基斯坦旁遮普大学联合培养博士项目，包括我在内的第一批15名博士生要在旁遮普大学进行一年的学习，熤园在旁遮普大学建立了"南亚田野基地"。熤园基地式田野调查又有了一次跳跃式发展从而国际化了。尽管当时的硬件与软件条件都不似浦市或湘西基地那般成熟，但无论如何，这次尝试是熤园迈出的新一步，也是一大步，具有非同小可的意义。即使退一步而言，今后我们后面的师友们没有将拉合尔基地的调查延续下去，我们这一年所做的，也将成为未来专家学者们的研究材料。

新材料很多，这是我初到旁遮普大学占据头脑的第一想法。哲学、社会学、历史学等人文学科方面，国内研究还有大量空白与不当之处，尤其是教育学，几乎是空白。甚至是我所看到的计算机科学等理工科方面的书籍，也能找到一些与国内存在差异的地方。至于我走过、到过的每一个街道，每一次经历，都能非常明显地察觉到差异，与意识中的巴基斯坦及其国内亲朋好友们的主流印象结合并对比，强烈的反差感就促使我将这些差异写下来，放到我们的公众号上，这就是最初我写作“南亚田野”系列的动机。那么，能否在写作中运用文学因素？运用的限度在哪里？文中的思考为我带来了启发，我与当时在巴基斯坦的师友们，还针对这一问题进行了讨论。此后在写作中，我都在积极地尝试微信文章写作的不同思路。

而海外基地式的研究调查，我面临的一个难度就是背景知识的普及。就像历史系弗雷泽（Fraza）教授在谈及教我们中国学生时所面临的难题，“当我说到‘莫卧儿’一词时，我面对的是他们困惑的眼光，如何解释这一个我从来没有解释过的词，成为我教书以来第一次面对的挑战”。作为一名年近半百的老教授，Fraza 教授的解释是相当成功的，但我们在自我学习与完成课程之后，要写一些更为深入的微信文章时，Fraza 教授曾经所面临的问题也成为了我的问题，如何通过短短的千字解释“阿尤比亚国家公园”“苏里王朝”“哈拉帕文明”等，是我一直都没有很好解决的问题，希望后面的师友们能够注意到我所面临的问题。而我在“南亚田野”微信文章的写作中，由于时间较为仓促，也没有使用到数学工具来证实一些情况，这也是比较遗憾的一点。

以吾之愚见，当前中国的教育学逐步开始立足本土，朝向中国特色化发展，例如“双一流”大学建设，对学科设置的探讨，课堂教学的实践，都有利于未来中国教育学的进一步发展，这是十分值得肯定的。而过程性成果源于实践，“先做后有”值得所有的人文类学科相关研究借鉴，而不仅限于教育学。从我硕士所学的专业角度出发，很多相关研究不仅需要大量的“过程成果”作支撑，证实预定的假设情况；而且将田野调查法、基地式田野调查法运用到研究中，能为其注入新的活力。

当今社会科技高速发展，信息的获取，物质的获得都变得非常迅速，人们已经习惯了这种快节奏的生活，当这种影响渗入学术调查与研究活动，人们对于研究成果的获取，可能会变得缺乏耐心。就像我写“南亚田野”系列微信文章一样，若我没有亲自走过、看过、问过，没有经历过这么一个过程，那么文章一定是缺乏可信度的。

（作者为旁遮普大学—东北大学秦皇岛分校联合学位2018级历史学博士生）

（三）田野中国学过程成果写作与微信公众号

马　征

田野中国学，顾名思义，是一门专门针对中国多元文化，进行除经典典籍以外的民间民俗文化全方位研究的学问。这与现阶段学术界大行其道的、针对所谓“国学”进行的经史子集等经典典籍研究有着显著的区别。

同时，更大的不同实际上在于它的研究方法。传统的学术研究，对于研究成果的要求仅限于最后的学术论文、专著等所谓的目标成果，目标成果往往需要长时间的材料积累与研究分析后，才可以产出一篇总结性的学术文本。这种研究成果生产模式成为现代社会科学研究生产的主要模式。但是这种针对材料的总分析式的研究，会忽略大量的针对文化的“第一映像”，特别是研究者本身作为跨文化观察者在首次进入新的文化场域时所受到的文化冲击与文化震撼。这种文化冲击与文化震撼的“第一映像”，本可以为所研究的文化场域形成极其鲜明的文化特征，但由于传统研究方法是在研究者已经适应并参与观察之后进行的总分析，这些最鲜明的“第一映像”便被忽略了。

其次，马林诺夫斯基的日记中针对研究对象大量的诋毁与谩骂以及凸现出他强烈的文化不适，也证明了研究者在田野调查的最终研究成果形成时，会有大量的针对真实田野材料的“再加工”，使得被研究文化形态最终以一种“研究文本”被展现，而非真实文化形态本身的样貌。

再次，在当今信息时代与全球化浪潮深入影响的文化环境中，许多研究者实际上是在对所研究的多元文化形态进行着消亡前固化甚至消亡后唤醒的“抢救式研究”。这就要求研究者研究行为与研究成果除以往的在学术领域有所贡献以外，还要有着广泛的社会影响力，特别是在被研究文化场域内，引起文化自我觉醒的互动与回应。这一目标首先是以往传统的学术语言式的研究成果无法达成的，同时也是仅用一篇总结性目标成果远远不够甚至来不及的——可能在研究者长时间深度研究并形成了很好的目标成果之后，被研究文化场域内的多种文化样态早已消亡了。

因此，这就需要研究者在进行深度的严谨的学术研究的同时，借助可以扩大最广泛社会影响力的平台，对所研究文化场域，形成多产的并不一定完全符合学术规范的浅显易懂可以引起社会回响的阶段性“过程成果”。

这种“过程成果”的研究方式，并非民族学或人类学学者首创，实际上早在20世纪30年代，一些从事民间文化及少数民族文化研究的学者或艺术家就已经开始践行这种“过程成果”的研究方式，虽不成系统，或实际上最终没能产生严谨的目标成果，但他们的研究实践，已经为我们当今的民族学研究者们系统化总结与提炼“过程研究”的研究方法提供了最早的理论支持。

这些早期朴素的研究者或艺术家中，最值得称道的是“西部歌王”王洛宾，他终其一生投身于民间音乐文化特别是少数民族音乐文化的收集与整理，抢救性地发掘了无数经典民歌，并通过他的演绎借助音乐与报刊的平台，将所研究文化场域的音乐文化形态的社会影响力扩展到最大，不仅向其他多元文化下的普通大众做了最大程度的介绍，更唤醒了被研究音乐文化本身的重视，使得被研究文化重新具备极其旺盛的生命力。

在当时的传播环境中，音乐演唱与报刊，是最具社会影响力的传播方式，因此王洛宾借助这一平台，可以形成最具时效性与影响力的社会传播。但在科学技术不断发展的今天，大众化的传播方式与传播平台也已经发生了巨大的改变。同时，由于所研究文化样态的不同，非音乐或非艺术型的文化样态也难以通过演绎等表演性的展示形式来获得传播，这就要求我们现今的研究者找到一个最适合的传播平台。

在我们对“过程成果”不断研究与实践的过程中我们发现，微信公众号这一平台具备我们想要达成的时效性文化传播、社会影响力扩散、学术界互动与广泛思考、大量发表、成果形成与阅读门槛双低等多重价值，是我们在现阶段实现“过程成果”这一研究思路的理想平台。

（作者为旁遮普大学—东北大学秦皇岛分校联合学位2018级历史学博士生）

（四）田野“过程成果”是否应及时公开以保证“原创性”？

——以参与撰写“浦市韵味”为例

范杨阳

近几年来，随着各高校对论文写作重复率的要求一再严格，对于许多应届毕业生来说，如何对论文进行降重便成了论文写作过程的一大难题。笔者在进行“浦市韵味”系列文章写作过程中，也产生了些许顾虑与疑惑：我们作为田野工作者，同时也作为高校即将毕业的学子，在田野中所获取的“过程成果”在日后也会运用于毕业论文当中，我们是否应当及时通过互联网写作的方式公之于众？公开之后，对于部分即将毕业学子的后续写作而言，是否会产生一些我们无法预料的结果？笔者希望通过本文来抛出议题供读者们讨论。

什么是过程成果？过程成果是“产生于田野调查过程中的各类成果，是形成目标成果的基础，但在一定程度上独立于目标成果。”在这里笔者需要补充的一点是，什么是“产生于田野调查过程中的成果”：在田野调查过程中，具有明显地方特色的文化现象，常常就环绕在我们身边，而这时如何运用我们专业的田野调查方法与敏锐观察力来发现这些现象，并且将它背后的文化意义挖掘出来，通过学术性书写手法又或者是通俗易懂的故事性描写的方式，将这些成果整理成文抑或是用更直观的新媒体内容来呈现给大众，展现出这些文化现象所具有的独特社会价值。

而现今也有许多我们所熟知的院校尝试将田野过程性成果通过“田野日记”或者“田野故事”的方式编辑成书籍，向学界内外的人士讲述田野工作者在作为观察者之外的更自我的一部分体验与感悟。

熤园就曾尝试过这样的手法，运用了影视手法拍摄出浦市龙舟节盛况，也相继出版了《我在浦市读女神》这类用于记录田野过程性成果的书籍，在向外界传输浦市地方文化的同时，也在表述写作者在田野调查过程中最具自我性的独特观察视角与个性化的关注点。再例如 2017 年间，学界中出现了两本有趣的田野故事型书籍——《北冥有鱼》与《我在现场》，记录了数名人类学学者们在田野中真实的自我感受、田野自我身份的矛盾性与部分自我“吐槽”性的叙事。可以说，通过如此生活“贴近式”写作方式被我们所知的过程成果，既是“产生性”的，同时也是“后觉性”的。而这种“后觉性”就是困惑笔者的所在之处。

笔者在浦市进行民众日常饮食类相关话题的搜集过程中，发现对于饮食文化的记载资料极少，尽管在近几年来有许多文献会少部分涉及，但对于这些现象背后的人群关注几乎是零。这便让笔者从田野视域回到日常写作视域时，产生了“后觉性”：“这个领域的资料还很少，那我是否应该把这些本想作为自己目标成果的发现及时通过新媒体的方式公之于众？我如何保证自己的目标成果在接下来的漫长写作过程中的原创性？”

而这大概也是我们在表述过程成果时，笔者对于如何保证目标成果“原创性”的疑虑。经过咨询才发现，我的顾虑是多余的。查重过程中，系统会自动识别哪些文字是作者本人已经发表的成果，在计算重复文字时，系统会将原本属于作者本人的文字扣除掉，这样不会影响论文查重比例。明白了这个原理，我们发表过程成果时，就有了清晰界限了。如果在微信公众号上发表成果，一定要注意申明作品的原创性，这样才可以保护自己的作品不会被盗用。

（作者为湖南师范大学 2020 届人类学硕士）

第六章 中国古代创知致用田野范式及其贡献：以严如熤为观察中心

一、论题及相关概念

近30年来，随着田野调查学科走进越来越多的中国大学，成为培养人才的重要课程，其学科前史讨论也成为热门话题，与田野调查有关的历史得到了比较广泛的普及。时至今日，6个字段的“田野调查方法”“田野工作方法”也逐步缩写为“田野方法”或“田野”等4字甚至2字字段，这表明这个研究方法已经有了很广泛的普及程度。在中国大学的专业教学中，有一个自始至今的共识，这个研究方法是从西方引进来的学术研究方法①。学者们也普遍承认，中国古代有很多民族学资料，是根据作者的调查写成的。但这些调查，“主要目的往往是为了验证史籍记载的正确性”。② 把这个思想转换一下，大约是：中国古代民族资料是丰富的，但是调查方法还不够民族学。进而，在判断当代相关学科的田野研究学术成果时，比如人类学，就会按照所谓西方人类学的标准加以衡量，判断其是否正宗。那么，今天中国大学里相关学科所盛行的田野调查学术研究范式是否真的完全来自欧美，还是

① 何星亮. 文化人类学田野调查的特点、原则与类型［J］. 云南民族大学学报，2014（4）：18-25.

② 王建民. 中国民族学史［M］. 云南教育出版社，1997：45.

自始是受到了中国传统的影响、至今才发生了变化？如果受到了中国传统的影响，那么这种传统又是一种什么样的传统？这种传统在多大程度上影响了今天的田野调查学科？我们应该怎样重新审视我国传统的田野调查理论与方法？这些传统对于我们今天重建田野中国学又有着怎样的意义？

为了更好地展开本文叙述，首先界定下面三个概念。

（一）田野调查学科

建立在田野调查基础上的学科主要有民族学、社会学、人类学、民俗学、语言学、考古学、方志学等，随着人类学的扩展，甚至现代一些艺术学科也大量采用田野方法，比如艺术人类学等。但把田野调查作为专门的方法加以发展的主要是民族学、社会学、人类学、民俗学、方志学等五门学科。我国当前的学科分类中，民族学、社会学为一级学科，人类学与民俗学是社会学一级学科下的二级学科，而方志学则属于历史地理学科中的一门专业课程而已，并没有成为一门学科，也就是说只有教学、没有专业培养。本文所言田野调查学术系谱或学科，如无专门指称，主要是指这五门学科。如涉及具体问题，则用专门名称加以指称。历史上，这五门学科在开展田野调查时采用的方法及所讨论的问题，都大致相同，由于国别不同，分别采用了不同的学科名词。可以说，这些学科大都是通过田野调查逐步形成并完善了自己的学术体系。反过来，这些学科在逐步完善的过程中，也在不断完善自己的田野调查理论与方法。

（二）清中期

主要是指清代乾隆中后期至道光时期，这个时期不到100年，正值西历1795年前后50年，即1745—1845年期间。因为这个时段是欧洲学术从近代启蒙学术向现代学术转型期。福柯认为，1795年前后的知识波动产生了现代形式的诸人文学科。① 同时，这个时段也是中国学术从古代向近代

① 马克·戈尔迪、罗伯特·沃克勒. 剑桥十八世纪政治思想史［M］. 商务印书馆，2017：655.

转型的前夜，严如熤生平活动大致在这一时段之内。本章通过把严如熤的田野调查研究放在这一个时段上的世界田野学术系谱中加以审视，揭示中西方田野调查学科的不同发展轨迹及其未来的交叉融合，从而为中国传统的田野研究理论与方法及其实践，给予恰如其分的学术定位，促进中国田野调查传统更好地为当今世界田野调查学科贡献自己的学术智慧。今天学界判断中国古代有田野无学术的结论，所采用的常用方法，是将古代中国的田野调查与现代西方采用的田野调查进行比较，从而断定古代中国的田野调查处于萌芽状态。这是一种似是而非的逻辑类比方法。能够接近真相的方法，是将古代的中国与同时期的西方同类学科进行比较，并观察未来发展各自走了什么样的道路，从中寻找学术发展的规律，这样才能尽可能地从中西方学科史中找到我们今天的道路。

（三）世界田野调查学术系谱

笔者认为，无论中西，田野调查研究虽各有道路，各有不同的关注主题，但在这个时段上，都出现了实质性进展，中西方的学术共同构成了世界上多姿多态的田野调查研究学术活动，形成了多线条多横切面的学术进展。因此，我们用学术系谱对这一时期加以概括。当然，也有学者认为，西方的民族学或人类学意义上的田野调查，要首推1898年哈登组织的托雷斯海峡探险活动。① 但因为欧洲早期的探险及旅行文学都是利用田野考察获得第一手材料，我们将这些活动视为欧洲早期的田野调查。

二、严如熤田野调查总体述评

严如熤在当前的国内学术界并不起眼。他是何许人？追溯起来，他仅仅是一位由民办教师起家的官员型学者。他被当代学术界重视，首先来自

① ［挪威］弗雷德里克·巴特等著，高丙中等译．人类学的四大传统——英国、德国、法国和美国的人类学［M］．商务印书馆，2008：17-18.

国内少数民族史的研究，特别是研究湘西苗族、民族风俗，都必须阅读严如熤的《苗防备览》一书①。美国费正清主持的《剑桥中国晚清史》一书中，严如熤被置于中国历史转型的比较重要的位置，“湖南学者严如熤（1759—1826 年）……变成了十九世纪初年经世致用论最有影响的积极分子之一……这种清教主义的寻根究底的精神，与严如熤的行动主义和实用之学合在一起，变成了唐鉴最著名的学生曾国藩的思想的基础”②。从此他的学术地位得到了新的理解。其后，来自国内外的中国少数民族史与方志学研究，他都是一位无法绕过去的人物，因而得到国内外相当多的学者引述③。台湾辅仁大学历史学教授米·丹尼以严如熤为题写作的论文获得了博士学位。④ 最近十来年，开展民族学、人类学研究的学者，也开始大量引用严如熤的著述，严如熤始得到比较全面的评介⑤。

严如熤出生于乾隆二十四年（1759），死于道光六年（1826），享年 68 岁。他的生活经历主要在西历 1795 年前后，清代乾隆后期至道光时期，身处中西学术转型的关键时期。严如熤是湖南溆浦县人，乾隆四十九年（1784）就学于岳麓书院，在此前后学习了 6 年，为书院山长罗典的得意

① 早期有李景林的《从〈三省边防备览〉一书看十八世纪至十九世纪二十年代陕川鄂三省交界地区社会关系的一些特点》，载《史学集刊》1956 年第 1 期。周春元的《〈苗防备览〉提要和整理意义》，载《史学史研究》1984 年第 4 期。

② （美）费正清. 剑桥中国晚清史［M］. 北京：中国社会科学出版社，1985：166-169.

③ 主要有蓝勇的《严如熤及其经世文献的价值》（清史研究，1996 年第 4 期）；谭必友的《清代湘西苗疆多民族社区的近代重构》（民族出版社，2007）；冯岁平的《严如熤年谱》（载冯岁平《发现汉中》，华夏出版社 2008 年，第 357-371 页）；辛德勇的《〈三省山内道路考〉的发现及其价值——并论严如熤之入仕与相关著述产生的因缘》（《版本目录学研究》集刊，北京图书馆出版社，2014：173-212）。

④ 米·丹妮. *Restoring the Garden: Yan Ruyi and the Civilizing of China's Internal Frontiers*, 1795—1895, DISSERTATION Submitted partial satisfaction of the requirements for the degree of DOCTOR OF PHILOSOPHY in History in the OFFICE OF GRADUATE STUDIES of the UNIVERSITY OF CALIFORNIA, 1999. 米·丹妮教授后来还有大量与严如熤有关的著作出版，在严如熤研究方面做出了重要贡献。

⑤ 这些学者中尤以李汉林、张振兴以《“田野派学者”严如熤》（吉首大学学报 2012 年第 5 期）为标志的系列论文；唐景珏以《严如熤其人及其作品研究综述》（安康学院学报 2013 年第 1 期）为标志的系列论文引人注目，唐景珏是目前国内发表有关严如熤研究论文最多的学者。罗康隆、张振兴等人都有专著或论文，另有一批年轻的学者以严如熤为题，写作了一批硕士学位论文。

门生。① 罗典是朝廷退休官员，他因主持岳麓书院 27 年，倡导实用之学，为湖湘经世之学的兴起奠定了基础。罗典受到湖湘子弟的推崇，视为一代宗师。严如熤在岳麓书院读书期间，深得湖南学使张姚成的赏识，称赞严如熤“为经世才”。乾隆五十四年（1789）在张姚成的推荐下，严如熤被选拔为优贡生，贡入北京国子监学习。严氏青年时期好喝酒使剑，喜谈兵法，曾徒步荆襄，考察地理与古战场。因为科场不利，长期只能依靠私塾就馆、书院讲学谋生。回乡后主讲沅州府明山书院。明山书院由民间主办，官方也有一定支持，因此书院教师类似于今天的民办教师。

乾隆六十年（1795）正月，湖南贵州四川三省边界爆发了苗民起义，起义军很快攻占了湘西苗族大部分地区，前驱直指辰州府（府城在今沅陵县），常德湖北一带震动。按照属地管理的原则，湖南、湖北、贵州、四川等省长官有平息暴动之责。湖南巡抚姜晟寻访平苗幕僚，张姚成首推严如熤，这是严如熤人生的转折点。从此，他就与大清朝的“平乱”及底层社会重组紧密联系在一起。在平定苗民起义过程中，严如熤表现得十分出色。他得到了湖南巡抚姜晟与湖广总督毕沅的赏识，被两位官员委任了许多重要工作。他不但提出了大量可行的政策建议，而且亲自主持了绝大部分军务。在平定起义后，他又协助时任凤凰厅同知傅鼐开展苗族地区屯田运动，建筑边墙，这些举措很快稳定了局势，他的卓越见识与领导能力得到了姜晟及其他大小官员的一致肯定。因此，嘉庆四年（1799），嘉庆皇帝诏举孝廉方正，借此征集平定白莲教起义的方略，廷试一直到嘉庆五年（1800）才正式举行。严如熤得到姜晟（此时已经担任湖广总督）推荐参加策试，他提出的运用屯田、筑堡平定白莲教并重建陕西、四川、湖北交界地带的秦巴山区底层社会的建议得到嘉庆皇帝的赏识，拔为第一名。他得到了嘉庆皇帝封给他的知县官职，发往陕西候任，从此走上了仕途。在陕南（今汉中市、安康市一带），他将自己辅助傅鼐的社会治理措施，稍做变通加以再运用，为平定白莲教立下了首功。而且，为了进一步保证川陕豫三省边区安康富足，他举办了包括水利、工厂、学校、基层社会组织

① 严如熤．和秦竹浯岳麓众芳诗小引［A］．严如熤著，黄守红标点．严如熤集（一）［C］．岳麓书社，2013：84-85.

等在内的很多大型惠民工程。他的后半生二十多年，几乎都是在陕南（以在汉中时间最长）工作。从知县、知府，一直做到兵备道。道光六年(1826)，道光皇帝起用他担任陕西按察使，并作为后备巡抚人选加以任用，希望把他在陕南所积累的社会改造经验在全陕西推广，造福陕西人民。但天不假年，他刚上任不到7天就病死于任上。

严如熤的学术一直都是围绕他的工作展开的。从参与苗族地区治理开始，到后来自己担任地方官，他主要目标就是改造底层社会的组织结构。而他所工作的地区自古以来都是少数民族聚居区或者离大都市比较远的各省交界之地，又称边区。这些地方有着与中原不一样的社会状况，因此历史上可借鉴的社会治理经验远远不够，需要他从实地调查中找到新的应对方案。严如熤的社会调查就是在这样的背景下展开的。

从乾隆六十年（1795）到嘉庆四年（1799），他在苗族地区开展田野调查的时间超过4年有余，写出了一系列著作，内容涉及苗族社会的方方面面。这些著作后来分别收录进《苗防备览》《乐园文钞》《浦防紀略》等书中。特别是《苗防备览》一书，是一部系统的田野调查著作，贯彻了严如熤的学术理论与治学方法，树立了嘉庆朝经世之学的新标杆，也为后来湖湘文化的兴盛奠定了基础。此书于嘉庆四年（1799）即已定稿，当年冬天，严如熤带着这部书稿随姜晟进京，参加孝廉方正策试。姜晟把书稿赠给当朝宰相（文华殿大学士）董诰审阅，得到董诰的高度赞许，认为这部书应该成为所有在苗族地区为官者的案头书。[①] 但由于严如熤随后孝廉策试中第一，立即赶往陕西候任知县去了。此后军务政务繁忙，没法顾及此书刊刻。直到二十多年后的嘉庆二十五年（1820年），此书才刊刻问世。此时严如熤已经62岁。

当他到达陕西候任知县后，首先是在汉中府协助各县官员组建团练、修堡寨，从这个时候开始，他将在苗族地区积累的田野调查经验与认识，运用到川陕楚三省边界地区的田野调查中。再后来，他又担任了兴安府旬阳县知县、汉中府定远厅同知等，使他有机会对这一带进行更加详细的调查。三省边界涵盖秦岭与大巴山脉，广袤千里，主要包括清代陕西的汉中

① 严如熤. 苗防备览·苗防备览引［M］. 绍义堂版，道光癸卯重镌，1b.

府、兴安府、商州，四川的保宁府、绥定府、夔州，湖北的郧阳府、宜昌府等地区的全部或部分区域，是清代流民的最大聚集地之一，是当时移民开发的理想之地。之所以称为“流民”，是因为这些移民没有稳定的定居地，流动性很大。每流动一地，即建一个棚屋作为暂时的栖所，所以又称棚民。由来自湖南湖北、江西安徽等地的移民组成的区域性社会，有着与苗族地区、与中原不一样的社会特点。[①] 在陕南为官二十余年，从最初的平定叛乱的需要，到后来治理底层社会的需要，围绕解决社会问题、推动底层社会朝着古老的儒家文化理想发展的愿景，严如熤对三省边区的田野调查也坚持了二十余年。调查期间，他写了大量调查报告，从风土人情，到地理、教育、军事、政治、经济，几乎涉及社会的方方面面。这些调查材料，最先写成《三省山内风土杂识》《三省山内道路考》等书，后被用于《汉南续修郡志》的修订工作。道光元年（1821）严如熤受朝廷之命，组织了一支由 7 名学者组成的田野调查队，对川陕鄂三省边区作了半年的实地调查。道光二年（1822），严如熤着手对 20 余年来所收集的调查材料做全面系统的整理，下一年书成，命名为《三省边防备览》。《三省边防备览》是在前面几部书的基础上，增加一些新的调查内容，精心整理而成。[②]

除以上著作外，严如熤还编辑了一部《洋防辑要》的书，这不是他的专著。有学者认为，《洋防辑要》是他协助当时两广总督那彦成筹备海防期间，从前人著作中选择史料纂集而成的一部书。[③] 其实，在他协助那彦成筹备海防期间，他并没有编辑《洋防辑要》一书。严如熤在协助那彦成期间，对广东福建两省海防做了深入调查，写作了一批著作。这些文章后来大多散逸，只有咸丰三年宋晋编辑的《乡守辑要》一书中收录了几篇，使后代读者还能够略知严如熤当年田野调查内容。这些文章分别是《沿海团练说》《严海禁固海岸法》《招练海滨义勇》《沿海筑碉堡说》《碉楼瞭望法》等等。[④] 这次沿海调查，内容翔实，为剿平海盗提出了一系列的策

---

① 严如熤．三省山内风土杂识［M］．张智编．《中国风土志丛刊》第 24 册，广陵书社，2003：58.

② 辛德勇．《三省山内道路考》的发现及其价值——并论严如熤之入仕与相关著述产生的因缘［J］．版本目录学研究（第五辑），2014：173-212.

③ 梁妮．严如熤与《洋防辑要》［D］．陕西师范大学硕士学位论文，2014.

④ 许乃钊．乡守辑要合钞［刻本］．道光二十九年.

略。而且这些策略还被后来者所认可所采用，说明这些调查确有成效。到了十年后，也就是嘉庆二十一年（1816），原陕西巡抚董教增调任广东巡抚，董教增对严如熤的《苗防备览》十分赏识，因此委托严如熤出面编辑一部《洋防备览》的书。[①] 严如熤是在这种情况下编辑《洋防辑要》的。当然，《洋防辑要》一书也是以他十年前所做的海防调查为基础的。

因此，他的田野调查并形成了著作的，有湖贵川边界的《苗防备览》、川陕鄂三省边界的《续修汉南郡志》与《三省边防备览》、广东福建沿海海防调查的《洋防辑要》等。他年轻时在荆襄一带开展的古战场人文地理田野调查，中年在华北平原所做的田野，以及晚年对陕西全省水利开展的调查，这三次调查并没有留下完整的著作。然而，就他对这两个边区的田野调查及其成果而言，他已经将中国传统的田野调查发展到一个新高度，并试图推动中国的底层社会朝着一个新方向发展。

三、清中期田野调查研究在中国的开展

在严如熤开展两个边区调查之前，中国的田野调查理论与方法，已经发展得比较成熟并产生了蔚为壮观的学术成果。

可以说，田野调查是中国最为古老的学术研究传统之一。这种治学方法发展到严如熤时代，已经积累了两千多年的历史。一些学者把中国古代的田野调查追溯到周代的“采风”活动，所谓“天子五年一巡狩，命大师陈诗以观民风”（《礼记·王制》）[②]。有学者在研究方志时提出，在方志起源时田野调查也产生了。方志起源于战国时代的《禹贡》一书，“《禹贡》记方域、地质、物产、贡赋、政治，实一人文地理也”[③]。有学者认为方志起源于汉代，汉代大一统之后，记载一些地方历史文化的书产生了，

① ［清］严如熤撰，黄守红标点．严如熤集［M］．长沙，岳麓书社，2013：268．
② 罗俊毅．西方田野反思与中国学术传统［J］．中国音乐学，2010（2）：62-64．
③ 傅振伦．中国方志学通论［M］．北京燕山出版社，1988：21．

那就是地志。也就是说，中国田野调查产生于汉代。[①] 有学者将田野调查上溯到司马迁写《史记》时代，认为司马迁写史记时，进行了大量田野调查，很多史料都是由他第一次发布，此前的古籍里面都没见过。司马迁在《史记》中多次提到自己开展的社会调查："适鲁，观仲尼庙堂车服礼器……""吾适丰沛，问其遗老。"[②] 无论哪一说，我们都可以断定，迟至汉初也就是公元前200年左右，田野调查方法已经得到了系统的运用。但这些是不是我们今天意义上的田野调查方法，还有待深入研究。从这些不同的观点中也可以看出，对中国传统的田野调查活动进行深入的学术史梳理，是一个重要的学术课题，关系到我们对田野调查这个科学研究方法的科学认识。

田野调查产生后，在地方志的撰修中得到最为广泛的运用与发展。而从汉初发展到清中期，其间近两千年之久。在这漫长的历史中，这些早期运用田野调查著书立说的方法，得到了发展与普及，其中运用最广泛的，主要是在地方志的撰修中。方志是记载一个地方历史文化的书，与史的区别在于，史是记载一个国家历史的，志只限于一个具体的行政辖区的记载。史更多地强调纵向的故事叙述，志则更多地强调横向的故事收集整理，清代章学诚总结为"史体纵看，志体横看"[③]。志体横看，就是重在对现实社会现象、地方文化的关注。而现实社会现象与地方文化一部分可以通过档案材料加以研究，但大部分必须通过田野调查来搜集资料。魏晋重视撰修方志，历经隋唐至宋代，方志初步定型。元明，撰修地方志的作者都十分重视田野调查，这是田野调查方法得到广泛运用的学术背景。那么，到了清中期，中国的田野调查发展到什么程度了呢？

首先，我们看看到了道光时代，到底生产了多少地方志。通过这个指标可以推测田野调查方法运用的频率与普及情况。因为魏晋以来，历代都重视修志，特别是宋代朝廷出台文件让各地修志，从而将地方志的撰修推向新高潮。可以说，元明清三朝方志，一朝比一朝修得起劲。古代到底撰

① 钱伟．"史志同源"等于否定方志学科——评《论史志同源及其他》［J］．中国地方志，2018（12）：38-43．

② 王子今．《史记》的文化发掘［M］．武汉：湖北人民出版社，1997：7-11．

③ 章学诚撰，叶瑛校注．文史通义校注（下）［M］．中华书局，1985：757．

修过多少部方志？恐怕已经无从准确统计了。只能就后代史料可以统计的加以推测，这个数量十分壮观。傅振伦先生曾经引用朱士嘉先生的统计数据称："宋元地志五百余种，今存宋二十一种，元八种。明前五百余种，今存三百八十七种。有清一代，集其大成，见存志书凡四千三百零三种，占全数五分之四。"① 这是民国初年学者们的不完全统计。而据黄燕生 1990 年统计，仅清代方志就有 5685 种②。自进入清代之后，朝廷对地方志的重视远超以前各代。朝廷为了纂修《大清一统志》，从康熙十一年，到道光年间，前后七次下令各地修地方志。目前还没有对清代地方志分年代统计。但估计至道光年间为止，所修地方志也占清代方志总数的七成以上，也就是说，到严如熤时代，仅清朝中前期已经产生了近 4000 部方志。这是一项浩大的文化工程。

其次，在广泛的方志撰修中到底有多少学者开展了田野调查？参与田野调查的学者规模是衡量学术兴衰的重要指标。每部方志撰修过程中会派出多少学者参与田野调查一直缺乏详细的记载。受到主修人员对方志框架的不同理解以及他们关注的现实问题的不同，撰修过程中采用的田野材料就存在很大区别，派出的"采访"或"搜集"人员也就多寡不一。所以，我们很难准确估计，从清太祖努尔哈赤到道光时期的近两百年中，为撰修方志，到底有多少学者参与过田野调查？好在有部分方志列出全部参编人员姓名，让我们据此可以稍做推测。我们以乾隆本《凤凰厅志》为例，凤凰厅地处苗族地区，全厅面积狭窄，人口不过数万，修志工程相对较小，以这部方志作为参照具有说服力。很幸运，这部方志列出了参编人员详细名单，其中"搜集"与"同搜集"两项任务，大约与田野调查相关。这两项工作人员共有 7 人。③ 我们可以试着做一些假设，就算是乾隆本《凤凰厅志》参与田野调查的人员是比较多的，那当时每部书平均至少有三名学者参与"搜集"，以此统计，整个清代中前期撰修 4000 部方志的过程中，也至少派出过上万名学者参与田野调查。这就是我们对发展到清代嘉道时

---

① 傅振伦. 中国方志学通论［M］. 北京燕山出版社，1988：79.

② 黄燕生. 清代方志的编修、类型和特点［J］. 史学史，1990（4）：67-74.

③ 潘曙，杨盛芳. 凤凰厅志（乾隆丁丑）［A］. 谭必友，贾仲益. 湘西苗疆珍稀民族史料集成［C］. 学苑出版社，2013 年.

期田野调查的一个最低估计。在这200来年的时间里，平均每年至少有50多位学者在田野中开展调查，形成了田野调查的学者群体，这估计是全世界仅见的一项学术壮举！

不仅形成了一定规模的学者群体，而且每个时代的一流学者都或多或少参与了田野调查，从而引发了学术争论。被认为是乾嘉时期泰斗级的学术大师，如戴震、章学诚、钱大昕、毕沅等人，都积极参与方志撰修，并对田野调查有过专门的论述。历史上还发生了戴章之争，但两人都强调田野调查的重要性，强调对现实民生的关注与调查。① 正是这些一流学者的参与，提升了田野调查的学术解释能力，使其能够获得更好发展。毕沅通过参与观察的方式，认识到对苗民也应该给予更多的人文关怀。②

第三，清中期学者对源远流长的田野调查活动所作的整理与创新。

中国古代田野调查虽然一直没有发展出专门的田野理论，但经验性的总结却一直都不间断，几乎每本书都提到一些经验性问题。可以说，到了宋代，对于田野调查经验就已经总结得十分到位了。宋代周应合参与《景定健康志》的撰修工作，他在《景定健康志·修志本末》一文中，对于方志的田野调查进行了总结：

> 三曰广搜访，纂修既欲其备，搜访不厌其详。自幕府以致县镇等官，自寓公以至诸乡士友，自戎帅以至将校，欲从阃府转牒取会。凡自古及今，有一事一物，一诗一文，得于记闻，当入图经者，不以早晚，不以多寡，各随所得，批报本局，以凭类聚考订增修。其有远近博物洽闻之士，能记古今事迹，有他人不知者，并请具述，从学校及诸县缴申。其阀阅子孙，能收上世家传行状墓志神道碑及所著书文，与先世所得御札、敕书、名贤往来书牍，并请录副申缴。其山巅水涯，古今高人逸士，有卓行而不求闻达者，亦请冥搜详述，以报本局。其有闻见最博，考证最精者，当议优崇。诸吏民父老中，有能记忆旧闻，关于图志者，并许具述实封投柜，柜置府门，三日一开类

① 沈乃文．戴震与方志及其手稿与胡适跋文［J］．清华大学学报，2009（3）：80-91．

② 谭必友．毕沅存其种类的民族思想及其影响［A］．蔡尚松．文化传播［C］．社会科学文献出版社，2018：125-154．

呈，其条具最多而事迹皆实者，当行犒赏①。

这里“广搜求”主要是指资料收集。有口述史料的收集，也有民间文献的收集，还有实地勘察。今天在大学讲解田野资料收集的时候，常常也遵循这个程式。

到了清中期，因为修志成为地方政府日常工作，章学诚已经明确建议，在政府机构里设立“志科”，这个“志科”是干什么的？他认为，主要是搜集资料的。志科官员的职责除了收集政府各种档案资料以外，也要通过自己的亲自参与，收录一些耳闻目见的实际社会生活材料。“宾兴乡饮，读法讲书，凡有举行，必书一时官秩及诸姓名，录其所闻所见可也。”② 这里强调了记录“所闻所见”的重要性。章学诚提出的“志科”没有得到政府最终认可，也就没有得到落实。但是把田野资料搜集提升为政府的日常工作的思想表明田野调查已成为学者心目中比较神圣的工作。

由于前期的大量反思与经验总结，田野调查方法发展到清中期已经逐步规范化了。这些规范化的方法在道光之后三十年左右的光绪初年时，大学者孙冶让将其整理成如下这段文字：

地志网罗文献，事该今古。稽古则专重考证，諏今则尤资采访。此次修志，议区分访、专访二项。如忠义、孝友、义行、列女，散处城乡，非一人耳目所能周悉，则由各乡绅耆分任采访，并准其家族及戚友等来局开报，庶几见闻较广，不至淹没遗漏。惟分任采访来局开报之人，务宜破除情面，秉公查核，不可徇私阿好，略涉夸饰，有乖公论。其邑志旧本，先哲遗书，金石文字及古迹冢墓等，则由局延请谙习掌故，见闻殚洽者一二人，专司其事，周历各乡，分别寻索。出门之日，由局交与簿摺收条，所到之处，遍询故家儒族，按所访条件逐事谘问。遇有家藏书籍，愿借入局者，即给与收条，携入行箧。其

① 周应合．修志本末（节录）[A]，王晓岩．历代名人论方志［C］．辽宁大学出版社，1986：209．

② 章学诚．文史通义·州县请立志科议（节录）［A］，王晓岩．历代名人论方志［C］．辽宁大学出版社，1986：204．

收藏珍秘，不肯远借者，即将书名、卷数、撰人姓名、时代，与书之抄刻完缺，前后有何序跋，记入册簿，他日由局酌量往录。其估计冢墓，凡有所闻，即开入手摺，查明年代地名，与县志同异，再亲自按地游历，悉心察核，以验其虚实。遇有金石碑碣，即应时摹拓，不及拓者，即节录其行款、文字大略，并将所在处所，详悉注记，以俟续拓。大抵出门采访，必以不畏劳、不惮烦为第一义。①

孙冶让把“采访”需要注意的事项罗列得很清楚。田野收集资料包括事迹、古籍、谱牒、碑刻、古迹、文物、风俗等。使用的方法包括“寻”“闻”“记”“问”“察”“游”等，已接近我们今天大学田野调查专业教学中所要讲授的学术规范。比如“逐事谘问”一项，相当于今天田野调查中的结构性或半结构性访谈法。当时的学者们关心的事到底有“哪些”？如能深入总结，我们也许还会有更多发现。

总之，到了清中期，已经形成人数众多的学者群体。他们在不同的学术宗师领导下，形成了不同的派别，相互之间展开了学术辩论，从而激发了学术研究的发展。传统的田野方法也在此时期形成了新的学术共识。中国的田野调查通过方志撰修，已经形成了一套比较完整的模式，方志撰修成为田野调查方法发展的载体。严如熤的田野调查正是在这种大的学术背景下产生，属于中国田野调查学术系谱上的有机发展。

四、严如熤对中国田野调查传统的继承与创新

在方志撰修所形成的田野调查热潮的背景下，严如熤的田野调查登场了。因方志撰修所积累所创新的一系列田野调查经验与学术共识及相关学术话语、他在岳麓书院接受的经世致用实学教育以及他年轻时在荆襄一带开展的田野调查实践，这种种背景都为他从事学术意义上的田野工作奠定

① 孙冶让. 瑞安县志局总例六条（节录）［A］. 王晓岩. 历代名人论方志［C］.（沈阳）辽宁大学出版社，1986：192.

了基础。他开展苗族地区调查及三省边区调查即是在这样的学术背景下展开并实现了系列创新。

（一）从官方组织的集体田野调查转型为学者个人的持续性田野调查

古代方志，绝大多数都是集体成果，由很多学者分工负责，共同完成。对于方志这样的著作，主要是反映一个时代的集体意识，反映社会的全貌。集体意识不强调创新，也要克服个性。因此，在开展方志田野时，集体调查比个人调查效率更高。但集体的田野调查在搜集故事方面，能力有余，但在形成理性知识方面会产生很大的局限性。理性知识创新需要连续性的长期思考，必须摆脱学者的个人利益，所生产的知识成果才有更加广泛的适应性。集体田野在深入思考并建构理性知识方面肯定不如个人田野。单个人田野效率很低，需要很长的时间。严如熤在苗族地区开展了四年田野调查，在川陕鄂三省边区搞了二十余年田野调查，耗费时间之长，超过一般人想象，道理就在这里。严如熤在苗族地区开展田野时，虽然得到湖南巡抚姜晟、凤凰厅同知傅鼐等官员的大力支持，但毕竟他本人还是一介布衣，可动员的资源毕竟有限，这也是他不得不采用个人田野方法的原因之一。

比较幸运的是，在他开展田野时，有一大批一流学者可以经常切磋，使他的田野思考不至于因自身知识视野的狭窄而产生片面结论。毕沅是当时天下学者宗师之一，任湖广总督期间，曾邀请章学诚、洪亮吉、孙星衍、武亿修等当时的一代宗师或一流学者共修《湖北省通志》。特别是章学诚，曾担任毕沅幕僚数年，长期追随毕沅左右。① 严如熤开展苗族地区田野期间，经常与毕沅、姜晟等人在一起工作，朝夕相处，常常可以与他们交换田野调查所得相互启发，这也是他的田野调查能够实现创新的一个基础。毕沅形成的“苗人具有天良”的深刻认识，正是得益于严如熤的田

① 陈蔚松：章学诚与《湖北通志》[J]. 江汉论坛，1981（4）：98-103.

野调查。[1]

严如熤创新了田野调查的持续时间。无论是传统的方志撰修，还是对于某个区域的文化调查，学者开展田野的时间都是比较短的，而且主要采用结构性半结构性访谈。可是，严如熤在苗族地区与三省边区，开展田野的时间都是数年时间。其中苗族地区开展了四年、三省边区开展了近二十年，两地田野时间加起来 24 年，可以说，他人生的整个后半生都贡献给田野调查事业了。正是这样长期的田野调查，才使得他采用的每一条资料，都经得起时间的检验；形成的每一条结论，都管用几十年上百年。[2] 看看他对湘西苗疆多民族社区“民苗为二以相安”的民族居住格局的制度设计，一直沿用到今天，还被当地人视为理所当然。[3] 当马林诺夫斯基在澳洲的特罗布里恩德群岛凭着个人身份开展 2 年田野调查时，已经是在 100 多年以后了。

（二）与传统的方志撰修不同，严如熤的田野调查正向知识创新转型

一部方志的总体框架总是按照其主修人员的学术认识进行建构的，大体上能够反映主修者的学术水平。每一部方志，除了常识性的文化描述（即故事叙述）以外，也会形成类似于现代学术研究中的知识性结论。不过比较遗憾的是，古代这类知识性创造，大多数停留于道德层面，用比较抽象的“道”加以概括，代代学者相因承袭，缺乏对知识的反思与辨析。这类知识缺乏可操作性，维护传统的功能有余，在改造社会方面严重不足。再者，方志撰修大多在和平环境中进行，有着宽裕的心情与时间。严如熤从事田野调查的时候，这些前提条件都没有。他的田野调查必须回答一系列紧迫而棘手的问题：

---

① 谭必友. 毕沅存其种类的民族思想及其影响［A］. 蔡尚松. 文化传播［C］. 社会科学文献出版社，2018：125-154.

② （清）魏源. 魏源集［M］. 北京：中华书局，1976：348.

③ 谭必友. 清代湘西苗疆多民族社区的近代重构［M］. 北京：民族出版社，2009：99-101.

（1）苗民起义是由什么因素引发的？

（2）苗民是否具有与“民”（即文明人，古代主要指纳入政府版籍、交粮纳税当差的人）一样的天性与良知？对起义苗民到底是采用严厉“剿杀”的手段好呢？还是采用温和政策加以“安抚”的手段好？为什么？

（3）苗民到底能不能按照“民”的管理方式加以管理？

（4）如何处理苗民与客民之间的关系，才能建立一个长期和平的苗疆？保证朝廷安全，维护老百姓的生命财产安全。①

可以说，以上问题此前还没有人从学术的角度认真回答过。地方官员基于自身的利益，大都从实用主义角度给予答案。但苗民如火如荼的起义斗争的现实，已经不容许官员们敷衍下去。按照乾隆皇帝下达的指示，前线几位统帅必须找到真正的规律，否则苗疆治理与和平将是一句空话。正是这种强烈的现实问题推动着严如熤的田野调查不断向知识型调查转型。严如熤面临的现实与他开展的田野工作，很像20世纪二战中的美国应用人类学本尼迪克特探索日本人的性格一样。本尼迪克特应美国军方邀请，对日本文化进行研究，并就此负责提出战后的善后政策。②

仅从田野框架来看，《苗防备览》一书似乎与当时方志的结构具有一致性。实质上已经与传统的方志不在一个层面。方志在文化叙述上，目的是维护传统的文教体系的完整性，建构一个行政辖区内的文化认同。同时，方便地方官管理好自己的辖区。可是，《苗防备览》则必须回答以上几个尖锐的问题，而且必须以系统的田野调查资料来提供坚实的佐证。严如熤必须从田野中形成令人信服的答案。他经过大量的田野考察，形成了苗族“具有天良，亦晓大义”，具有“慕义之心”等等，这些结论得到毕沅的高度认可，并写进给乾隆皇帝的报告中③。这就驳斥了将苗族定性为一个“生同畜类”“蠢类”、是与“民”不一样的“他族”的错误认识。为正确处理苗疆问题提供了科学理论基础。

在此需要辨析的一个问题，古代除了方志撰修中需要开展田野调查以

① 谭必友，洪文雄. 神韵武陵：故事与文化［M］. 北京：学苑出版社，2018.

② ［美］本尼迪克特著，吕万和等译. 菊与刀［M］. 商务印书馆，1990：2.

③ 毕沅. 毕沅奏收降苗民及派兵疏通道路折［A］，中国第一历史档案馆. 清代前期苗民起义档案史料汇编（中册）［C］. 光明日报出版社，1987：534.

外，也还有很多学者以个人身份开展一些社会调查或地理考察，比如顾炎武写作《天下郡国利病书》，也是基于实地考察。不过，这类调查主要是为了印证前人所记载资料的准确性，即他自己说的“证虚实”，而不是从田野中重建知识系统。而且，这样的实地考察，并无一定的规划，具有很大的随意性，受到学者个人的兴趣爱好、游览地点的变化而变化。这样的调查还不是学术意义上的系统田野调查。然而，严如熤自己认为，他从顾炎武以个人身份开展社会调查的活动中得到很深的启发。在严如熤所崇拜的人物中，顾炎武是其中之一。秦瀛《重修汉中府志序》称“曩在京师，余与君尚论近代作者，以顾宁人《郡国利病书》及顾学范《方舆纪要》为关系天下大计。”① 由此可见，严如熤的学术思想与顾炎武之间有着前后继承关系。

（三）以民族文化为标志建立田野点的调查方法规范化

方志撰修都是在一个有着较为明确行政界线的区域之内进行，这是方志的一大传统。但对于严如熤来说，无论是前期的苗族地区调查，还是后来的三省边区调查，都是以文化为标准，在一定的文化区内进行。这个新方法并不是严如熤的发明，在乾隆年间就有永绥厅同知段汝霖著《楚南苗志》时采用过这样的田野调查，但严如熤把这个方法做了规范化处理，使之更加科学。“苗疆”是一个文化区域，如何规范文化区，是古代学者一直在努力探索而没有掌握的一个问题。而其准确界定的基础就是系统全面的田野调查。段汝霖对“苗疆”的界定：“东自湖南永顺府保靖县地名古铜溪起，西至贵州铜仁府地名官州场民地止，计程三日。南自湖南乾州厅地名镇溪所起，北至四川红安民地止，计程二日半。东西广二百余里，南北袤百五十余里，外皆三省民地，中属苗巢。”② 段汝霖的苗疆文化区的界定显然是不准确的，缺乏扎实的田野基础。段汝霖也是在修《永绥厅志》时开展的田野工作，按照当时的方法，他应该是派遣了相关学者进行了田野调查，不过这些学者的田野调查深入到什么程度还无法考证。从其确定

① 蓝勇：严如熤及其经世文献的价值［M］. 清史研究，1996（4）：80-86.
② （清）段汝霖著，伍新福校点. 楚南苗志·湘西土司辑略［M］. 岳麓书社，2008：23.

的这个苗疆范围来看，他的判断是建立在传闻的基础上的。

严如熤经过深入的田野调查之后，用田野资料重新界定了苗疆范围。苗疆有三个层次：历史上苗人的主要活动区；现实中苗人的聚居区；现实中苗人与其他族群文化的关系区。苗疆文化区的田野工作应该以第三个层次的范围为准。这样一来，他的田野区就变成了一个苗族文化及与其他民族文化关系区，不再单纯局限于研究苗族文化，而且与苗族有关的周围其他族群都成为他的调查对象。范围涉及湖南、贵州、四川（现在的渝东）三省交界之地，包含今天的湖南省湘西土家族苗族自治州全境、张家界市少部分、怀化市的一部分、贵州铜仁市全境、重庆市秀山土家族自治县、酉阳土家族自治县等。而后期的三省边区，是以“流民”为特征的移民文化区。每个不同的文化区域，它呈现出来的社会特点是有很大区别的。因此，行政时需要采用不同的方法，才能收到预期的治理效果。

从以行政区为田野单位发展到以文化区为田野单位的区域研究，使得田野调查学术研究对社会现象具有更强大更科学的解释能力。其设计的社会策略也更有针对性，更加深入人心，得到当地老百姓的认同与拥护，社会治理效力更持久。

文化区田野的调查实践说明中国田野学术已经发展到自觉关注“文化”问题，而欧洲田野调查学科要 100 年以后才发展出这样的理性认识。

（四）主持撰修的《汉南续修郡志》成为那个时代的方志经典

正是有了以上诸多新的发展与创新，严如熤的传统田野成果之一《汉南续修郡志》一书，也成为那个时代方志中的经典作品，得到了学界认可。来新夏在其《清人笔记随记》中说，道光年间林则徐在评论《大定府志》时，就其“深叹编纂之勤，采辑之博，抉择之当，综核之精。以近代各志较之，惟严乐园之志汉中，冯鱼山之志孟县，李申耆之志凤台，或堪与之颉颃，其他则未能望其项背也。”① 林则徐是那个时代视野最开阔的思

① 来新夏．清人笔记随录［M］．中华书局，2005：294.

想家之一，也是方志撰修大家，承办过《大清一统志》相关内容，主修过包括省志、府志等多种方志。① 近代撰修的地方志不下千部，入他法眼的只有三、四部而已。而林则徐首推严如熤主持的《汉南续修郡志》！由此可见严氏对传统方志的理解是非常深刻的，因而才能有创新。而林则徐赞其“采辑之博、抉择之当”正是对严如熤田野调查的肯定。也就是说，林则徐评价严氏《汉南续修郡志》的标准，正是他的田野调查成就。严氏田野调查严谨科学，得到学界高度认可，这是严氏由行政区田野走向文化区田野的发展逻辑所在，这才有了“苗疆”田野与“三省山内”田野两次长期的田野调查与研究。

五、清中期欧洲田野调查状况

田野调查作为人类学民族学的根本研究方法，并公认为是由欧洲（那时的美洲学术尚未兴起）发展起来的。但是，今天人类学意义的田野调查在欧洲诞生的时间并不早。相反，在清中期的近百年时间段上，当中国学者在如火如荼地开展田野调查的时候，欧洲人类学的田野还是一个模糊不清的概念。实践上，也没有引起学者们的重视。对于此时欧洲的田野调查，不同的学者会有不同的概括。我把以下三个领域的活动视为早期的田野调查：

（一）传教士的异域见闻书写

这些基督教传教士带着上帝的使命前往世界各地传教，逐步对传教地人民的生活方式产生了兴趣，他们开始对自己的见闻进行记录。这样形成了规模庞大的著作，如果可以把这些著作算着田野调查成果的话，那么这些田野成果也是相当可观的。传教士的活动比较早，但长期以来对传教地人民生活的记录活动，并没有实质性的理论创新。从明代至清初，到中国

① 赵伍．林则徐的方志思想［J］．西南民族学院学报，2000（2）：95-99.

来传教的传教士写作了一批关于中国的调查报告，这些书近几年已经陆续翻译成中文出版。但从康熙末年开始，朝廷严禁传教活动，从此传教士无法在中国立足。在整个清中期，英国人对中国的鸦片贸易十分兴盛，但传教士们有关中国的著述几乎中断了。我们今天只能从清代早期的著作中窥探这些传教士田野调查的重心所在。由于缺乏一定的学术规范，每个传教士都可能根据个人爱好与个人认识，对传教地人民的生活进行记录。这样，传教士们的田野著作表现出相当大的个性，有很强的随意性特点，相互之间没有形成共识性的学术规范，也缺乏必要的学术批判。

以清前期安文思的《中国新史》为例，对传教士的中国观察稍做梳理。安文思原名加伯利埃·麦哲伦（Gabriel de Magalhaes）。1609 年生于葡萄牙，1640 年进入中国传教，1677 年逝于北京。安文思活动年代虽然早于清中期，但考虑到传教士们的写作长期以来具有稳定性，也可以用作参考。他于 1668 年写成《中国的十二特点》及《1651 年中国闻名的大盗张献忠暴行记》。这本书现合译成《中国新史》出版。在《中国十二特点》一书中，作者分别记叙了中国历史、疆域、文字语言、民俗、物产、教育、宫廷等事项。[①] 这些事项分类具有很大的随意性，还没有规范化，受到作者本人兴趣点的局限。类似于安文思这样的写作，在此后近两百年中，成为传教士们的一般方法，一直延续到清晚期的明恩溥为止。有学者认为，明恩溥写作的《中国乡村生活》及《中国人的特性》著作是属于最早的、也是最有影响力、把田野调查当着自觉的研究方法的西方的中国研究论著。就算是这样的著作，还是带有种族化的模式见解。[②] 所以，传教士眼中的“田野调查”永远是“异域”的、野蛮的、需要教化的。

（二）探险家的传奇游历书写

这是由一些探险家对世界各地进行的探险活动，通过开展田野调查并写作是当时欧洲比较盛行的活动。不过这些探险家的游历具有很大的随意

---

① ［葡］安文思著，何高济译. 中国新史［M］. 郑州：大象出版社，2004。

② 玛利亚·海默主编，于忠江等译. 在中国做田野调查［M］. 重庆：重庆大学出版社，2016：5.

性，道听途闻的东西比较多，也没有很严谨的学术思考。这是由地理大发现时代遗留到18世纪末19世纪初的一种田野传统。从15世纪初的航海家亨利（Henry）对非洲西海岸的探索，经过哥伦布对美洲的五次旅行（1492—1506年），到麦哲伦对世界的环游（1519—1522年），这一时期的旅行给欧洲人的想象提供了生动的描述，这些异域地方存在很多他们未知的生活。此外，自从1448年发明的印刷机使书籍在整个欧洲成为一种普遍且相对便宜的商品以来，这些旅行日志的受众非常广泛，从而为探险家们开展探险调查与写作提供了动力。①

但是，正如西方学者指出的，这些探险家的田野不是为了追寻“文化”，而是为了赢得欧洲的读者，这导致了探险家们的田野变得神秘而不可琢磨。他们通过游历写作了大量书籍，许多游记显然充满了事实错误，并被根深蒂固的基督教偏见所破坏。一个著名的例子是汽车摄影师阿梅里戈·维斯普奇的作品，他在欧洲大陆发表了许多仍以他的名字命名的流行文章。他的书被再版和翻译了很多次，但是他对美国人的描述是不谨慎的，美洲土著人被描绘成扭曲的或者经常是欧洲人的倒影。在这种背景下，维斯普奇有效地论证了专制君主制度和教皇权力的优越性。维斯普奇的同时代人，如法国胡格诺·让·德·勒里对印度生活的田野描述，这些书也很畅销。在大多数的书中是对他者的对比以及对欧洲现有的秩序的态度（要么受到挑战，要么受到保护）。②

很多人类学家认为，这些探险家的传奇游历，还不是真正意义上的人类学“田野调查”。与传教士的田野相类似，他们的著作充满传奇，缺乏规范性、缺乏理性思考，这些活动只是人类学田野的前史而已。

（三）启蒙思想家对“野孩子”、猿猴（野人）、“野蛮人”的观察

启蒙运动以后，欧洲思想家对人与动物的界线产生了浓厚兴趣。人与

①② THOMAS HYLLAND ERIKSEN AND FINN SIVERT NIELSEN. 2001. *A History of Anthropology*. PLUTO PRESS.

动物的区别是什么？人类的天性是什么？人类学家怎么来回答这些问题呢？当然是开展“田野调查”。18 世纪到 19 世纪初，欧洲人类学的真正田野调查，还不是今天我们称之为的“田野调查（fieldwork）”，他们是对关在笼子里的猿类（Orang Outangs，当时称为野人）或对找到的野孩子（feral children）以及野蛮人（savages，其他大陆的土著居民）进行观察。这就是当时欧洲人类学家所开展的田野调查工作。

关于野孩子的调查。18 世纪，欧洲发现了很多野孩子，譬如“汉诺威的野彼得”“香槟的野女孩玛丽—安热莉克·勒勃朗”（实际上是一个逃跑的俘虏，北美土著）。这些人都是独自在森林中被发现，随后用“文明的”方式来教养的。人类学家努力地记录他们学习语言的过程，研究他们适应人类生活的过程。①

关于野人的调查研究。野人这个词源自马来语“森林之人”，大致等同于今天的“猿”这个词。野人是指与人类相同的一种生物。在当时来说，无论是探险家还是科学家都无法分辨猩猩与黑猩猩之间的区别。所以，为了区别人与动物之间的界限，对野人的观察成为人类学家开展“田野”的重点内容。当时的人类学家分成两派。一派以亨利·霍姆（凯姆斯阁下）为代表，认为土著人是比欧洲人劣等的物种，永远发展不到欧洲文化的彼岸。一派以詹姆斯·伯内特（蒙博多阁下）为代表，认为中非黑猩猩、土著、欧洲人都是同一类物种，因此，印第安人是地地道道的人，甚至中非黑猩猩也是人。他们的研究结论，都是基于他们对野人的长期细致的观察。受到他们的影响，这种观察研究得到很多学者追捧，这样的研究，持续了近一个世纪。

关于“野蛮人”的调查研究。“野蛮人”是由欧洲对“人性”的关注逐渐发展出来的一个概念，是一个比较严肃的概念，接近于“自然人”，即在旷野且无拘束地生活的人。在欧洲思想家眼里，北美土著人接近于“野蛮人”或“自然人”。18 世纪欧洲出版了《美洲野蛮人的风俗》

---

① 阿兰·巴纳德著，王建民，刘源，许丹等译. 人类学历史与理论［M］. 北京：华夏出版社，2006：20.

（1723）、《论人类不平等》、《对美洲人的哲学研究》（1768—1769）等书籍。[①] 思想家们通过对“野蛮人”的田野观察，就是要研究“人性”由“自然状态”到“社会状态”的过程。按照早期的田野报告，“野蛮人”都是“住于山野、贫穷、污秽、粗野并且无礼”。这个结论引发争论，按照基督教精神来说，自然是好的，社会是邪恶的。对于野蛮人的看法也应该一致。所以，比如被欧美人类学视为学科始祖的卢梭，通过对野蛮人的研究，就认为野蛮人基本上也是人类，居住在山里的自然人是健康、幸福和自由的。当人们开始定居并建造棚屋时才导致了社会的出现，并逐步发展出语言。最初这个社会是非常理想的，不久因为嫉妒与私有财产的出现，导致了社会分化，就产生了人为的不平等，出现了人类恶习[②]。卢梭的研究引起更多思想家加入对野蛮人的研究中来，后来的亚当·斯密、亚当·弗格森等人都热心于野蛮人研究。这些思想家对野蛮人研究采用的方法，就是观察，或者通过阅读探险者的游记来对野蛮人进行理解。现在已经不知道他们当时开展田野收集资料的细节。不过，我们看看卢梭自己记述的他写《论人类不平等》的经过，也就能体会其大致脉络了。

> 那是在1753年，第戎科学院发表以《人类不平等的起源》征文章程的时候。我被这一个大的问题所震动，很惊奇该科学院竟敢提出这么一个问题。但是，既然它有勇气提出来，我就当然有勇气去写。于是，我便动手写了起来。
>
> 为了随意地思索这一重大题目，我同泰蕾兹、我们的女主人——一个好女人及其一位女友一起，去圣日耳曼旅行七八天。我把这次旅行视作我一生中最适宜的旅行之一。天气晴和，那两位好女人负责照料一切，掌管花销……而我不用操什么心，吃饭的时候，同她们无拘无束地寻开心。每天其余的时间，我便钻进森林中去，在那儿寻觅并找到了我自豪地描绘其历史的原始时代的景象。我荡涤掉人的种种谎言，我大胆地彻底揭露人的本性，追寻歪曲了人的本性的时间和事物

① 罗伯特·沃克勒．观念学与社会科学的起源［J］．见马克戈尔迪、罗伯特沃克勒主编，刘北成等译．剑桥十八世纪政治思想史［M］．商务印书馆，2017：662-663.

② 阿兰·巴纳德著，王建民，刘源，许丹等译．人类学历史与理论［M］．北京：华夏出版社，2006：20.

的进程，把人为的人和自然的人相比较，向他们指出，其苦难的真正根源就在于人的所谓进化。①

看来，他读过大量探险家们关于野蛮人的游记，然后自己进入森林中加以场景再现式的体验，这样就完成了那个时代的一次“田野调查”过程。这种田野方法在欧洲流行了一个多世纪，一直到19世纪30年代，英国成立民族学会，建立起对田野调查的应有尊重，这样的田野方法才逐步被淘汰。

六、严如熤田野调查与同时期欧洲的比较

中国古代的田野调查研究与欧洲的田野调查研究并没有交集。尽管现在有大量著作提到明朝传教士利玛窦与中国学者的学术交往，但中西学术交流一直没有成为中国学者做学问的主流。中国学者的主流意识中，欧洲传教士所带来的欧洲学问还是蛮夷末技。因此，我们可以肯定，到清中期，中西学术界一直在各自传统的学术轨道上向前探索，两者的道路相去较远。要全面比较田野调查学科现代化之前，中欧之间的优劣，是一个大工程。本节通过观察严如熤的田野调查在欧洲田野调查学术系谱上的位置，以点带面，审视中国的田野调查传统曾经走到了哪一个学术水平。

（一）田野对象：文化

在这个时期，无论是欧洲的田野调查，还是严如熤的田野调查，都接触到了“文化”。严如熤的“苗人”文化及周边其他族群文化，都是中国主流社会的“异文化”，是与中国正统的“儒家文化”不一样的文化。在川陕鄂三省交界的秦巴山地区，也是移民文化。相对于礼教社会来说，也是“异文化”，但属于族群文化或地域文化，则是毫无疑义的。

此时段上的欧洲田野，探险家与人类学家对“野蛮人”的观察也是接

① 卢梭著．陈筱卿译．忏悔录［M］．（南京）译林出版社，2014：347.

触到了“文化”“野蛮”背后就是的“异文化”。传教士们对“遥远”地区传教地人民生活的观察，也是“异文化”。也就是说，在严如熤时代，无论是中国的田野还是欧洲的田野，都已经接触到了“文化”这个概念。这是双方一致之处，但也有不同。

严如熤的“文化”已经是关注整体性意义上的“族群文化”，是这个田野点某个或所有族群共同遵守的一套生活规则体系、器物体系及民俗体系，即“文化”是包括政治、经济、教育、风俗、环境、艺术、语言、历史、军事等全部人文活动的总和。此时的欧洲还没有发展出对文化的整体性认识。传教士们写的书，随意性很大。每个传教士所开展的田野及其撰写的报告，都是由自己说了算，规范性的研究一直没有形成。而探险家们的传奇游记更是见闻加道听途说，真假故事杂糅，何谈规范性？在他们眼里，文化就是传奇。而当时的人类学家则坐在摇椅上，请临时工（包括探险家）找来野蛮人问话，就算是开展田野了；要不然就是像卢梭那样，在圣日耳曼的森林里待几天，通过场景再现加以细心体验即算是对“异文化”进行研究了。在田野对象上，严如熤的文化更接近于现代田野调查！

（二）田野点的确定：文化区与异文化区

在文化的关注基础上，严如熤确立了两个文化区。当然，他当时并没有明确使用“文化区”这样抽象的概念，停留于实用而不重视知识性创新，不重视基本概念的提炼，这是中国传统田野调查学术的局限性，我们在后文再叙述。他明确地将研究问题设置在“文化区”之内，这是他对这个时代田野调查的最重要贡献之一。

《苗防备览》是在苗族文化及与苗族文化紧密相关的地区开展田野调查，并进行自己的田野叙事，前文我们对此已经做了阐释。我们再看三省山内调查。三省山内是一个流民文化区，严如熤称其为流民、棚民。这是一个与传统中国不一样的地区。传统中国底层社会是聚族而居，通过一套成熟的礼教维系社会秩序，属于农耕时代的礼教文化。但是三省山内则是移民区，这里的文化是“土著之民，十无一二；湖广客籍，约有五分。安徽、河南、江西各省约有三四分。五方杂处，无族姓之连缀，无礼教之防维。呼朋招类，动称盟兄。姻娅之外，别有干亲。往来住宿，内外无分……人理即灭，事变所以频仍也。”① 这些流民处在生死存亡的边缘，没有稳定的收入，缺乏安定的环境，生存下去实属不易。因此，这里的社会秩序是按照生存原则组织起来的，与按照礼教组织起来的传统乡村社会形成鲜明对比，形成了一个新兴的文化区。这就是严如熤要将其确定为一个独立的田野点加以研究的理由。

此时的欧洲田野远没有发展到这样的学理认识。英国学者此时已经意识到野蛮人的文化对欧洲科学研究的重要性，1832 年和 1839 年，科学促进协会的负责人 J. C. 普里查德在演讲中预言野蛮人行将灭绝，要求加速收集土著体质与精神特征的材料，扩大现有的知识。这大约就是他们欧洲田野中有关“文化区”的萌芽。正如前文中提到的无论是《美洲野蛮人的风俗》还是《对美洲人的哲学研究》，都没有发展起“文化区”的概念。显然，他们也只是泛泛地提到美洲或者他们殖民地的“野蛮人”文化，他们是从自身利益出发来衡量“异文化区”的存在价值。② 在当时，他们没有认识到这些“野蛮人”的文化也是有一定的区域性的。区域性的认识，一直要到 19 世纪后期，由德国人类学家巴斯蒂安于 1878 年在他的《昔日美洲的文化地区》一书中提出来③，而这个概念的真正完善，则要由美国人类学家克拉克·威斯勒（C. Wissler）在 20 世纪 20 年代提出“文化区”（Culture region）的概念才完成。④ 必须明确的是，当时这个“文化区”的概念仅仅是用于印第安人的文化区，属于“异文化”范畴。与今天人们普遍讨论的以某些族群为主体形成的文化区域存在一定的差别。

从文化区概念的使用及其规范化，也可见田野与文化之间的关系。对文化及文化区的认识，有赖于经历无数代人类学家的田野调查积累，中国是经历了上千年时间直到清中期，才达到这个认识高度。而欧美也是经过两百多年的研究积累，到 19 世纪后半期才形成这样的认识。由于中国文化积累得较早，由严如熤发明的这个文化区田野调查，比欧美要早一个世纪。

---

① 严如熤. 三省山内风土杂识［A］. 张智编. 中国风土志丛刊（第 24 册）［C］. 广陵书社，2003：58.

② 英国皇家人类学会编、何国强译. 田野调查技术手册［M］. 复旦大学出版社，2016：1.

③ 魏忠. 巴斯蒂安和拉采尔［J］.（北京）中国民族，2008（1）：30-31.

④ 况光贤. 文化区［J］. 地理译报，1987（10）：59.

（三）田野资料收集方法：规范的调查方法与系统的资料收集

截至清中期，欧洲传教士的田野调查具有随意性。特点之一，调查主要目的是说明传教地人民的文化落后性，皈依基督教存在很多困难。传教士们的田野调查开展时间较早，延续时间较长，从中世纪一直延续到20世纪，但一直没有规范写作，使得他们的田野成果很难产生学术衡量标准，其成果的科学价值受到怀疑。

探险家的田野更是充满荒诞性，学术不规范程度更严重。在探险家传奇游记基础上的人类学家的田野，则远离田野现场，这种情况一直延续到19世纪中后期。卢梭的森林之行是清中期欧洲人类学家田野调查的最典型案例之一。直到19世纪初期即嘉庆道光时期，卢梭的田野方法一直处于主流地位。那个时候，去接触“野蛮人”被视为属于下等人干的不干净的活，贵族学者是绝对不能做的。对“野蛮人”的真正接触，都由下等人去完成。学者们则只要在相应的场景里，复原一下现场体验；或者人类学家坐在摇椅上，让野蛮人跪在前面回答一些问题，印证一下人类学家的有关假设，即完成了调查任务。这样的田野，后来被称为人类学的“早期田野”。这些人类学家也被称为摇椅上的人类学家。为了对野蛮人生活与器物进行系统收集，此时的探险家以及工作人员，都是集体作业，也就是由一个庞大的团队共同完成。学者个人开展田野要到一战时的马林诺夫斯基时代，才真正成为一种可接受的科学研究方法。

集体田野与个人田野的区别。集体田野就是由不同的人类学民族学家组成的调查队，各自分工负责不同的内容，调查中有统一的时间安排与调查线路。个人田野就是就是由学者个体完成的田野，有时候可能有一个小队伍，但是所有调查内容与观察，都是围绕学者个人的学术要求来进行的。因此两者是不同的。

中国方志撰修中的田野调查是集体田野。为了收集资料的完整，估计欧洲探险家们也可能摸索了一些不成文的规则系统。但直到1832年，英国科学促进协会为到海外调研的专家、学者、传教士、行政官员、探险家起草的“土著礼仪和习俗”的问卷作为他们的行动指南为止，成文的田野调查规范一直没有流行。①

在这个时期，不但中国的方志撰修中有一套被公认的完整规范体系，而且严如熤发展出了学者个人田野。关于前一点，我们在前文已经论述过了，此处专门讨论严如熤的个人田野。严如熤的苗族地区调查，完全是凭着个人的热情与学识、由他个人主持完成的。从乾隆六十年（1795）到嘉庆四年（1799），他在苗族地区持续进行了四年多的田野调查，亲自参与了苗族地区的各项战后建设工程，与当地人“同起居”，② 几乎接近今天人类学民族学学科所倡导的参与观察了。而对于资料的收集，则是在遵循方志撰修既有规则系统的基础上，又能有所创新。在三省交界的秦巴山区田野调查，也是积累了二十年功力。除任汉中知府期间纂修《汉南续修郡志》的时候组织了集体田野外，其他时间段上的田野调查活动，都是由他个人带领自己的两三位助手通过实地调查完成的。③ 在这个时间段上，严如熤的田野方法先于欧洲采用学者个人田野，这是田野调查学科史上的重要进步。

（四）文化的解析方法：关于田野点纵横向知识的“建构”

对于田野调查研究，如何去建构出一个田野点的知识体系？中国与欧洲也明显不一样。由于欧洲的田野调查起源于对“野孩子”的观察，主要用来研究人与动物的区别。从野孩子、再到野蛮人，一直到后来的“异文化”，所研究的对象都被认为是没有“文明历史”的，就是说缺乏纵向过程。因此欧洲美国人类学民族学长期采用静态的资料收集方法，主要通过观察与器物收集来完成田野调查。特别是清中期，1795 年前后一个时期，这更是主流方法，差不多是唯一被认可的方法。静态的研究也可以说是“横向”的知识建构方法。这样建构知识体系，优点是可以设计出一个理

① 英国皇家人类学会编，何国强等译．田野调查技术手册［M］．上海：复旦大学出版社，2016：1.

② 严如熤．苗防备览·卷十七要略［M］．绍义堂版，道光癸卯重镌，31b.

③ 辛德勇．《三省山内道路考》的发现及其价值——并论严如熤之入仕与相关著述产生的因缘［J］．版本目录学研究（第五辑），2014：173-212.

想的结构模型，缺点是把研究对象历史全部弃而不用，使得知识体系不可信。所以，直到二战之后，在人类学田野中考虑纵向因素的呼声才逐步出现。

在较长时间中，中国的田野调查对于如何建构一个田野点（地方行政辖区）的知识体系也是争论不休。有人主张重点在历史脉络的梳理（纵看），有人主张重点在当前社会各方面（横看）。但无论是哪一派，都认为不可忽略另一方面的内容，只是历史与现实有主次而已。到了清中期章学诚才一锤定音，“史要纵看、志要横看”。即著史必须从纵向上研究，写志则以横向的现实调查为主、历史叙事起到辅助作用。这就是纵横结合的知识建构方法，严如熤显然是遵循这一方法而行。也就是说，在严如熤时代，中国田野调查的知识建构已经采用以“横看”为主，纵横结合的方法了。

在知识建构上，明显地，严如熤的方法要领先于同时代的欧洲田野。

总之，在严如熤时代，中国田野调查在方方面面已经远远地走在欧洲田野的前面，而此时美国的田野调查还没有兴起。可是，未来一个多世纪的学术发展结果却让我们不免产生疑惑：为什么曾经走在欧洲前面的中国田野调查，不但被欧洲美国超越，而且发展到后来直到今天，则完全被国人忘记了？

七、不同的学术追求与学术不同的发展

严如熤将传统的田野调查发展到了极致，做出了十分精准的田野调查成果。在调查的基础上，设计了很多对社会治理十分有效的措施，这些措施的功效十分深远。魏源说他的田野调查及其政策设计，“所规画常在数十年外”。[①] 按理说，清中期就达到了这样的学术水平，应该在接下来的一百年中有更大发展。但是很不幸，在未来一百多年中，原本落后的欧洲美

① （清）魏源．魏源集［M］．北京：中华书局，1976：348.

国田野调查后来居上，逐步发展壮大，学术体系日渐精密而恢宏，其对社会现象的解释能力，逐步超越了严如熤创造的学术事业，引领着世界学者的思考方向。这其中的奥妙出在什么地方？这个问题很像李约瑟问题：为什么科学技术在古代中国先于西方，但在近代中国却落后于西方？[①] 历史上，已经有很多人给李约瑟问题提出了答案，此不赘述。本节提出以下几点答案，回答由严如熤代表的中国田野新高度为什么在未来一百年被欧洲逐步掩盖了。

（一）经世致用与知识创新是两个不同的学术追求，产生了不同的学术发展后果

中国的田野从其产生那天开始，大约就是为了实际“用处”的。经过长期发展到清中期，其实用性不但没有降低，反而在严如熤手中，将其发展到一定程度。严如熤是湖南经世致用学派的中坚力量，平生学问事功都以“经世”相标榜。[②]“经世”就要“致用”，必须落实在实际事情上。借用今人口头禅就是，经世之策贵在落地。这种思想在他的书名中就体现出来了。《苗防备览》与《三省边防备览》两部书，都使用“备览”为题。备谁阅览？大约是为这几类人准备：以后在此担任政府官员的人、上级领导决策、维护地方安宁的军官们、那些还在学校学习的预备官员，就是为这些人写的书。为什么经世致用就妨碍了这门学问的发展了呢？

这是由“经世致用”的性质决定了的。既然是针对具体问题而产生的田野调查与政策设计，那么一旦问题得到解决，由此产生的知识及结论就成为标准答案，不需要继续研究了。而且继续研究，也不会得出更多更新的结论与新的政策措施。苗族地区的治理政策得到当地各族群的认可、得到政府的认可，大家都认为问题已经解决了，因此不必再继续研究。川陕鄂三省边区的问题经过严如熤的田野调查，已经把情况掌握清楚了，再调

① 陈晓平．冯友兰与李约瑟问题［J］．重庆理工大学学报（社会科学），2014（5）：6-12.

② 米·丹妮．*Restoring the Garden: Yan Ruyi and the Civilizing of China's Internal Frontiers*, 1795—1895, DISSERTATION Submitted partial satisfaction of the requirements for the degree of DOCTOR OF PHILOSOPHY in History in the OFFICE OF GRADUATE STUDIES of the UNIVERSITY OF CALIFORNIA.

查已无必要，有关治理措施已经成为规范性政策措施，以后来此地担任长官的人只要照葫芦画瓢即可获得很好的行政成绩。也就是说，这种实用性的调查，跟现代智库的调查类似，成功的田野调查只有案例的价值而无理论的价值。所以，严如熤去世后，这两部书成为经典著作，但学术研究却后继无人。

相反，同时代的欧洲田野调查，从理论到方法，此时一直没有多大突破性发展，但是，它从产生那天开始，它就是以知识生产为目的的。此时的田野调查几乎没有任何实用价值。卢梭要回答的是“不平等的起源”，这是欧洲贵族式的学问，是对人类历史追根究底的兴趣。因此，欧洲田野发展到 1800 年代前后，一些基本概念已得到了千锤百炼，变成了思想界可以用来进行逻辑推理的一些知识前提。比如从“野孩子”到“野蛮人”两个概念。看起来是极为简单的概念，但是在纯知识的研究中，这两个概念被不断精炼，简约化为纯知识概念，成为人类学逻辑起点。从野孩子的观察演绎出人与动物的区别，进一步建立了早期社会的一系列理论假设。从野蛮人的观察中，逐步演绎出文化、异文化、异文化区等一系列人类学基本概念。在漫长的一百多年发展中，欧洲的田野调查，都是纯粹知识性的，中间虽然也有 1832 年英国成立的“土著人保护协会”之类的组织，表面看起来是一个公益组织，也有应用人类学的想法。其实不。这个组织的田野调查“应用”目的不是后来应用人类学的“应用”，而是认为如果这些土著人消失了，会对欧洲的知识生产不利，因此应该加以保护。其出发点是为欧洲人的知识生产服务的，并不是为了土著人本身的利益。因此也是纯知识学的。知识学的田野重在建立理论，因此其知识总处于被证伪的状态，总是发现新的问题，由此一代一代从事田野调查的学者就能够不断在创新，不断在提出问题，不断在解决问题，又不断发现没有解决的问题，其田野调查就越来越具有吸引力。这是中国传统的田野调查学科无法酝酿出来的学术研究力量。

历史上，我们一直有一个认识，到了 1840 年以后，中国进入半封建半殖民地社会，中国社会的进程被西方先进的科技打断了，中国因此陷入越来越贫穷落后的地步。其实，并不是西方打断了我们。事实是，在 18 世纪中期，西方以纯知识生产为目的的学术正在显现出强大的生命力，而以实用为目的的中国传统知识生产已经走到了顶峰，生命力处于快速萎缩期。以这个时代为分水岭，欧洲田野调查学科向上走，中国田野调查学科正在向下走。两者的发展差距日益明显，再经过一百多年的积累，中国的田野学术研究完全被欧洲掩盖了。这就是今天田野调查学科前史叙事中，言必称希腊的原因。当然，掩盖不等于消失，只是暂时被掩盖了而已。

（二）欧洲田野调查进入现代学科及大学教育

到了清中期，欧洲的田野调查学科逐步走进现代学科及大学殿堂，成为现代科学研究门类及大学培养人才的课程体系。特别是后者，使得田野调查学科成为比较单纯的知识教育。大学教育给田野调查提供了自由而富于创新性的平台，使很多优秀学者从年轻开始即着手这样的学术训练与思考，并能将其作为终生的志业。这样的教学既能保证知识积累，又能推动知识创新。这是近代以后西方比中国先进的地方。正是凭借现代学科研究及大学人才培养专业，后发展起来的欧洲田野调查研究，很快超越了中国。

同时期的中国，田野调查虽然开展得如火如荼，但主要是在学者师徒之间传授。此时以及很长的未来，中国始终没有发展起现代大学教育体系，更何谈大学中的田野调查专业教学？知识创新永远排在政府紧要日程的最后一位。所以围绕政府工作开展的田野调查，频率虽然很高，派出的学者规模也很庞大，但是知识创新的数量与概率却是很小的。师徒之间的知识传授大多停留于经验性阶段，受到很多外界因素的影响，很容易受外力干扰而中断。而且，相互之间很难产生知识辨析与相互批判，知识很难得到理性锤炼。因此很难产生用于知识再生产的最基本概念。所以，积累了上千年的田野调查，到了中西文化交汇的清晚期，就变得几乎没有竞争力了。

八、欧美的田野传统是怎样在中国树立起来的

今天涉及田野调查的各学科民族学、人类学、民俗学、语言学、社会学等，在讨论自身学科研究方法的时候，众口一词，都将源头追溯到欧洲的田野调查。认为这是从欧洲起源并发展起来的一种研究方法，经由留学生与传教士传到中国来的。而且，这些学科从20世纪30年代，也就是刚刚从欧洲传进中国不久，国内学术界就开始倡导“中国化”。认为这些学科是从欧洲传进来的，无论是术语还是教学材料，都是西方的，在解释中国社会时，需要进行“中国化”改造。① 这就给我们一个探究的好奇：在田野调查传进中国之初，那些回国留学生们在解读中国的文化时，到底在多大程度上运用了西方的田野调查方法？

最先在中国开展田野调查的有杨成志、凌纯声等人。杨成志当时没有出国留学，岭南大学毕业后到中山大学任助教。1928年7月进入大凉山调查，这是我国第一次现代意义上的田野调查。但这次调查并没有产生较大影响，我们可以暂且不论。真正对中国未来田野学术研究产生影响的是凌纯声组织的松花江下游的赫哲族调查及其湘西苗族调查。《松花江下游的赫哲族》被李亦园赞誉为中国民族学科史上“第一次田野科学考察”：“此书之出版，不仅成为中国民族学研究上的第一本科学民族志，同时也是自1922年Malinowski出版Argonauts of Western Pacific之后至1935年间，全球文化人类学家致力于基本民族志资料搜集与著述期中，最重要的民族志书之一。”② 还有学者认为，“凌氏对赫哲族展开民族调查时，他运用了从老师莫斯那里习得的一套文明理论的框架，注重将文化间技术和知识的相互借用视为历史的一个重要方面。”③事实上是怎样的？我们不妨来看看凌纯声与其导师M. 莫斯之间的学术继承关系。

---

① 费孝通．开风气、育人才［J］．北京大学学报，1996（1）：14-19.

② 李亦园．人类的视野［M］．上海：上海文艺出版社，1996：413.

③ 姬广绪．凌纯声的赫哲族研究及其影响［J］．文化学刊，2012（1）：106-110.

M. 莫斯（1872—1950），法国人类学家，继涂尔干之后，年鉴学派的领军人物，以主编《社会学年鉴》享誉法国社会学民族学界。其生平著作并不多，主要有《巫术的一般理论》（1902），《论爱斯基摩人社会的季节性变化：社会形态学研究》（1904），《论礼物：古代社会里交换的形式与根据》（1923）等书，这些书后来编进《社会学与人类学》一书。作为莫斯的学生，在学术理论建构上会有相应的学术继承关系。特别是一个年轻学者在开拓新的研究领域时，总会在理论框架或者逻辑建构上有继承关系。而一般来说，这个逻辑建构首先会在理论框架中得到体现。为了观察凌纯声与其导师 M. 莫斯之间的继承关系，我们不妨把他们的著作框架进行一番对照。

巫术的一般理论①

——莫斯

第一章　资料来源和历史背景

第二章　巫术的定义

第三章　巫术的要素

1. 巫师

2. 行动

3. 表征

第四章　对巫术的分析与解释

1. 信仰

2. 对仪式效应的观念解释的分析

3. 玛纳

4. 集体状态和集体力量

结论

论爱斯基摩人社会的季节性变化：社会形态学研究②

——莫斯

---

① （法）M. 莫斯著，杨渝东等译. 巫术的一般理论［M］. 广西师范大学出版社，2007.

② （法）马塞尔·毛斯著，毛碧平译. 社会学与人类学［M］. 上海译文出版社，2003.

一、一般形态学
二、季节性的形态学
　　1. 夏季的居所
　　2. 冬季的居所
　　3. 定居点根据季节的分布
三、这些季节性变化的各种原因
四、各种影响
　　1. 对宗教生活的各种影响
　　2. 对法律生活的各种影响
　　3. 对财产体制的影响
　　4. 司法体制对其他体制的反作用
五、结论

松花江下游的赫哲族①

　　——*凌纯声*

一、东北的古代民族与赫哲族
　　（一）通古斯非东胡民族
　　（二）通古斯为东夷的一种
　　（三）东北各民族名称的起源及其转变
　　（四）赫哲族与 Goldi 名称的来源
　　（五）中国文献中记载的赫哲族
　　（六）现代赫哲族及其地理的分布
二、赫哲族的文化
　　（一）物质文化
　　（二）精神生活
　　（三）家庭生活
　　（四）社会生活
三、赫哲族的语言

① 凌纯声. 松花江下游的赫哲族 [M]. 上海文艺出版社，1990.

(一) 赫哲族的语音

(二) 赫哲族的语法

(三) 赫哲族的语汇

四、附录　赫哲族故事

湘西苗族调查报告①

——凌纯声、芮逸夫

一、苗族名称的递变

二、苗族的地理分布

三、苗疆的人生地理

四、苗族的经济生活

五、家庭及婚丧习俗

六、政治组织——苗官

七、屯田

八、巫术及宗教

九、鼓舞及游技

十、故事

十一、歌谣

十二、语言

从上面对比发现，凌纯声在建构自己田野民族志框架的时候，与其导师 M. 莫斯没有很直接的联系。事实上，莫斯几乎没有开展过凌纯声后来采用的田野方法。莫斯只是“在 1909 年，为研究一种宗教舞蹈而到摩洛哥待了三个星期。”② 莫斯是理论分析的建构方法，凌纯声则是分类框架结构，在其田野民族志中，很难发现他的理论思考。莫斯没有开展过长期田野，一直处于摇椅人类学向田野过渡阶段。也就是说，凌纯声的田野与莫

① 凌纯声，芮逸夫. 湘西苗族调查报告·目录［J］. 商务印书馆，1947：1-16.

② 罗伯特·帕金. 法语国家的人类学［A］.（挪威）弗雷德里克·巴特等著，高丙中等译. 人类学的四大传统［C］. 商务印书馆，2008：183.

斯之间没有师承关系。凌纯声首次出道，就是开展比较长时间的田野工作，通过自己的亲自观察与访问来搜集到系统的民族资料，而不是像他的导师那样，借助前人的各种记载来完成人类学理论结构。那么，凌纯声的田野理论与方法是从哪里学来的呢？这还真成为民族学人类学中的一个悬疑问题。

为了解决这个问题，我们不妨将其与严如熤的《苗防备览》做一比较，然后看看这两者之间是否存在某种前后继承关系。

苗防备览

——*严如熤*

第一卷　舆图

第二、三卷　村寨上、村寨下
第四、五卷　险要上、险要下 } 环境概述

第六、七卷　道路上、道路下

第八、九卷　风俗上、风俗下——文化、生活、经济、语言

第十卷　师旅
第十一卷　营汛
第十二卷　城堡 } 政治、经济、教育

第十三卷　屯防

第十四—十六卷　述往上、述往中、述往下——历史

第十七卷　要略

第十八卷　传略——历史与个案

第十九—二十一卷　艺文上、艺文中、艺文下——文化

第二十二卷　杂识——相关理论思考①

如果对严如熤的这个框架结构稍做调整，则有以下效果：

① 严如熤．苗防备览［M］．清道光葵卯年绍义堂刊本．

第一卷	舆图	环境概述
第二卷	村寨上	
第三卷	村寨下	
第四卷	险要上	
第五卷	险要下	
第六卷	道路上	
第七卷	道路下	
第十卷	师旅	政治、经济、军事
第十一卷	营汛	
第十二卷	城堡	
第十三卷	屯防	
第十四卷	述往上	历史与人物
第十五卷	述往中	
第十六卷	述往下	
第十八卷	传略	
第八卷	风俗上	文化、生活、经济、语言
第九卷	风俗下	
第十九卷	艺文上	
第二十卷	艺文中	
第二十一卷	艺文下	
第十七卷	要略	相关理论思考与研究结论
第二十二卷	杂识	

如果对严如熤的这个框架稍做调整，则与凌纯声的《湘西苗族调查报告》几乎是一个模式了。而从《湘西苗族调查报告》一书的参考文献来看，凌纯声、芮逸夫多次引用了严如熤的《苗防备览》一书。① 可见凌纯声等人是深受了严如熤为代表的传统田野民族志的影响，与严如熤之间存在一定的学术继承关系。

① 凌纯声，芮逸夫. 湘西苗族调查报告［J］. 商务印书馆，1947：471.

田野民族志的分类框架模式是中国田野的传统。凌纯声的方法并不是学者们认为的主要继承他的导师 M. 莫斯的理论方法，而更多的是对中国传统的一个继承创新。那么他在什么程度上对中西不同的田野理论与方法传统进行了融合？从田野调查的思考逻辑来看，他是按照中国田野的分类传统来建构自己的民族志框架，但是对于具体如何分类？他是深受当时西方人文社会科学的影响，把人类生活按照“精神—物质”两个基本领域划分，然后对这两个不同领域逐步细分后再分别系统收集材料，这就有了凌纯声特色的分类法与田野方法。从参与田野的时间与深度来说，他从法国博士毕业前也没有机会深入进行田野考察，而且短短几年留学时间，也没有办法去深入领会经过了数百年理论训练的欧洲思想家们的理性思考精华。凌纯声的田野调查民族志对 M. 莫斯的接近，要到他在台湾开始田野之后才逐步变成现实。也就是说，被李亦园先生赞誉为“全球文化人类学……中最重要的民族志书之一”的《松花江下游的赫哲族》一书及其后来的《湘西苗族调查报告》等民族志所表达出来的创新，主要是对中国传统的田野调查理论与方法的继承与发展。

在后来的几十年中，绝大多数中国学者的田野调查民族志写作，包括 20 世纪 50 年代“少数民族社会调查”所形成的民族志，都或多或少沿用了凌纯声确立的这个传统。一直到当代的大量田野民族志写作依然采用凌纯声的框架，这是一个被广泛接受与运用的民族志写作框架。这个主要是来自中国传统的学术框架，是凌纯声等老一辈人类学民族学家贡献给世界民族学人类学等田野学科的一份厚礼。而凌纯声的这个成果又是直接上承嘉庆道光年间（1795—1826）严如熤所树立的传统。

本章小结　现代中国田野调查学科史的中国化

人类学、民族学、社会学进入中国一百多年来，中国学者一直有一个认识与呼声：某某学科中国化！社会学、民族学、人类学，包括马克思主义理论。其中的基本逻辑在于，这些学科产生于西方，传进中国的时候，带着西方学术应有的傲慢性特征，在解释中国的社会文化时，有着先天的局限与不足，因此必须进行中国化改造。然而，当我们把凌纯声与严如熤及其导师M.莫斯的田野成果进行比较的时候就发现，田野调查从进入中国的那天起，其主要是对中国传统田野调查的继承与发展。相反，随着中国学者持续不断地前往欧美留学，田野调查学科不是逐步中国化，而是逐步西方化了。从凌纯声那个时代走到今天，西化程度逐步加深。今天在大学接受学术训练的年轻的研究生，在撰写他们的学位论文时，如果不运用到西方主流的相关理论，就会被认为没有接受正宗人类学民族学田野训练。因此，人类学民族学一直在走着一条逐渐深化西方学术道路而不自觉，这将使中国文化的主体地位逐渐弱化，这是一个需要认真思考的学术方向。对严如熤在其时代的世界田野学术系谱上的位置的详细梳理，我们终于到了应该重新定位中国田野传统及我国学术的未来走向的时候了！

第七章 创知致用学术理念在中国近现代田野研究中的发展

创知致用的学术理念，不仅仅是古代中国的学术传统。在现代中国的田野调查中，这个理念一直是核心思想，对学者们的田野调查与研究起着规范作用。无论保持怎样的政治理念，学者们在创知与致用的结合上，大家几乎保持了一致的步伐，这是中国现代田野学科诞生并广泛开展以来一个重要特色。从蔡元培提倡民族学开始，他就是希望通过民族学为新兴的民国政府建构新的民族认同有新的贡献。在他的努力下，民国时期的田野调查，这个思想几乎贯穿了始终。中华人民共和国之后，这个理念被运用得更加彻底。本章通过对几个学术个案的梳理，厘清中国现代田野调查研究中，知识创新与经世致用理念相融合的历程。

一、凌纯声的民族志理论

凌纯声（1901—1978），字民复，号润生，江苏省常州市武进人，现代中国民族学家、人类学家、音乐家。1919 年毕业于江苏省常州中学，考入南京高等师范学校（后更名为国立东南大学），1924 年毕业于东南大学（今南京大学）教育系，后留校任教，曾任教务主任。1926 年留学法国巴黎大学，师从人类学家马赛尔·莫斯（Marcel Mauss，1872—1950）等研习人类学和民族学，1929 年以《中国南部瑶族之研究》（Recherches Ethnographipuse sur les yao dans la China du sud, Paris: Law Pressee Univessitaire de France, 1929）获巴黎大学文学博士学位。返国后，历任“中央研究院”历史语言研究所研究员及民族学组主任、国民政府教育部蒙藏教育司司长、边疆教育司司长、边疆文化教育馆馆长、中央大学边政学系教授及系主任。1949 年到台湾，在李济创办的台湾大学考古人类学系任教。1956 年筹办台湾地区“中央研究院”民族学研究所并任所长。①

凌氏到台湾之前，已在中国大陆进行了大量民族学田野调查和民族志撰写；到台湾后，他组织参与岛内的少数民族调查并收集大量标本，1956 年筹办民族学研究所标本室（1978—1988 年名为“凌纯声先生纪念标本室”，1988 年更名为“民族学研究所博物馆”），之后结合其他藏品，成为台湾三大公藏土著标本研究搜集据点之一；他与芮逸夫等人调查大陆、台湾地区各民族，其学术领域关注于亚洲大陆、台湾、东南亚与大洋洲（或称环太平洋地区）物质文化的比较研究。他一生著述丰富，著作 12 本、论文 74 篇，在民族学实地调查和比较研究方面贡献突出。主要著作有《松花江下游的赫哲族》（1934）、《湘西苗族调查报告》（1947）、《中国边政制度》（1948）、《边疆文化论集》（1953）、《中泰文化论集》（1958）、《台湾与东南亚及西南太平洋的石棚文化》（1967）、《中国远古与太平印度两洋的帆筏戈船方舟和楼船的研究》（1970）、《中国与海洋洲的龟祭文化》（1972）、《中国边疆民族与环太平洋文化》（1979）、《凌纯声先生论文集》（1979）等。

（一）凌纯声的田野调查经历与民族志作品

1929 年，凌纯声获得法国巴黎大学博士学位后归国，即受聘于“中央研究院”社会科学研究所民族学组研究员，开始其毕生的民族学研究工作。在其研究生涯中，亲自参与或带队参与了诸多民族学田野调查，足迹

---

① 黄维君，徐达伟，凌纯聲（文化部国家文化资料库），http://nrch. culture. tw/twpedia. aspx? id=6311（2019 年 10 月 8 日阅读）.

遍布东北、西南、东南等地区，历次田野调查概况[①]大致如下。

1. 东北松花江下游赫哲族调查（1930 年）

1930 年 4 月，在“中央研究院”院长蔡元培和社科所所长陶孟和的支持下[②]，凌纯声与专任编辑商承祖前往东北松花江下游地区调查通古斯语族的赫哲族，被称为“中国民族学的第一次科学田野调查，成为中国民族学发展史上的重要里程碑”[③]。历时三个月，足迹遍布依兰、桦川、富锦、同江、绥远、饶河、虎林、宝清、密山、穆棱等县，通过此次调查，获得了大量关于赫哲族的社会状况及其生活资料和标本。其调研成果后来出版为专题民族志《松花江下游的赫哲族（上下册）》（1934 年）。

《松花江下游的赫哲族（上下册）》是一部通过翔实的田野调查而写就的民族志报告。凌氏调查的区域分属于赫哲族分布的松花江下游到同江至抚远段的黑龙江沿岸一带。全书分上下两册，共四章内容，即上册的“东北的古代民族与赫哲族”“赫哲的文化”“赫哲的语言”和下册的“附录：赫哲的故事”，另有插图 333 幅单独成册。

凌氏撰写的这本赫哲族的民族志，以赫哲族的文化为表述对象，这也体现了他本人将文化作为民族志研究对象的学术观点。全书的第二、三、四章都属于“文化”的核心范畴，他勾勒了赫哲的物质、精神、家庭和社会的宏观文化架构，并对赫哲族的文化细项进行了描述，“成为中国民族学者从事田野调查与撰写报告时之圭臬”[④]，日本民族学者泉靖一将其列为三部关于赫哲族的民族志著作之一，并认为“是非常出色的调查报告”[⑤]。

该民族志的材料丰富翔实，记述系统细致，引用的材料来自作者的亲身田野调查和对历史文献的研读，被称为“中国民族学家所编著的第一部具有规模的民族志专刊”[⑥]，“不仅成为中国民族学研究上的第一本科学民

① 祁庆富. 凌纯声和他的《松花江下游的赫哲族》[J]. 中南民族大学学报（人文社会科学版），2004（6）：33-37；耿雯. 凌纯声与现代中国民族学［D］. 上海：华东师范大学，2014；周蕾. 凌纯声——中国边疆民族研究的开拓者［A］. 人类学的中国大师［C］，哈尔滨：黑龙江人民出版社，2008：163-165.

② 姬广绪. 凌纯声的赫哲族研究及其影响［J］. 文化学刊，2012（1）：106-110.

③④ 李亦园. 凌纯声先生对中国民族学之贡献［J］. 民族学研究所集刊，1970（29）：1-10.

⑤ 周蕾. 凌纯声——中国边疆民族研究的开拓者［A］. 人类学的中国大师［C］. 哈尔滨：黑龙江人民出版社，2008：159.

⑥ 吴文藻. 中国社区研究的西洋影响与国内近状［J］. 社会研究，1935：101-102.

族志，同时也是自1922年马林诺夫斯基出版《西太平洋的航海者》之后至1935年间，全球文化人类学家致力于基本民族志资料搜集与著述期中，重要的民族志书之一”①，也开创了民族学和文化人类学实地调查的传统。

2. 湘西苗族调查（1933年）

1933年5月1日，凌纯声与芮逸夫、勇士衡从南京出发前往湖南湘西进行苗族调查。全程沿长江西进经武汉、长沙抵达常德、桃源，再沿沅江至泸溪县浦市，从陆路抵达凤凰。在凤凰、乾城（今吉首）、永绥（今花垣）、麻阳、芷江等地进行调查，于同年8月1日返回南京，历时三个月。三人分工合作，凌纯声负责苗疆的地理、苗人的生活、习俗、音乐、鼓舞等方面的调查，芮逸夫负责语言、歌谣、故事的搜集与整理，勇士衡负责照相、电影和绘图。这次调查中运用摄影技术生成影像资料属于首次，标志着中国影视人类学的开始。在离开湘西后，他们聘请当地苗族人石启贵、吴良佐、吴文祥等协助继续做补充调查。此次调研，成果丰硕，1939年整理完成《湘西苗族调查报告》，于1947年出版。

《湘西苗族调查报告》是凌氏在民族志方面撰写的第二部作品，以湘西一带的苗族为调查对象，对苗族的文化进行了详细的描述。全书共十二部分，基本涵盖了苗族的历史、地理、经济、政治、宗教、语言等多方面。

全书以叙述性的报告形式翔实地记录了湘西苗族的生活与文化情况，是国内第一部全面记录苗族的民族志，全书客观、系统，纲目清晰，对后世的湘西苗族文化研究奠定了基础也产生了深远影响，直接推动了湘西本土学者的主位表述，即石启贵对湘西苗族文化的记录与书写（代表作是《湘西苗族实地调查报告》和《民国时期湘西苗族调查实录》），被评价为我国民族学研究的奠基之作，“其书写范式和表述理念深远地影响了中国民族学的发展”②。

3. 浙江丽水畲族调查（1934年）

1934年5月，凌纯声、芮逸夫、勇士衡等组队赴浙江南部丽水、景宁、云和、龙泉、遂昌、松阳、宣平（今属武义）等县调查畲族人民的生

① 李亦園．凌純聲先生對中國民族學之貢獻［J］．民族學研究所集刊，1970（29）：1-10.

② 颜安．浅评《湘西苗族调查报告》［J］．遵义师范学院学报，2015（01）：30-32.

活状况和社会情形，他们采集了很多图片和实物资料。这些资料中有“畲民调查品物约八九十种”参与了 1936 年 11 月在浙江图书馆举办的“浙江省文献展览会”。其调研成果由凌纯声写成《畲民图腾文化的研究》，于 1947 年发表。该成果探讨了畲族的起源、艺术、禁忌和宗教以及外婚制关系，特别是从畲民的图腾文化现象切入，指出畲民尊犬王盘瓠为祖，是古代原始图腾制度的反映，这一民族将此图案用于服饰、雕刻、图画、音乐、舞蹈及文学方面，以强化图腾信仰对本民族集团的精神控制。凌氏将畲民的犬崇拜，与亚澳美三洲的相关传说和图腾联系在一起，进行比较文化研究。

4. 云南少数民族调查（1935—1937 年）

在 1935 至 1937 年期间，凌氏先后多次到云南地区进行彝族、佤族、拉祜族、纳西族、傈僳族、景颇族、哈尼族、傣族的调查，并进行了体质人类学的测量。其调查成果写成了《云南民族的地理分布》（1936）和《孟定——滇边一个瘴区的地理研究》（1938）两篇文章。前篇刊登于《地理学报》第 3 卷第 3 期，内容涵盖地形与气候、民族与分类、区域的分布及垂直分布，含“云南地形图”“云南民族区域分布图”“云南民族之垂直分布图”，他通过与前人的研究成果对话，根据自己的实地调查资料，以语言为标准，结合体质和文化因素，提出蒲人、藏缅、掸人的三分法。后篇刊登于《西南边疆》创刊号上，文章根据实地调研所得的南汀河流域孟定地区气温、降水量以及雨季持续时间等方面的数据，结合人文因素，认为湿热、积水、黏土与林中湿地是蚊虫滋生的温床，而傣族人与畜同居、不修水利等生活习性使瘴疟流行，所以，地形与气候是瘴区的成因，需要人工改造地理环境即可减少瘴疟疾病的传播。

5. 川康羌族和嘉戎藏族调查（1941 年）

1941 年，“中央研究院”历史语言研究所与“中央博物院”筹备处组成川康民族考察团赴四川西北、西康东北进行调查。凌氏任团长，与史语所芮逸夫、“中央博物院”筹备处马长寿等人，对羌族、嘉戎人、罗罗人、西番人等的经济和生活状况、政治和社会情形、宗教、语言等项目进行了调查。调查区域遍布理番、靖化、懋功、丹巴、康定等县以及梭摩、卓克基、党坝、绰斯甲、巴底、巴望等土司地区，历时一年。此次田野调查中，凌氏发挥了组织和领导作用，调研活动中获得了大量边政学田野资料。

6. 台湾少数民族调查①

1949年到台湾后，凌氏初任编译馆职员。与何联奎、卫惠林、林衡立、张才等人合组台湾中部山地民族学调查团，调查台中县仁爱乡春阳社泰雅人、南投县和平乡平等村布农人、嘉义县吴凤乡达邦村曹人。其中凌氏的成果结合之前的云南调查以《云南佧佤族与台湾高山族的猎头祭》发表。

1949年8月凌纯声被聘为台湾大学考古人类学系教授，开始台湾人类学民族学的人才培养和学科建设工作。教学中，他承担“东南亚民族研究”“民族调查方法”“物质文化”等课程。1953年2月，凌氏亲自带领学生到台东纵谷地带的花莲田埔南势阿美聚落等地进行田野调查实习，内容涉及部落组织、阶级制度、世袭制度，范围遍布荳兰、里漏、薄薄、七脚川、饱干、归化等阿美人村落。此次调查，时间短暂但成果丰富，包括阿美人的物质生活、社会组织及宗教巫术、知识和艺术等内容，调研成果以《花莲南势阿美族初步调查简报》呈现。其学生李亦园回忆“学生们经常跟他出去做田野，接触频繁，跟他比较接近”②。

1955年8月任台湾民族学研究所筹备处主任，着手创立民族学研究所“从事台湾土著民族及中国民族文化史之研究”③。建所初期，工作重心主要是研究岛内少数民族文化。1955年，凌氏与芮逸夫、陈其禄、李亦园、唐美君以及台湾大学医学院余锦泉等人调查日月潭的邵人，并出版《邵族调查之报告》。1955年12月，凌氏带领民族学所团队成员到屏东县来义乡调查排湾人，调查区域集中在来义乡的望嘉、白鹭、古楼、文乐、来以等村社，此次调查获取大量标本和文物，是该所首次开始收藏标本，本次调查也是该所全体成员参与的首次集体调查。1956年初，凌氏与卫惠林前往

① 何星亮. 20世纪下半叶台湾和香港的人类学与民族学研究概述［J］. 西藏民族学院学报（哲学社会科学版），2004（2）：66-72.

② 李亦园，黄克武访问，潘彦蓉记录. 李亦园先生访问纪录［M］. 台北：近代史研究所，2005：63-64.

③ 李亦园. 四十年来的民族学研究所——一个全程参与者的回顾与反思［J］. 民族学研究所集刊，1995（80）.

台东县知本村调查卑南人，此行凌氏发现木制吐舌人像，之后多次收集田野资料，著有《台东的吐舌人像及其在太平洋区的类缘》一文。1958 年，凌氏带队赴花莲光复乡阿美人马太安社、宜兰县南澳乡泰雅人（1960—1962）等地进行田野调查活动，搜集整理了各类资料和实物标本。这些实物标本成为民族学研究所民族学标本室（今“民族学研究所博物馆”）的重要素材。凌氏在台湾的田野调查研究，弥补了台湾少数民族研究注重文献整理的缺陷，他将大陆的田野传统注入台湾少数民族文化研究中，使得台湾的少数民族研究开始田野与文献并重。

凌氏丰富的田野调查经历，为其民族志和民族学研究奠定了丰厚的基础，也为中国民族学田野调查和研究累积了资料和成果，同时也延续了田野中国学的传统。

（二）凌氏“科学救国”的民族志研究追求

从晚明西方传教士的文化影响到晚清西方坚船利炮打开国门，“西潮东渐”，即近代西方政治制度、科学技术和文化观念的冲击，渐使中国发生根本性变革，不得不“从天下到国家”[①]，1911 年的辛亥革命使得中国从传统帝制国家向现代共和国家转型，需要在清帝国疆域和民族基础上重新整合一个新国家，即将疆域内各民族渐趋纳入一个“中华民族”之中，以形成一个庞大的（多）民族国家。[②] 当然在这一过程之中，内部和外部因素激发出知识界对民族和国家的各种讨论。在内部，以章太炎为代表的革命派和以梁启超为代表的保守派在“民族”“民族主义”上激烈交锋，如杨度归纳的“两者的‘民族主义’名同实异，前者是‘血统说’，是‘以种族为民族’，后者是‘文化说’，是‘以文化为民族’”[③]，不过，鉴于在中国任何人当权都无法接受割地、裂国的罪名，用革命派的手段得到民族重建的权力后，不得不妥协使用保守派的策略，即清帝退位后发布诏

① ［美］列文森（Joseph R. Levenson）. 郑大华 译. 儒教中国及其现代命运［M］. 北京：中国社会科学出版社，2000：87.

② 葛兆光. 纳“四裔”人“中华”？——1920—1930 年代中国学界有关“中国”与“中华民族”的论述［J］. 思想，2014（27）：3.

③ 杨度. 金铁主义说［N］. 中国新报第五号（1907 年 5 月 20 日），第 18 页.

书，呼吁“合满、汉、蒙、回、藏五族完全领土为一大中华民国”，孙中山就任中华民国临时大总统也宣布接受“五族共和”的建国方略。在外部，西方世界，特别是日本因素对中国周边、疆域、民族等议题带来诸多困扰甚至破坏，① 他们对保全还是分割中国讨论异常热烈，其中主流希望日本拯救亚洲，将其势力延伸到朝鲜、满洲及蒙古，并将中国限制在长城以南成为汉民族国家，这激起了深受大一统理念影响的中国当权者和知识界的民族意识。为保全“大中国的文化立场”“中华民族”在内忧外患中获得认同，到 1920—1930 年代，出现了“中华民族是整个的”②，从法理和学理上试图“纳四裔入中华”③。知识界，特别是历史学家、考古学家、语言学家和民族学家为应对这种挑战而学以致用。傅斯年领导的历史语言研究所，自始就有意识地进行“汉族地区周边的四裔历史与语言”“中国境内的各民族遗迹”研究；以李济为代表的考古学，自其诞生起就肩负为中国文明找源头、为中国民族定边界的重责；语言学方面，一边推广以汉语为基础的国家通用语来配合统一国家认同的需要，一边采集各种方言和他民族语言来强化大一统国家的内部认知和整合。

在这个时候，由西方传入中国并逐渐建制化的民族学，也发挥了其不可替代的作用。蔡元培于 1926—1934 年先后发表《说民族学》《社会学与民族学》《民族学上之进化观》，较全面地阐释了其民族学观点，并为民族学在中国作为一门独立学科而拓荒④。由于人力、财力所限，独立的民族学研究所未能在建院之初设立，只好在中研院社会科学研究所下增设民族学组⑤，蔡氏亲自兼任组长并规划出诸多研究课题，其中首先进行的就是有计划有组织地赴全国各地进行民族学田野调查，旨在一方面对话国外学

① 这里的日本因素，主要指 1894 年的甲午战争、十年新政、二十一条引发的“五四运动”以及第二次世界大战中的日本侵华。

② 傅斯年. 傅斯年全集（第四卷）[M]. 长沙：湖南教育出版社，2003：125-127.

③ 葛兆光. 纳“四裔”入“中华”？——1920—1930 年代中国学界有关“中国”与“中华民族”的论述 [J]. 思想，2014（27）：15.

④ 牛锐. 蔡元培：研究民族学以终老 [N]. 中国民族报，2008-4-11（4）.

⑤ 由于主流学界对民族问题的关注日增，在 1934 年 4 月，社会科学研究所下的民族学组调整到历史语言研究所，成为史语所的第四组，民族研究和调查与历史学、考古学、语言学、人类学合在一起。到 1956 年，凌纯声担任民族学研究所筹备处主任，历时 10 年，于 1966 年成立独立的民族学研究所。

术观点以突显中国学术的自立自主意识，另一方面通过各民族的调查实现“纳四裔入中华”的文化策略①。凌氏在大陆进行的东北赫哲族、湘西苗族、浙江畲族、云南少数民族、川康少数民族等田野调查就是其中的重要组成部分，其中关于赫哲族、苗族的调查及其民族志作品其结论也证实东北、西南边区的少数民族与汉族的密切关系。凌氏通过自身田野调查并结合历史文献而呈现的基于“文化之民族”的“科学实证”研究成果，正是他以“科学”为手段，达致拯救国家的学术目的②，这也正是我们“田野中国学”所倡导的“创知致用”的学术理念。

（三）创知基础——“比较民族学”的前期准备

前述田野调查方法和技术是完成民族志的重要基础和前提，没有田野调查方法和技术支撑的田野作业，就无法掌握和获得撰写民族志的基本材料。当然，民族志的撰写也有基本的原则要遵循。凌氏主张的民族志是对文化进行记录的民族学，这从其代表作《松花江下游的赫哲族》《湘西苗族调查报告》中可以看出，两本民族志都是对其所调查的对象赫哲族、苗族的文化进行了详细的记录与描写，蔡元培称其作品是“记录的民族学”的一个标本③。相较于凌氏导师莫斯的《巫术的一般理论》《论爱斯基摩人社会的季节性变化：社会形态学研究》④ 两部作品，被誉为科学民族志之父马林诺夫斯基的《西太平洋的航海者》等西方民族学人类学学者的著作而言，凌氏的民族志著作具有侧重其理解的文化框架下进行分类记录的特点，较少议论或评价；而西方学者的作品则是兼具记录的、议论的甚至是比较的表述写作特点。

从其民族志作品中也显见，凌氏在民族志撰写方面，对其研究对象

---

① 葛兆光. 纳“四裔”入“中华”？——1920—1930 年代中国学界有关“中国”与“中华民族”的论述［J］. 思想，2014（27）：37.

② 这其中也包括凌氏在 1940 年代所从事的边疆边政研究与在政府部门边疆司的工作，也是企图达致学术报国之目的.

③ 胡起望. 蔡元培和民族学［A］. 民族学研究第 1 辑［C］. 北京：民族出版社，1981：257.

④ 凌氏导师莫斯的这两部作品的目录可参见本书第六章“严如熤创知致用的田野研究及其对清中期世界田野学科的贡献”。

"文化"的理解是借鉴了西方人文社会科学的物质、精神、社会生活的划分方法，并在此大分类下进行小类的划分，如，他认为文化是人类为适应自然环境而谋生的工具，所以生活影响文化，对民族文化的研究要从观察他们的生活开始，具体而言可以从三方面切入：一是物质方面，包括食料、嗜好品、装饰、衣服、居住、渔猎、畜牧、行等在内；二是精神生活方面，如儿童游戏、唱歌、乐器、宗教、民间故事、计数、天文地理、语言文字、图画、雕刻等；三是社会生活方面，包括家庭、社会组织、道德、社会关系、贸易、交通等。[①] 然后，根据这样的框架进行田野调查和民族志撰写，其调查方式和写作方法承继了中国古人的田野传统和方志写作要领，是凌氏特色的分类法与田野方法[②]。凌氏的这种方法，对后来中国学者的田野调查和民族志撰写产生了重要影响。特别是 20 世纪 50 年代所开展的"少数民族社会历史调查"等活动及其成果（民族问题五种丛书），基本都沿袭了凌氏的思路和做法。这也是中国学者对世界民族学人类学田野民族志的贡献。

基于凌氏分类法与田野方法而形成的民族志和调查报告，正是他后来进行其"比较民族学"研究的铺垫和累积。1949 年凌氏到台湾后，除继续领导和组织进行台湾地区的民族田野调查外，其自身的研究重心已放在了对不同文化的比较、传播研究上。这一时期的成果明显不同于其前期的"分类田野和民族志撰写"，而是更加凸显其在西方接受民族学系统训练所习得的比较研究，特别表现在对文化、历史的贯通和比较上。凌氏突破西方学者的"印度尼西亚文化圈"学说的地理局限，认为在远古，不仅东亚大陆、东南亚及南洋群岛已构成更大范围的"亚洲地中海文化圈"，[③] 甚至东西太平洋地区也存在共同文化因子。为此，他对各类文化特质进行考述，发表了《树皮布印文陶与造纸印刷术发明》《台湾与东南亚及西南太

---

① 凌纯声. 民族主义与民族学［N］."国立"劳动大学周刊，1931-5-16（1）.

② 本书第六章"严如熤创知致用的田野研究及其对清中期世界田野学科的贡献"。

③ "亚洲地中海"一词，由凌纯声于 1954 年提出，指亚澳两洲间由众多岛屿围绕形成的海域。周边岛弧自北向南而西为"阿留申弧、千岛弧、日本弧、琉球弧、菲律宾弧、摩鹿加弧，自帝汶而爪哇至苏门答腊的马来弧再北上有安达曼弧"，此海域由台湾岛为中心分为南北两部分，简称南洋和北洋。中国大陆东海岸属于北地中海，沿海而居的为古亚洲人及印度尼西亚人。参见：凌纯声. 中国古代海洋文化与亚洲地中海［J］. 海外杂志，1954. 3（10）；耿雯. 凌纯声与现代中国民族学［D］. 上海：华东师范大学，2014：44.

平洋的石棚文化》等成果，聚焦境外的海洋文化研究。这些研究涉及地域之广也不受现代国族地理约束①。由此，开始构筑其最终的理论成果——“环太平洋文化圈”理论。这样基于前期田野调查和民族志成果的比较分析，是凌纯声知识创新的展现，换言之，凌纯声所做的各民族田野实地调查和民族志撰写都是为其进行知识创新（比较分析）做准备和定基础。

（四）理论建树——“环太平洋文化圈”

西方民族学的诞生是以研究异民族文化为己任的，目的是通过对他民族文化的研究反观自省。如，人类学历史学派的博厄斯，通过对诸多他民族的文化研究，认为每个民族的文化都必须放在其自身的历史情境中去理解，各民族源于自身历史处境的文化都是相对的，文化本身没有优劣，即文化是平等的。而中国民族学，以凌氏为代表的研究，一开始就是坚持中国固有的传统和文化立场，即“天下一家”，他对赫哲族的研究、对苗族的研究，认为“通古斯不是东胡，而是东夷的一种”“苗汉同源”，这些民族及其文化都是奠定于中国疆域境内且相互联系，有着相同的文化和历史渊源。之后对畲族、瑶族、云南少数民族、川康少数民族的调查和研究，已经透露出他特别重视文化特质，并开启不同民族或相邻民族之间文化特质的比较研究，这为他之后进行的更宏大的跨区域比较民族学研究奠定了基础。

凌氏的视野转向更宏大的区域——环太平洋区域，是基于他在西方所受的系统民族学训练②和在中土扎实丰富的田野经验以及他自身的娴熟的古文献释读能力。凌氏“环太平洋文化圈”理论的构建是以文化传播论为理论基础的，研究思路上“主张对文化本质的探讨就是对文化起源的追溯，而环太平洋区域文化的起源就是中国远古文化”③。现在来看，这一理

① 胡文辉：被忘却的人类学大家——凌纯声［N］. 邵阳日报，2014-06-13（4）.

② 凌氏坦言“我受了黎维（Paul Rivert，其在巴黎留学的老师之一）师的熏陶，对横渡太平洋文化问题早已发生兴趣，到了台湾研究土著亦是属于南岛语系与马来—波利尼西亚同一语言和文化，更增加了我的信心”。参见：凌纯声. 中国远古与太平印度两洋的帆筏戈船方舟和楼船的研究［J］. 民族学研究所专刊（十六），1970：3.

③ 耿雯. 凌纯声与现代中国民族学［D］. 上海：华东师范大学，2014：44.

论也是他民族学人类学研究生涯的最终理论建树。

1949—1978 年，凌氏在台湾度过其余生，也完成其最终理论建构。30 年的时间内，凌氏以 45 篇论文和 5 本专刊的成果，对东南亚文化重新界定后，完成其“环太平洋文化圈”的理论建构。该理论从现代推及远古，空间跨越太平洋，田野与文献方法并重，学科兼顾民族学、考古学、语言学和人类学，研究成果补充了西方学者太平洋文化研究缺乏中国因素的论断，并提出“中国土著为海洋民族，中国古代文化的底层是海洋文化”“中国海洋土著民族在亚洲美洲之间的迁移促成文化传播”“环太平洋文化源于亚洲北地中海的中国海洋文化”等创见。尽管这些观点因其在理论根基上偏重文化传播论而尚有商榷的余地，但凌氏毕其一生构建的宏大文化史观与文化特质研究，为后世提供了诸多养分。尤其是“看到新的考古资料对凌先生的几点重要推论（南方文化的底层、中原文明的海洋背景、华南和东南亚古文化的类似性与历史关系等）给了有力支撑”① 时，凌氏民族学学术研究的远见卓识更是无法低估。

可见，凌氏的“环太平洋文化圈”理论中有着浓厚的中国文化传统——环太平洋地区文化与中国古文化是一个整体，即“天下一体”。这是凌氏对世界民族学作出的中国贡献，也是田野中国学先行者贡献给世界学术的智慧。

（执笔：程林盛）

二、费孝通“志在富民”的人类学思想及其学术价值

费孝通先生是享誉海内外的社会学家、人类学家、民族学家，也是我国社会学、人类学奠基人。作为一名学者，费孝通始终认为“真正的学

① 张光直. 考古人类学随笔［M］. 台北：联经出版社，1995：123.

术”，就是“有用的知识”，学术可以作为装饰品，亦可以作为粮食，费孝通坚定不移地选择了后者，[1] 这体现了他“经世致用”的学术宗旨，而这些知识的“功用”，就是“志在富民”。他说：“推动我一生学术工作的主要动力，就是希望为农民富足、农村兴旺、中国强盛做点实事”，在 80 岁生日宴会上他再次明确表示，我这一辈子做的最有意义的事情，就是“志在富民”。

（一）费孝通“志在富民”的人类学思想溯源和发展

费孝通这种“志在富民”的人类学思想，既离不开现实条件，也有一定的理论基础。探究费孝通“志在富民”思想的渊源，至少应该从以下三个方面入手：

1.“志在富民”思想在时代呼唤中产生

每一种思想的产生都是特定历史条件下的产物，恩格斯说：“历史从哪里开始，思想进程也应当从哪里开始，而思想进程的进一步发展不过是历史过程在抽象的、理论上前后一贯的形式上的反映。”[2] 费孝通“富民”思想的产生和发展离不开中国乃至世界的现实条件。费孝通的一生经历了社会“三级两跳”的未有之大变动，他出生在晚清时期，当时腐败的封建统治桎梏了社会生产力的发展，沉重的封建剥削迫使中国人民处在水深火热之中。20 世纪初，发达的资本主义国家相继完成第二次工业革命，包括日本在内的许多国家生产力得到飞速发展。而此时的中国，不仅没有搭上这趟革命快车，还深陷内忧外患的泥淖之中无法自拔。随着帝国主义商品的大肆倾销，中国农民赖以生存的小农业与家庭手工业结合的自然经济根基被动摇，人民生活举步维艰。20 世纪四五十年代以后，中国人民不得不走上抗日战争、解放战争的救亡图存之路，经过中华儿女的浴血奋战，终于推倒了三座大山迎来了新中国的成立。可以看出，费孝通成长所经历的晚晴、民国、新中国三个时期，社会经历着未有之动荡，童年时期的费孝通常常不得不跟着家人四处逃难，他亲身经历了中国人民的苦与难，目睹

① 张冠生．费孝通传［M］．北京：中国友谊出版公司，2012：140-141.

② 马克思，恩格斯：《马克思恩格斯选集》第 2 卷［M］．北京：人民出版社，1995：122.

了包括他的父亲、母亲、姐姐等亲人在内的绅士阶层在变革时代做出的诸多尝试，这对费孝通产生了极为重要的影响，由此产生了“天下兴亡，匹夫有责”的责任感，树立起“为中国之崛起而读书”的远大志向。

2. “志在富民”思想在求学中厚植理论根基

费孝通少年时就非常有文采，初中时他的文章便在商务印书馆的《少年》杂志上发表，费孝通备受鼓舞并对写作产生了浓厚的兴趣，他也由此养成了写散文和随笔的习惯，为后来的学术创作奠定了良好的文字功底。[①] 中学毕业后他带着救死扶伤的志向报考了东吴大学医预科。但经过两年的学习观察，费孝通认为中国人民的痛苦更多的是来自贫穷，这个阶段费孝通深受严复的“群学”思想影响，认为社会学是一门研究群体生活的行为科学，在他的主观世界里社会是满足人的生活需要的手段，如果无法满足就得改造，受这种观点的引导他转入了燕京大学社会学系，希望通过学习社会学科的知识来认识和改造中国社会的愿望日益强烈。进入社会学领域后，费孝通翻译了人生中第一部社会学著作——乌格朋的《社会变迁》，他对作者“科技进步引起社会变迁”的理论深表赞同，[②] 在这种观点的引导下，他更加坚定了用社会学学科知识认识改造社会的初衷，这种想法体现了费孝通心系社会的博大情怀和建设祖国的远大抱负，也埋下了费孝通“志在富民”的学术火种。

在燕京大学，费孝通师从著名的吴文藻教授，吴文藻教授是倡导“社会学中国化”的第一代社会学学者，他坚持“以试用假设始，以实地证验终，理论符合事实，事实启发理论，将理论和事实糅合在一起，获得一种新综合，而后现实的社会学才能根植于中国土壤之上”的立场，主张社会学是社区文化制度的比较研究，以他为代表的社区研究学派一度成为社会调查的先锋队伍。[③] 对此，费孝通深受影响，但这时他的认识还只是停留在书生之见的阶段，直到在大四那年他遇到了前来燕京大学讲学的派克教授，派克教授提出要去到群体生活中直接观察人们的社会活动的研究方

① 费孝通，方李莉：早年生活与文化熏陶——费孝通访谈录［J］. 民族艺术，2002（03）：12.

② 费孝通. 费孝通论文化与文化自觉［M］. 北京：群言出版社，2007：110.

③ 吴文藻. 论社会学中国化［M］. 北京：商务印书馆，2010：3-7.

法，包括费孝通在内的青年学生以此为入门之道，纷纷走出书斋开始上山下乡做实地调查。另外，派克教授公开的说明这种研究方法是从人类学而来，对此费孝通深受启发，于是本科毕业后费孝通来到清华大学跟随人类学权威专家史禄国教授学习，成为他门下唯一的研究生，跟随史氏学习期间，费孝通形成了严谨的科学态度和各个民族在社会结构上各具特点、自成系统的认识，[①] 为后来“中华民族多元一体格局”主张的提出奠定了思想基础。据费孝通总结，他的研究方法在 20 世纪 30 年代初期开始形成，他在燕京和清华的学习，坚定了他运用理论知识解决现实问题的学术追求。

1935 年，费孝通携新婚妻子王同惠到广西大瑶山开展实地调查工作，妻子不幸去世，他本人也身负重伤，他把对亡妻的悼念化作了对学术追求的不竭动力，在病榻上完成第一本社会实地调查成果——《花篮瑶社会组织》。由于姐姐费达生在开玄弓村试办农村生丝精制产销合作社的缘故，身体未痊愈的费孝通于次年来到这里进行疗伤休养，在这期间费孝通第一次真正意义上地接触观察到了中国农村生活，在这里，他看到了中国农民艰难贫困的生活现状，并为他姐姐这种“治平”的变革精神所震撼，促使费孝通也产生了尽力使中国农民脱贫致富的使命感，于是，“富民”之志在他心里扎下根来，由此开始了他长达七十年的“富民”探索。

次年，费孝通将在开玄弓村调查的资料带到英国伦敦政治经济学院，跟随马林诺夫斯基学习人类学。马林诺夫斯基是现代人类学的奠基人，他是“功能主义学派”代表人物，他主张文化整体论、实证论、微型社区研究论和功能分析论，认为“文化的意义在其功能”“文化是一个功能性的整体”“文化的功能归根结底是在于满足人的生物性需要”。[②] 其实在受学于马林诺夫斯基前，费孝通就深受严复的“群学”思想影响，这种思想与马林诺夫斯基的功能主义有相似之处，加上师从史氏时就着重人的生物基础和社会结构的整体论和系统论[③]，所以费孝通自称去伦敦以前就是一位

① 费孝通. 费孝通论文化与文化自觉［M］. 北京：群言出版社，2007：111.

② 谢立中. 从马林诺斯基到费孝通：一种另类的功能主义［J］. 南昌大学学报，2007（02）：1-2.

③ 费孝通. 费孝通论文化与文化自觉［M］. 北京：群言出版社，2007：112.

“功能主义者”了，在师从马氏后，更是成了其“功能学派”的坚定支持者，并在马氏的指导下完成了著名的《江村经济》。但随着他学习的深入，他发现马氏主张“文化中一切要素都是有用”的观点是在走向一种极端，这引起了学界的批判，其中就有另一位人类学大师布朗，布朗认为“功能的意义不必挂在有用无用的鉴别上，更不应当和生物需要挂钩”，在此基础上布朗提出了“结构功能主义”，刚开始费孝通陷入了这两种争论的迷阵中，是涂尔干的著作以及费孝通在瑶山和江村的实地调查经历带他走出了思想的泥淖，并逐渐向布朗的“结构功能主义”靠拢。[①] 于是从《云南三村》的调查开始，费孝通就进行了从功能主义者转向结构功能主义的尝试，终于在《生育制度》一书中在理论上完成了这种转向。

纵览费孝通的求学过程，从医预科转入社会学再到人类学，从北平问学远赴伦敦深造，从“功能主义”转向“结构功能主义”，他都始终坚持对知识的不断求索，表现出了非凡的意志力、敏锐的洞察力和卓越的创新意识，这一切都为回国以后进行人类学研究奠定了坚实的理论基础和严谨的治学态度。另外，即使学习的专业、研究方法一直在变化，但他学习的根本目的始终没有动摇，即“认识中国，改造中国，帮助人民走上致富之道”，在这种“志在富民”的学术信念指引下，他为建立一门“迈向人民的人类学”而皓首穷经，产生了非常重要的学术价值和实践意义。

3. “志在富民”思想在实践中不断丰富发展

费孝通的“富民”研究是从他的家乡吴江开始的，《江村经济》在此基础上问世，在这本书中他直面造成中国农村困难的真正问题——农民饥饿，创造性地提出了通过发展乡村工业使农民致富的观点。[②] 1945 年，费孝通等人在艰苦卓绝的条件下完成了对禄村、易村、玉村的调查并著《云南三村》，他们在江村的基础上采取比较研究方法，明确指出了当时农村土地所有制的不合理之处，并提出了农村土地所有权和使用权分离的观点。[③] 1957 年，费孝通以《重访江村》为题，独树一帜地提出了在坚持农

---

① 费孝通. 费孝通论文化与文化自觉 [M]. 北京：群言出版社，2007：114.

② 费孝通. 江村经济 [M]. 上海：上海世纪出版集团，2007：211.

③ 费孝通，张之毅著. 云南三村 [M]. 天津：天津人民出版社，1990：47.

村合作社的同时应该发展副业和乡村工业的观点，实现农民增加收入。[①] 现在看来，费孝通的这个想法是符合中国的现实情况的，是正确的富民主张。但不幸遇到国内政治运动的浩劫，使得他的"富民"研究搁浅近 20 年，但他的"富民"信念矢志不渝。"文革"结束后，他的"第二次学术生命"再次以江村为起点，他在访问江村中发现农工结合的社队工业发展缩小了城乡差距，缓解了城市人口压力，促进了乡村人口致富。他从中看到了工业巨大的发展潜力，并提出"工业下乡"的农村致富策略，为实现工农结合、缩小工农差距开辟了道路。[②]

随后他"更上一层楼"，将研究目光投放在了小城镇的问题上。基于对现实条件的准确把握和富民思想的正确指引，费孝通由点及面，从吴江到江苏，再从江苏放眼全国形成了小城镇研究体系，接连写出了《小城镇大问题》《小城镇再探索》《小城镇苏北初探》《小城镇新开拓》《<中国城乡协调发展研究>后记》《中国城乡发展的道路》和《小城镇研究十年反思》等系列研究报告，并因地制宜地提出了适应中国农村经济发展的"苏南模式""温州模式""珠江模式""耿车模式""常德模式""宝鸡模式""民权模式""侨乡模式"等多种致富模式，各个模式各有其特点和要求，同一目的则是发展经济、脱贫致富、振兴中华。[③]

改革开放后，费孝通又以敏锐的眼光捕捉到了发展区域经济这个具有蓬勃生命力的主题，他在模式对比研究的基础上，开始思考如何安排全国这盘经济大棋。在大量的实地调查基础上，费孝通先后提出建立"临夏—海东经济协作区""黄河上游多民族经济开发区""黄河三角洲开发区""长江三角洲经济开发区""东北亚经济发展区""欧亚大陆经济走廊"等一个个宏观设想。在"全国一盘棋"的经济发展研究中，费孝通还尤其关注边区发展，他认为中国的发展，从地区来讲是一个先发展和后发展的问题，从个人来讲是一个先富后富的问题。"共同富裕，协调发展"的指导

---

① 费孝通. 志在富民：从沿海到边区的考察（代序）[M]. 上海：上海人民出版社，2007：2.

② 费孝通. 三访江村——英国皇家人类学会 1981 年赫胥黎纪念演讲 [J]. 江苏社联通讯，1981：49-57.

③ 费孝通. 志在富民：从沿海到边区的考察 [M]. 上海人民出版社，2007：341.

思想不能动摇，他提出了“一靠国家支持，二靠自己走路”的发展路径和“以东支西，以西资东，互惠互利，共同繁荣”的思想方针。①② 随后，费孝通开始将研究重心转移到山区经济发展上来，为此80多岁高龄的他一路舟车劳顿，先后走访甘肃、云南、四川等地区，提出了采取“一点一线一面”的发展方针，这说明费孝通的研究开始渐渐由微观分析确立模型转移到宏观思考区域规划的道路上来，③ 他把全国经济视为一盘棋，力求实现地区发展和全国经济发展的有效结合。

费孝通的富民足迹遍布大江南北，在行行重行行的实践中，他始终关注与农民生活息息相关的民生问题，提出了一系列提高农民收入的富民建议，在他的帮助下农民的生活得到有效改善，农村地区的经济有了持续发展的根基。在人民生活水平不断提高了以后，费孝通并没有停止富民思考，回应与他的同学利奇的分歧时，他开始意识到“浸润在各种文化之中而具有不同人生态度和价值观念的人们更趋于生活在一个‘你离不开我，我离不开你’的一体当中，如何在尊重多元的基础上和平共处、共同生活是一个亟待重视的大问题，其中文化的隔阂而引起的矛盾会威胁人们的共同生存”。④ 1992年访问孔庙后，这种意识更加清晰明了，由此他开始对自己的研究做出了“只见社会不见人”的深刻反思并从而将着眼点转移到对人的心态研究上来，这是费孝通的“志在富民”思想在精神层次的表达。在这个层面上，费孝通提出了基于“文化自觉”之上的“各美其美，美人之美，美美与共，天下大同”的文化理想。由此，志在富民的实践完成了从个人富裕到社会发展，从物质财富到精神富足的飞跃。

（二）费孝通“志在富民”的人类学思想旨趣

1. 注重经世致用

我们认为，“经世致用”是费孝通人类学思想的一大特点，主要表现

① 费孝通. 志在富民：从沿海到边区的考察［M］. 上海人民出版社，2007：245.

② 费孝通. 志在富民：从沿海到边区的考察［M］. 上海人民出版社，2007：277.

③ 费孝通. 志在富民：从沿海到边区的考察［M］. 上海人民出版社，2007：400-401.

④ 费孝通. 缺席的对话——人的研究在中国——个人的经历［J］. 北京：读书，1990（10）：3-11.

在以下几个方面：第一方面是“古为今用”。费孝通出生在江南地区一个传统的知识分子家庭，他虽然是在新式教育下成长起来并自认国学基础较差，但是他的外祖父深受儒家思想影响，国学功底深厚，他时常同费孝通讲中国文字的起源等知识，[①] 在这种文化氛围的熏陶下，费孝通在一定程度上受到了以儒家文化为核心的中华传统文化的影响，“经世致用”是儒家思想要求“入世”和“济世”的体现，也是大部分中国知识分子一以贯之的学术宗旨，其中康有为就是代表之一。在这种思想的影响启发下，费孝通力求将自己的学术研究与解决社会发展的实际问题紧密结合，提出了许多益于社会发展的真知灼见，他的治学思想具有鲜明的“经世致用”特点。值得一提的是，在费孝通晚期尤为重视对中华传统文化的思考并提出了“文化自觉”思想，这也是“古为今用”的一大成果。

第二方面是“洋为中用”。费孝通的家庭是最早受到西方思想影响的家族之一，他自幼也是在这一影响中成长起来的，再到青年时期的西方求学经历，可以说费孝通是喝足了洋墨水的新知识分子。鸦片战争爆发后，西方势力的侵略式渗透导致了社会秩序和人心秩序的双重迁移，学界一部分知识分子展开了“西体中用”的学术探索之路，其中，费孝通的老师吴文藻教授针对社会学机械式复制西方模式的困境破了题，他大力提倡的“社会学中国化”主张与费孝通以社会人类学知识认识中国、改造中国的志向不谋而合。为此，费孝通远赴伦敦系统地接受了西方人类学知识训练，得到了史禄国、马林诺夫斯基、派克等国外人类学社会学大师的指导，还广泛涉猎了如布朗、涂尔干等著名人类学家的学术思想，学成归来的他将马林诺夫斯基的“功能主义”和布朗的“结构功能主义”相继引入中国社会人类学界，并结合中国社会的实际对其进行创新发展，进而形成了独具中国特色的社会科学本土化研究方法。

第三方面是“学为实用”。费孝通认为“学术就是有用的知识，有用就是对改善人民生活和推进社会进步有益，为民族生存所必须”。可见，相较于当时主流人类学学者认为“人类学应该是做文化的诠释和纯学术的研究，而不应带有应用的目的”的自命清高，费孝通对于自己“经世致

① 费孝通，方李莉：早年生活与文化熏陶——费孝通访谈录［J］. 南宁：民族艺术，2002（03）：12.

用，志在富民”的学术立场毫无掩饰，他基于这个立场，由点及面地形成了“江村经济——行行重行行——文化自觉——天下大同”的富民思想谱系，在“经世致用”的思想指导下，他的研究能始终紧跟时代和社会发展的脉搏，紧扣人民不断变化的需要，产生了大量益民益世的富民成果，这些成果都蕴含着一位学者对国家、人民命运的终极关怀。

2. 坚持从实求知

费孝通说：“在个人的学术生涯中，我一直努力将所学的有关这门学科和其他门类的知识与中国实际的社会变迁及文化问题联系起来，我说这种方法可以被称为从实求知。”① 他十分重视到实地去进行研究，将深入实地视为这门学科的根基所在。不仅如此，费孝通在实地调查中还极为严谨细致，小到农户家里烧火用的器具都会被费孝通详细地记录在随身携带的小本子上，基于这些翔实丰富的一手资料，再进行系统的整理和具体的分析。他走访了绝大部分少数民族聚居地，每到一处他就会脚踏实地地进行实地调查，分析当地造成贫困的原因，因地制宜地为该地的经济发展提出许多建设性建议。在他的建议与帮助下，临夏、海东、赤峰、包头、金秀、定西、广宗、沧州等地方都发生了巨大变化，当地人民的收入有了不同程度的提高。可见，这些“富民”的见解无一不是他坚持不懈地进行实地调研得来的。② 而且，在实地调查中他也丝毫没有知识分子的优越感和国家领导人的花架子，每到一处，他就深入田间地头，走村串户，和农民像亲人朋友一样聊天，了解他们的生活，发现他们的困难，留给村民和蔼可亲、平易近人的印象，他的观点极易被广大人民群众接受。③ 费孝通去世后，他所工作过的地方、调查过的村庄都举行了多种形式的纪念活动，一位村民悲恸地说：“费先生的去世，让我们感到好像失去了一位亲人。”④ 足见人民群众对这位“从实求知”的学者的爱戴。

可以说，“从实求知”是费孝通的一大治学特色，所以即使初入瑶山就付出了一死一伤的惨重代价，他仍先后六上瑶山展开实地调查；即使战

① 费孝通. 费孝通文集（第十五卷）［M］. 北京：群言出版社，2001：380.

② 徐平等. 费孝通评传［M］. 北京：民族出版社，2009：309-312.

③ 昔日部下深情回忆费孝通：不搞花架子的领导，2005 年 4 月 27 日，人民网—江南时报，http://news.sina.com.cn/c/2005-04-27/04235759240s.shtml.

④ 徐平等. 费孝通评传［M］. 北京：民族出版社，2009：317.

火纷飞困难重重，他和同事还是坚持深入西南边陲进行田野工作并完成《云南三村》；即使70多高龄并患有先天性哮喘，他也不顾身体安危挺进海拔4000多米的高原地区进行调研……在费孝通近70年的学术生涯中，他“从实求知”的脚步几乎踏遍大江南北（除台湾、西藏以外），关于“从实求知”的生动事例不胜枚举，他一生笔耕不辍，写下了七百多万字的学术成果，这对于中国乃至世界人类学界都是一笔宝贵的学术遗产，他这种坚持“从实求知”的治学精神也为我们田野中国学以及整个学界提供了丰富的精神养料。

3. 实现继承创知

如上所述，费孝通的“志在富民”思想不是凭空产生的，而是基于大量的实地调查并结合中国社会主义建设的伟大实践中形成的，是在继承包括马林诺夫斯基的“功能主义”和布朗的“结构功能主义”在内的人类学理论基础上产生的。费孝通的代表作之一——《江村经济》是在马氏的指导和鼓励下完成的博士论文，由于师承关系，这本书严格遵循了马氏功能主义的基本理论和方法论原则，如“功能论”“需要论”“整体论”“实证论”“微型社区研究论”等，这些理论和方法的使用还只是对马氏功能主义理论的机械式运用，其最大的不同在于这种研究冲破了“异文化”这个研究对象，在人类学界首创式地展开了对自己本民族文化的研究。但随着研究的逐步深入，费孝通开始意识到马氏“功能主义”的不足，即认为马氏在文化框架里列出的“生物-社会-精神”三层需要的关系尚未清晰，于是他尝试向主张将社会视为一个功能整合系统的结构功能主义靠拢，他认为后者更便于研究中国这个复杂庞大的社会体系，这种尝试发轫于《生育制度》。该书中他“根本放弃了把婚姻、抚育、家庭、亲属、宗族等一系列的文化现象看成是满足生物需要的文化措施”①，并创造性地提出了“社会继替”的机制，对此，谢立中将《生育制度》称为“补充-修正-创新型本土化”社会学的一个样本。② 同时，费孝通是最早将马氏的“微型社区”研究方法运用于中国社会人类学研究的，他根据中国社会这个庞大复

① 费孝通. 师承—补课—治学［M］. 北京：三联书店，2001：158.

② 谢立中. 论社会科学本土化的类型——以费孝通先生为例［J］. 江苏行政学院学报，2017（1）：44.

杂体系因地制宜地创造了“逐渐接近法”“类型比较法”等研究方法。在实现了研究方法上的继承发展后，费孝通开始着眼于理论上的创知，这一尝试主要开始于《乡土中国》，书中费孝通在中国社会语境中提出了如“差序格局、乡土社会、礼俗社会、礼治秩序、无为政治”等一系列本土化概念，这些概念都是费孝通基于大量的田野工作、本人的生活实践以及对涂尔干等人类学家理论的启示，由此形成的对中国传统社会的精炼表达，我们可以看到费孝通在努力尝试创造一套符合中国社会语境的话语体系和理论体系，致力于建构一套适应于中国土壤的人类学研究范式，其目的只有一个：“志在富民”。但我们应该看到，这一阶段费孝通关注的是人民物质上的富裕，《江村经济》《云南三村》《生育制度》《乡土中国》《民族与社会》《小城镇四记》《行行重行行》等一系列闪烁着“富民”思想光芒的学术著作相继问世，但学界出现了一种声音：即这种过分地强调实用性限制了人类学理论的创知和发展。对此费孝通在晚年也逐渐意识到这种“只见社会不见人”的缺陷，于是他开始了一系列学科反思和自我超越，迎来了他人生中的“第三次学术生命”。这一阶段他的学术思想由关注物质提升到了关注精神世界上，他提出了“文化自觉”的经典理论，主张从社会学人类学角度来研究人的精神世界，并作出了具有指导意义的提示，可以说这又是一次伟大的超越。

综上所述，涂尔干、马林诺夫斯基、布朗、帕克等社会人类学家为费孝通的“富民”研究提供了重要的理论资源，费孝通将这些思想和方法用来研究中国社会以期达到改造中国社会的目的，但他并不是对这些方法进行简单的复制，而是去其糟粕、取其精华，不断反思创知，实现了一次又一次理论上的超越，这种超越对费孝通个人的学术生涯以及整个人类学界都具有非凡的学术价值和实践意义。

（三）“志在富民”思想的重要价值

探究费孝通的“志在富民”思想，我们发现它包含着合理内核和思想方法，这种思想对于我们田野中国学乃至整个社会人类学的研究、思考、创新仍然具有深远的学术价值。其价值至少表现在以下几个方面：

1. 跨越“文野之别”：提出了人类学研究的新对象

很长一段时间，人类学的理论话语权掌握在西方学者手中，人类学理论的话语方式最集中地凝聚着西方中心主义的思维方式和价值取向，他们将传统的人类学研究视为对“野蛮的”“未开化”的异族文化的猎奇、好古行为，虽然现代人类学的奠基人马林诺夫斯基将人类学从摇椅上推到了田野中，但根深蒂固的中心主义和肆意发展的殖民主义阻碍了他进一步跨越所谓“文明”和“野蛮”的鸿沟，因此在费孝通以前人类学界还未曾出现过对自己的民族和国家进行严肃研究的人类学家，这种人为的、别有用心的观念很大程度上限制了人类学的发展。① 就在马氏新愁旧怨难以释怀之时，他发现了费孝通在自己的家乡江村的调查资料，并立马提出要亲自指导费孝通这篇博士论文，于是有了被他称为“是人类学实地调查和理论工作发展中的一个里程碑”的《江村经济》。让马氏对《江村经济》如此上心并给予高度评价的原因，首当其冲是因为对江村的调查实现了人类学的第二次重要飞跃——即跨越“文野之别”。对此，马氏在《江村经济》的序中说道：“本书让我们值得注意的并不是一个小小的微不足道的部落，而是世界上一个最伟大的国家。作者并不是一个外来人，在异国的土地上猎奇而写作的；本书的内容包含着一个公民对自己的人民进行观察的结果。这是一个土生土长的人在本乡人民中间进行工作的成果。如果说人贵有自知之明的话，那么，一个民族研究自己民族的人类学当然是最艰巨的，同样，这也是一个实地调查工作者的最珍贵的成就”。② 人类学界从此出现了以自己本民族为对象的研究，这种新的尝试对于人类学界具有开创性意义，它不仅彻底摆脱了人类学者所固有的偏见，也打破了人类学家只研究异文化的“金科玉律”。对此，马氏对费孝通能成为一个研究自己民族的人类学者竟流露出“时感令人嫉妒”之情③，并认为他看到了科学的价值在于真正为人类服务。④ 虽然费孝通谦虚地表示《江村经济》只是他无心插的杨柳，但不可否认的是这篇文章一经问世便产生了“无心插柳柳

① 费孝通．迈向人民的人类学［J］．社会科学战线，1980（3）．
② 费孝通．江村经济 中国农民的生活［M］．北京：商务印书馆，2001：13．
③ 费孝通．费孝通论文化与文化自觉［M］．北京：群言出版社，2007：181．
④ 费孝通．江村经济 中国农民的生活［M］．北京：商务印书馆，2001：13．

成荫”的效果。《江村经济》提供了一个人类学家以自己本民族为对象的研究实例，奠定了费孝通在人类学界的地位，“志在富民”的人类学思想也在该书中开始萌芽。

2. 迈向人民的人类学：宣传“为人民服务”的人类学学科治世取径

费孝通说：“‘志在富民’落实到学术工作上就是从事应用科学，所以我把调查看作应用社会学。这一个思路，我有机会于1980年2月在美国丹佛接受应用人类学会授予我马林诺斯基奖的大会上发表的《迈向人民的人类学》讲话时，得到公开发表的机会”。① 事实上，“迈向人民的人类学”一经提出，争论的声音就此起彼伏未曾停止，因为人类学界一直到现在都存在着人类学研究应该“为理论而理论”与“学术要为人类服务”两大对立观点，前者认为学术研究的目的不在于应用，而在于对文化的诠释和纯理论的研究，以此来保持知识的本性。当人类学加上“人民”这个定语，便限制了它的研究领域，加上费孝通后来担任了国家领导人之一这个特殊政治身份，让这部分人更加以为“迈向人民的人类学”有浸染了浓烈的政治色彩的嫌疑。但当我们站在现实的彼岸眺望历史，不难发现当时费孝通“人民的人类学”的提出，不仅不是对政治舞台的献媚，而恰恰是费孝通立足于中国社会发展的实际需要，对人类学学科性质、目标进行的新探索。这一探索使得“富民”成果超越了个人、学科、民族的界限，把应用人类学的研究推进到了“为人民服务”的新境界，有学者认为这是一位中国人类学家对世界人类学的独特贡献。②

费孝通认为科学的、对人民有用的社会调查研究必须符合广大人民的利益，也就是说真正的应用人类学必须是为人民利益服务的人类学，这就是费孝通所说的“人民的人类学”的含义。③ 关于“迈向人民的人类学”，某种程度上我们可以将其理解为人类学的研究目的为了人民、问题产生于人民、资料来源于人民、成果惠及人民。他在阐述“人民的人类学”时，提出学术研究涉及的三个关键正是对上述概括的生动回答，于我们的田野中国学乃至其他学科的研究仍具有重要指导意义。其一是调查研究问题的

---

① 费孝通. 费孝通论文化与文化自觉［M］. 北京：群言出版社，2007：123.

② 周大鸣. 迈向人民的费孝通［J］. 广西民族学院学报，2005（03）：25.

③ 费孝通. 迈向人民的人类学［J］. 社会科学战线，1980（3）：114.

确定。他认为社会生活是一切知识的来源。为此，他坚持“从实求知”的研究方法，选择通过实地调查和参与式观察的社区调查，在实实在在的社会调查中来发现问题，他反对唯书本论，反对脱离实际，“人民的人类学”研究问题产生于人民并随着人民的需求而不断变化。第二是调查者与调查对象的关系如何处理。对此，费孝通预设并诠释了一种社会科学中调查者与被调查者关系的新境界，即调查者与被调查者实为共同工作的双方，这意味着两者建立统一的价值目标方成为平等、互信、互利的双方，此时的被调查者由盲目的、被动的反映社会现象和问题进阶到主动地、科学地参与认识社会、改造社会的实践当中，[①] 这也是“人民的人类学”的研究资料来源于人民的基本要求。最后是调查者对调查后果的责任感问题。费孝通认为科学工作者对自己工作的社会后果的评估是非常必要的，对此，他用了“三个问题”来加以说明，即这不仅是个人道德问题，还是关系到人民的利害问题，更是社会研究如何日趋科学化的问题。[②] 即“人民的人类学”主张研究过程要关注人本身的需要，其研究结果要服务于人民，我们知道人的需求是随着时代的发展而不断变化的，这种变化带来了应用人类学学科的新课题和新方向。费孝通提出的“迈向人民的人类学”提示我们：只有始终围绕人民、关照人民、服务人民的人类学才蕴含着强大的生命力和学科价值。

3. 中华民族多元一体格局：倡导民族平等、共同繁荣的富民思路

费孝通作为功能学派的人类学家的第一次实地调查是在广西金秀花篮瑶地区展开的，这段特殊的经历让他与民族工作结下了不解之缘。从广西瑶山到西南边陲再到东北原野，从一名初出茅庐的人类学者到负责民族工作的国家领导人，从 20 世纪的青年时代到 21 世纪的老年时期，费孝通的富民脚步踏遍了中国绝大多数的少数民族聚居地，其目的就是为了实现各民族关系上互相平等、经济上共同富裕、文化上共同繁荣，为此费孝通进行了大量的实践和思考，形成了丰富的经验和深刻的认识，产生了一系列促进少数民族经济发展的富民措施以及推进民族团结平等的学术思想，其中在 1988 年提出的“中华民族多元一体格局”是最具代表性的成果。

---

① 费孝通．迈向人民的人类学［J］．社会科学战线，1980（3）：113.

② 费孝通．迈向人民的人类学［J］．社会科学战线，1980（3）：114.

费孝通的“中华民族多元一体格局”理论将中华民族这个词用来指当时中国疆域里具有民族认同的11亿人民，它包括的56个民族单位是多元，中华民族是一体，它们虽则都称“民族”，但应包括三个层次：第一是中华民族；第二是汉、满、蒙古、回、藏、彝、维吾尔等56个民族；第三是这56个民族中有些民族还包含着的若干具有一定特点的集团，如苗族中的红苗、青苗等。他还精辟地指出：“中华民族作为一个自觉的民族实体，是近百年来中国和西方列强对抗中出现的。”但作为一个自在的民族实体则是几千年的历史过程所形成的。这篇文章以大量史料为主线，追溯了中华民族多元一体格局的形成过程及其特色。① 它一经发表，便在各界产生了非常大的反响，该文不仅在1990年斩获北京市第二届哲学社会科学优秀成果特等奖，还引起了政府以及学术界的高度关注，国内外各大知名学者共聚一堂对这个问题进行了热烈讨论，会上大家各抒己见并达成了一些共识：界定了“多元”和“一体”的概念，肯定了“中华民族多元一体格局”理论蕴含的巨大学术价值和实践意义，并围绕该理论提出了一系列研究方向。此后，几十年来学者们对此展开了孜孜不倦的探索，中央民族大学带头确立了中国民族史博士点，以“中华民族多元一体格局”为核心理论对中华民族进行整体性研究的学术梯队初步形成，② 以该理论为指导的高水平著作相继问世，基于该理论的学术讨论会得以相继举办，产生了很高的学术价值。

“中华民族多元一体格局”理论是社会科学本土化的一大创举，对于中国乃至世界多民族国家的建设中实现民族平等、维护国家稳定、促进共同繁荣具有重要的指导意义。学界普遍认为“中华民族多元一体格局”是费孝通对中国人类学最重要的学术贡献之一。

4. 文化自觉：反思中推进“经济富民”到“精神富民”的转型

费孝通曾说：“检验我们理论是否正确，最终取决于我们是否能真正改善人民的生活，在我看来，社会学和人类学的最终目的都是改善人民的生活。”③ 不难看出，费孝通无比坚定“志在富民”的学术立场，他始终把

① 费孝通等著．中华民族多元一体格局［M］．北京：中央民族学院出版社，1989：1.
② 揣振宇，华祖根主编．中国民族研究年鉴2001［M］．北京：民族出版社，2002：435.
③ 费孝通．费孝通文集（第十二卷）［M］．北京：群言出版社，2001：199.

人民的根本利益作为人类学研究的出发点和落脚点，其前两次学术生命中产生的理论成果对于改善人民的物质生活产生了重要的作用。纵观费孝通的学术著作或者演讲，从来没有纸上谈兵的空疏之学和晦涩难懂的理论术语，而是紧密围绕涉及人民生存、生活的现实问题，为了使农民吃饱饭，他提出了工农相辅、土地制度改革等观点，对改革开放后家庭联产承包责任制的实施有着极其重要的参考价值。解决了温饱问题后为了帮助农民富起来，他指明了因地制宜发展乡村工业的出路，提出了小城镇建设和发展乡镇企业等主张。后来，国家将小城镇建设和发展乡镇企业确定为农村两大发展战略，为中国工业化、城市化的重大决策和亿万人民的伟大实践做出了历史贡献。因此，学术界普遍认为费孝通的“发展小城镇”思想是30年来对社会科学的最大贡献。另外，他提出的“长江三角洲经济开发区”等区域经济发展设想和建议，都受到了党中央和国务院的重视，并得到了不同程度的采纳，被列入国家的政策和发展计划之中。

在人民在小康道路上稳步前进后，费孝通从1993年开始对自己的学术成果和人类学学科进行了一系列反思，我们认为这种反思主要具有两方面的学术价值，其一是这种学术自觉的反思精神蕴含的巨大能量和魅力。据费孝通回忆，他的这种学术反思是受到马林诺夫斯基教学中采用“席明纳”方式的影响，① 只不过在这场“席明纳”中，老师和学生都是他一人，讨论的对象是他本人的学术文章，对此费孝通称之为“补课”。这时73岁高龄的费孝通已经是一位屡获殊荣、闻名遐迩的泰斗级人类学家，但他始终保持着虚怀若谷、好学不倦的治学态度，颇具大家风范，这种学术自觉的反思精神对我们当下的人类学学者具有重要的学习价值和借鉴意义。其二是这种学术反思促成了费孝通的“文化自觉”主张，迎来了他的第三次学术生命以及人类学学科的新内涵。经过不断的反思，他得出了一个结论：自己60年来研究一直存在“只见社会不见人”的缺点。这时他开始联想起老师潘光旦教授早年在《生育制度》的序中提到的“中和位育”的新人文思想，使他逐渐认识到社会和人是辩证统一中的两面，所以在他的晚年学术研究中，他尤其重视历史和文化两个维度，用“各美其美，美人

---

① 席明纳：是seminar的音译，用现在的话来说就是老师主持的研讨班，学生自由发表意见并展开讨论，老师最后总结。费孝通将这种治学方式引进国内并产生了重要影响。

之美，美美与共，天下大同”解释了“文化自觉”的题中要义。“文化自觉”要解决的就是人民富起来以后该怎么办的问题，这是费孝通“志在富民”思想的发展和完善，也丰富了人类学学科本质和内涵，更为中华民族几千年的历史文化将如何在世界舞台上演绎自己的精彩理清了思路。

（四）结 语

我们认为，有且仅有费孝通先生自己晚年所写的十六字励志诗能对他的一生进行高度概括，即“胸怀全局，脚踏实地；志在富民，皓首不移”。在费孝通的心中，国家利益和人民福祉始终是放在第一位的，为此他毅然离开国外安逸太平的环境，无论国内条件再艰苦也依然坚持“富民”研究，哪怕遭遇政治运动的浩劫也未曾动摇“富民”之志，哪怕身体抱恙也没有停止“富民”思考。可以说，费孝通在“志在富民”的人类学思想指引下产生的一系列成果无疑是中国乃至世界人类学界的宝贵财富。当代的人类学家们要深刻领会“志在富民”的思想旨趣，坚持从实求知，紧扣时代脉搏，勇于反思创知，不断提升“迈向人民的人类学”这门学科的新境界。

（执笔：何柳）

三、民国边政学派的创知致用研究活动述评

边政学派，也即“边政”之“学派”，根据汉语释义，学派的含义为“同一门类系统的知识中，由于见解等不同而形成的派别”，以“边政”为限定，是指主要或兼任从事研究边政学的专家与学者及其全部成果所组成的专门的知识派别。而“边政”的含义，杨成志认为“所谓边疆政治者，就是管理边疆一切边民的事”。[①] 吴文藻定义为“边政有广狭二义之不同”

① 杨成志．边政研究导论——十个应先认识的基本名词与意义［J］．广东政治，1941（1）．

“边疆政治，系边政之广义”“边疆行政，系边政之狭义”“至于边疆政策，乃是根据边疆政治原理推演出来的”。[①] 所以边政学的研究领域，涵盖的范围较大，属于广义上的“边政”。兴起于 20 世纪 30 年代的边政学，在特定的历史背景下受到重视，甚至一度成为国家高等教育系统中的一门学科。其丰富的成果不仅滋养了后来的学术研究，也为未来各相关学科的进一步发展与实践，提供了新的指导理念。

（一）经世致用导向的边政学缘起

辛亥革命后建立了“中华民国”政府，传统意义上的边疆研究开始衰亡，但取而代之的是具有现代科学色彩的边政学。随着新政府的建立，国防危机与领土争端仍没有结束，国家的内部稳定也存在较大问题，因此边政学兴起。若追溯至其起源，应该是清代的“边疆研究”。与清政府时期的边疆研究相比，民国初年兴起的边政学不仅使用了现代系统化的科学理论与方法，在研究的对象、内容上都产生了变化，相关的学术活动也更加规范化。吴文藻在《边政学发凡》一文中指出，边政学的研究不仅要使用人类学、政治学、社会学、教育学、史地学等“理论社会科学”的方法，还需要使用公共管理学、工商管理学、教育管理学等“应用社会科学”的方法。[②] 而柯象峰、张少微、李景汉等学者更是提倡使用问卷、图表、测验、个例调查、量度等现代科学调查方法。

无论是清中后叶兴起的边疆研究，还是民国政府时期火热一时的边政学，都伴随着国家内部或外部稳定问题的浮现。清中后叶不断涌现的少数民族人民起义、农民起义与世界列强的入侵，民国时期地方离心主义与抗日战争的爆发，都关乎国家的存亡，引发政府对“地理边疆”与“文化边疆”问题的高度关注，专家学者或是自发，或是受政府委派，进行了大量的田野调查工作，不仅为国家内部治理提供了参考，也为后世的进一步研究留下了宝贵的材料。而随着西方工业化威力的初现及其航海技术的快速发展，西方人携带着近代殖民体系，对国家边疆地区进行不间断地侵蚀与

① 吴文藻. 边政学发凡［J］. 边政公论，1942（5-6）：266.
② 吴文藻. 边政学发凡［J］. 边政公论，1942（5-6）：278-281.

挑拨，也迫使国家机器以及学者们以“边缘”为主位进行调查与研究工作。在1944年，教育部依据《推行边疆教育方案》，指令中央大学和西北大学创设边政学系，该系师生享受师范生同等待遇。① 专门在高等教育体系中设置专门的学科，可见国家对于边疆地区的稳定与发展，已经给予了相当的重视，逐渐开始转变“中心—边缘”二元对立的策略。

无论是民国时期边政学的发展，还是清中后期的边疆研究，综上所述，两次学术发展的高潮都伴随国家内、外部安全稳定问题的涌现。民国时期，严格意义上的边政学学术体系确立，西方人类学、社会学、民族学等系统学科知识进入中国只是其中的影响因素之一。辛亥革命后国家不能完全掌控边疆地区，以及外国在华势力的残余引发政界与学界对于边疆研究的高度重视，尤其是20世纪30年代以来与日本的不断摩擦与战争爆发，令举国上下觉醒了救亡图存的意识，成了边政学勃兴的内部推力。因此，边政学的缘起，在外部作用下是西方人类学、社会学、民族学等学科本土化过程的产物，内部是由强烈的致用欲求催生的知识体系，可以说边政学就是为“解决问题”而发展壮大的。当国家的安全稳定问题解决时，边政学的热度降了下来，又由“显”入“隐”，正如李绍明所述，“抗战胜利以后，大家就不提边政了。那时各个学科就各归各位了，就是人类学归人类学了，民族学就归民族学了”。②

（二）边政学发展过程中的创知取向

创知，即知识创新的简称，用来概括田野调查研究中形成新的理论知识。从前期的理论铺垫，到中期的知识系统化，再到后期学科化，边政学在20世纪20—40年代经历了跨越式的发展。尽管我国的边政学及其相关知识不能说是凭空产生的，但从历史角度出发，来自西方现代的科学理论体系是首次整体、系统地被国内学界吸收利用。因此，大量的知识创新也

① 汪洪亮．抗战时期边政学的兴起及其“学科性”［J］．西南民族大学学报（人文社会科学版），2014（6）：214.

② 王利平等．20世纪上半叶的中国边疆和边政研究——李绍明先生访谈［J］．西南民族大学学报，2009（12）：34-41.

同样发生在中国边疆研究的过程中，由此还产生了边政学——这一门新学科。另一方面，民国时期的边政学，在清中后叶边疆研究的基础上，也生成了很多新的基础知识与不同的观点、理论等，可以说边政学的发展伴随着知识的创新，并非乏善可陈。

1. 学者个人的创知活动

在边政学的发展过程中，年龄仅相差1岁的杨成志与吴文藻两位学者做出的巨大贡献，是当今学术界广泛认可的，尤其是杨成志《边政研究导论——十个应先认识的基本名词与意义》与吴文藻《边政学发凡》，被认为是边政学作为学科成立的理论宣言。① 杨成志先生单枪匹马独闯大小凉山，进入了被称为“禁区”的“独立罗罗”——彝族人聚落，取得了宝贵的研究材料。由于杨先生多学科的专业背景，“民俗民族人类学，三业互通相辅而成”，再加之崇尚实地田野调查的精神，逐渐形成了“杨氏”本土色彩的边政研究理论，“我用的理论和方法不是法国式的，不是德国式的，也不是英国或苏联式的，尽管这些国家我都去学习过，我用的是综合式的。”② 杨先生骨子里的冒险与实践精神，使他不断地在西南边疆进行田野调查，《边政研究导论》对于“边政学”“成学”的初步探讨，就是杨先生“综合式”理念的体现。

怀着强烈的爱国情怀，“出将拜相”的吴先生借鉴功能学派的观点，“服水土”地运用，在《边政学发凡》中提出“以人类学观点为主，政治学观点为辅”的中国化构想。在此基础上，边政学成为吴先生中国化构想的重要载体，也为边政学的发展高潮及其学科化提供了理论上的可能性。更为可贵的是，吴先生不仅在学术上取得了高深的造诣，还专注于人才的培养，费孝通、林耀华、黄迪与瞿同祖都出自他门下，为未来中国社会学、人类学、民族学储备了后续人才，奠定了这些学科发展壮大的基础。

顾颉刚先生在20世纪30—40年代，国家面临“国破山河在”的危亡关头，将研究的重心转向边政学，“年来的内忧外患为中国有史以来所未有，到处看见的都是亡国灭种的现象，如果有丝毫的同情心，如何还能安

① 杨天宏.“边政”何以成“学”——读汪洪亮著《民国时期的边政与边政学》[J]. 社会科学研究，2014（4）：206.

② 杨成志. 杨成志人类学民族学文集［M］. 北京：民族出版社，2003：551.

居在研究室内？”① 在国家与民族救亡图存的时期，心忧天下的顾先生自然也无法“安居在研究室内”，他辗转北平、西北与西南三地组织开展研究活动，其本人亦曾亲赴绥远、西北等地进行考察活动。有学者认为，顾颉刚关于边疆问题的调查与研究是“边政学的肇始”。②

2. 学术团体的创知活动

1922年，由莫尔思、叶长青等外国学者在华西协和大学创办华西边疆研究学会，李安宅、方叔轩、徐益棠、冯汉骥等中国学者也参与其中。学会主要研究中国西部地区的政治、人文、风俗、环境以及这四个因素对当地民众的影响为目标，计划通过调查、出借设备、举行讲座、发表论文、出版刊物等方法来促进其研究。③ 学会会刊《华西边疆研究学会杂志》，刊登了学会研究的成果，在国内外产生了重大影响。④ 华西边疆研究学会的研究领域不仅只在人文与社会科学领域，在自然科学方面也有大量成果。例如在生物与医学方面，李哲士（S. H. Lijestrand）《汉藏边疆金河地区地方性甲状腺病调查》、胡秀英《中国草药：土茯苓》、张奎《成都家蝇是肠道寄生虫之载体》都是当时之佳作。⑤ 华西边疆研究学会对于边政学的发展，甚至是未来中国学问的发展，都产生了不可磨灭的影响。其最为重要的意义在于，学会里一批辛勤的外国学者让世界开始了解中国，而另一批中国学者则努力地将来自西方的理论与方法运用于中国，摸索西方知识体系在中国的发展方式。

禹贡学会最初由顾颉刚、谭其骧等在1934年2月成立于北平，最初的研究重点是中国地理沿革史，在章程中明确提出：“本会以集合同志，研究中国地理沿革史为目的。”⑥ 但随着国防安全形势的不断恶化，国家与民族的存亡面临威胁时，禹贡学会开始将研究的重点转到边疆的史地研究。

---

① 郑良树. 顾颉刚学术年谱简编［M］. 北京：中国友谊出版公司，1987：149.

② 林超民. 应对边疆危机的新学科——边政学的兴起与发展［A］. 黄兴涛，夏明方主编. 清末民国社会调查与现代社会科学兴起［C］. 福州：福建教育出版社，2008.

③ 周蜀蓉. 华西边疆研究学会之再诠释［J］. 历史研究，2010（3）：82.

④ 李绍明. 中国人类学的华西学派［A］. 王铭铭主编. 中国人类学评论：第4辑［C］. 北京：世界图书出版公司，2007：41-63.

⑤ 周蜀蓉. 华西边疆研究学会之再诠释［J］. 历史研究，2010（3）：87.

⑥ 朱慈恩. “九·一八”事变后中国边疆研究学术团体的兴起及其意义［J］. 黔南民族师范学院学报，2008（1）：33.

在研究方法上也主张使用西方现代的学科理论与方法，“且岂但书籍为需用哉，举凡历史、地理、地质、生物诸学之知识亦莫不当有。”① 在转变研究重点后，禹贡学会对中国边疆，尤其是东北地区的史地研究，取得了较大的成果，如张维华著《明代辽东卫所》，谭其骧著《辽史地理志补正》，张印堂著《中国东北四省的地理基础》等。禹贡学会做了大量的边疆实地考察活动，创立了南洋研究专号、西北研究专号、河套水利调查专号等专项研究调查点，对当时的边疆治理提出了很多新思路与方法。例如对回族和伊斯兰教的研究，顾颉刚先生提出“中华民族的复兴，回教徒应有沉重的负担”，但清朝“二百多年的愚弄政策”，使回汉民族纠纷不断，所以首要工作是使“非回教徒尽量知道回教中一切，从而激起彼此的同情心，造成合作的大事业”。“在文化方面做一些文化沟通工作，尤其注意汉人对于回人文化的了解”。②

而与上述两个学会团体不同，中国边政学会是完全在国民政府支持下创办的，隶属于蒙藏委员会。1942 年 9 月 29 日在重庆成立，吴忠信任理事长，下设理事会、监事会并设总务、研究、出版三组，成员实际上是政府官员，依托此机构进行中国的边疆研究，因此学会也获得了良好的资金支持。③ 中国边政学会具有政治背景，有较好的研究平台与条件，客观上对边政学的发展起到了促进作用。而《边政公论》期刊可以说是中国边政学会重要的创知渠道之一。《边政公论》创办 7 年的时间里，对中国边疆进行了许多细致的调查与研究工作，涉及地理、人文、经济、教育等等，对当时国民政府的边疆治理提出了许多建设性的指导性意见，也具有较强的政治性功用。正如其《发刊词》所言：“一切研究和学说，都应以切合时用为最终的目标，方可产生伟大的效果。故我们对于边疆问题的研究也必须根据着学理和事实，同时根据着国策，以能与当前的边疆政治相配合。”④

20 世纪 20 至 40 年代，中国边政学在二十几年的时间里，经历了一个

---

① 顾潮．顾颉刚年谱［M］．北京：中国社会科学出版社，1993：205.

② 《禹贡》半月刊第 7 卷第 4 期附录.

③ 耿宪文．时局与边政——《边政公论》研究（1941—1948）［D］．武汉：华中师范大学，2011.

④ 发刊词［J］．边政公论，1941（1）：1.

从无到有、由始至盛的快速发展过程，并不可否认地产生了数量众多，且十分有价值的研究成果。这种情形是多方条件共同具备所产生的偶然情况，具有不可复制性。一是在民国初年，西方知识体系、基础理论及方法系统地进入中国，“西学东渐”成为那个时代的主题，现代科学系统在中国开始发展起步，知识分子、学者们纷纷运用西方学科的方法重新解构与认识中国，中国成为西方人文社科类的原材料地与试验田。二是民国时期，国家内部地方离心，外部疆域纠纷与领土丢失，处于内忧外困的情况，广大人民群众渴望强国复兴，学者们纷纷寻找解决的办法，直接与这些问题相关的边政学也就理所当然地成为第一选择，研究“边政”与“救亡图存”相挂钩，获得来自政府与社会各界的广泛认可与支持。三是随着南京国民政府的南迁，国家政治、经济、文化的中心也随之迁离汉文化传统的中原地区，“边区”反而成为“中心”，顺应国家内部治理的要求，也需要学者们集中精力于边疆地区的政府治理工作，尤其是临时首都所在地的西南地区。四则因日军侵华，中原与东南沿海地区纷纷沦陷，大批学者以及大学为躲避战火，遂迁往大后方西南地区，一时间，国家的知识精英几乎全部汇集在西南地区，群星璀璨，自然也为边政学的发展兴盛创造了客观条件。

边政学本身就内含“政”的部分，因此与政治是脱不了关系的。而基于上述各种条件的影响，边政学的发展与国家政治紧密相连，很多学者及其调查团体都带有鲜明的政治目的而从事边政学的研究。其所做的调查以及创造的知识大多都能直接进行实践，从而也产生了很多致用的成果。由此看来，民国时期众多学者纷纷涉足边政学的领域，也是中国传统的文人风骨作用下的必然结果。

（三）边政学的致用追求及其成就

致用即经世致用的简称。创知致用原本有两个不同的意义指向，将其融合在一起，是中国学者在近代以来形成的一种集体思潮。边政学的特质之一就是其应用性，或说其强烈的经世致用价值取向。很多相关的学术成果直接运用于政府治理，或于政府治理的过程中而产生，抑或是在政府治理与学术研究齐头并行的过程中再生产的。

1. 致力于政治上的应用

边政学应用之层面，从时代背景出发，在政治上的应用很大程度上都是为了在法理上维护国家的完整与统一，对抗以自身利益为出发点的其他国家对中国进行“理论上”的先导肢解。另一部分原因则是为了更好地实现中央政府对地方的控制力。

作为政治上的话语对抗，边政学的学术话语基本趋向于民族统一以维护国家完整。吴文藻就认为要进行民族通婚与同居进行文化同化，以一个中华民族文化，造就一个现代化中华民族国家。① 而顾颉刚先生则更进一步，以《古史辨》为结论“不但楚、越、商、周已混合得分不开，即五胡、辽、金诸族也无法在汉族里分析出去了”,② 对“中华民族是一个”的理论进行支撑。从人类学民族学的角度出发，这一理论确实存在问题，更多的是站在了国家统一与团结的政治角度上提出的。但也表现了本土学者在面临当时主流的西方科学理论冲击下，作出的本土知识及理论发展的大胆尝试，不能说没有意义。顾先生在20世纪30年对内蒙古、西北等地的考察中，目睹回汉之间的隔阂，“民族，民族，世界上多少罪恶假汝之名以行!”更加坚定了以“中华民族是一个”对抗浅隐的民族分裂与外敌入侵的想法。而在顾先生的忧心呼吁下，也确实产生了作用，如20世纪30年代那些西北回族军阀（马步芳、马鸿逵等），在受到顾先生有关“民族”观点的影响后，也都对自己的宣传用语和政治立场做出了调整。③

而作为政治制度上的应用与实践，边政学也开始探讨将现代的政党体制、法律制度、科层官僚体制等从微观层面植入边疆地区。1929年国民党中央通令全国，废除道制，实行省、县二级制，云南省按照要求裁撤了北洋政府时期的蒙自、普洱、腾越三道，同时成立两殖边督办公署，加强边

① 杨清媚. “燕京学派”的知识社会学思想及其应用——围绕吴文藻、费孝通、李安宅展开的比较研究［J］. 社会，2015（4）：113.

② 顾颉刚. 中国现代学术经典·顾颉刚卷［M］. 石家庄：河北教育出版社，1996：533.

③ 马戎. 如何认识“民族”和“中华民族”——回顾1939年关于“中华民族是一个”的讨论［J］. 中南民族大学学报（人文社会科学版），2012（5）：11.

防事务，巩固了滇越边区的国防，促进经济、文化的发展。[①] 其他具体事例如设立蒙藏委员会等专项机构，西康建省，并在康藏地区开展国民党建设工作以及成立湘西行政区等，[②] 都是边政学在行政层面的应用与实践取得的成效。

2. 致力于经济上的应用

20 世纪 30—40 年代，随着抗日战争的日益激烈，传统的中原文化区已基本沦陷，国民政府也迁至位于西南的重庆。西南地区成为中国的大后方，为持续供给抗战前线物资以及保证国家的最后屏障，国民政府开始大规模开发建设以西南为主要的边疆地区。在经济层面上，边政学派也展开了一定的运用与实践。

西南地区的经济建设是当时国民政府的重要方向之一。按照徐益棠的关于边疆经济建设的说法，“开发边疆经济，当有两方面的看法：第一，当为国家着想，第二，当为边区人士着想。”[③] 南京国民政府因此制定了一系列的针对西南边疆的经济政策，包括鼓励移民垦殖，改良西南边疆农业生产技术；发展西南边疆工业生产，建立西南边疆经济市场中心；改善西南边疆的交通运输，促进经济一体化；统一货币，发展西南边疆金融业等，对西南地区的经济建设起到了一定的积极作用。[④]

至于西北地区经济建设，与一般印象中西北贫瘠的观念不同，国民党元老戴季陶认为具有较大的开发价值。“大家总以为西北是贫穷寒苦不过的地方，其实何尝如此，譬如新疆是无尽藏的财富之区，陕西、甘肃也是有将来开发不尽的财富……现在就西北的出产而言，陕西出产麦子、棉花，甘肃也可以变为棉田……”[⑤] 为此，戴季陶三次前往西北地区考察，提出“欲救西北首须振兴农林事业，尤以造就大量农林人才为根本要

① 杨明辉．近代云南边政建设及边政机构设治研究［J］．云南社会主义学院学报，2018（1）：148-149.

② 罗维庆，罗中．湘西行政区划的沿革与整合［J］．民族论坛，2008（04）：6-7.

③ 徐益棠．边疆经济之相对的发展［J］．边政公论 1944（6）：1-2.

④ 赵超．南京国民政府治理西南边疆的经济政策及其局限［J］．经济问题探索，2017（2）：64.

⑤ 戴季陶等．西北［M］．新亚细亚学会，1931：6-7.

图"。[①] 1932 年，第一次考察回南京后，他与于右任、焦易堂、张继昌发起创办了农林专科学校。其目的就是造就大量农林人才，振兴农林事业，改变西北"天老地荒""飞沙走石"的现状。1934 年戴季陶再次赴西安考察，先后抵达西安、兰州和西宁等地，并赴陕西武功，参加了由他操办的西北农林专科学校的奠基典礼。[②] 而综合来看戴季陶对于西北地区的经济开发政策，还包括发展交通、发展实业、兴修水利、植树造林等措施。[③]

而随着经济方面的边疆建设不断深入，也在不断地改变边疆人民的观念，进而改变他们传统的生活方式。湘川公路的建设过程中，大批工程人员随着路线规划的深入进入苗寨，尽管不见得就使苗族人民的生活方式与汉人的一致，但对当地苗族人民的生活还是产生了一定的影响。[④] 据当地老人回忆，"公路完工后，路很宽，有车子过来，很多人都来看名堂。从前没人见过车，觉得车子像大象一样，眼睛很大，四方四面摇晃的像个房子，两边还有像格子一样的花纹，很好看"[⑤]。当现代化的工业产物一瞬间就出现在了当地人民的家门口，传统的生产方式、习俗甚至社会关系，也都将发生一定的变化。

从传统的学术观点出发，学者们要"读圣贤书"，就不可以过多地关注实践，特别是涉及创造经济效益方面的实践，认为会影响学术研究的纯粹性。但在当时的时代背景，边政学能被学者们应用到社会各个方面的生产实践中，而不会受到太多的诘责，这种"致用"的精神，也是值得令人思考的。边政学在经济方面的学术研究成果，由于部分学术团体本身就隶属于政府部门，有相当一部分成果都被国民政府采纳，应用于国家边疆的经济建设中，对边疆地区的经济建设起到了一定的积极作用。

3. 致力于教育上的应用

边政学在教育方面的应用，很多边政学派的学者都有相关发展边政教

---

① 戴季陶. 开发西北工作之起点·西北［J］. 新亚细亚学会，1933：87.

② 沈云龙. 戴季陶（传贤）先生编年传记［M］. 台北：文海出版社，1985：161.

③ 沙文涛. 戴季陶西北开发思想述论［J］. 兰州学刊，2012（7）.

④ 赵树冈. 边地、边民与边界的型构：从清代湖南苗疆到民国湘西苗族［J］. 民族研究，2018（1）：77.

⑤ 尚晴. 国家建设与民族整合——以 1930 年代湘川公路为例［J］. 民族论坛，2017（1）：43.

育的思想，也成为当时国民政府解决一系列实际问题的一个重要手段。边疆教育司司长凌纯声在赴台前做了一系列的发展边疆教育的工作，包括督导蒙旗学校复员，编译蒙古文藏文维吾尔文教材读物，改善边疆学校员生待遇，增扩边疆地区学校等。① 戴季陶在建立西北农业专科学校以及东北大学的实践，都可视作重要的边政学教育实践。而更有意义的则是1944年国民政府教育部令“中央大学”和西北大学设边政学系，标志着边政学正式成为中国高等教育体系中的一门学科。由蒙藏委员会力推，边政学获得国民政府的批准与认可，培养专门的边政人才及开展相关研究工作。

而民国政府的学者型官员，对于边政学的发展也做出了较大贡献，典型的代表有国民党元老戴季陶与边疆教育司司长凌纯声。戴季陶发起创立了“新亚细亚学会”，在国民党第五次全国代表大会上拟定宣言中的“重边政，弘教化，以固国族而成统一”，主要内容是从边民选举、边地教育、边才任命、边疆建设等方面进行了立案，宗旨是“尽先为当地土著人民谋利益为前提”。② 戴季陶提出的一系列边疆建设的方案具有实践意义，而“重边政”的主张尽管在现在看来，依然具有进步性。戴季陶主张避免冲突，以和平谈判的方式解决边疆地区的纠纷，由于他本人信佛，对于藏区的和平与发展更加关注。他与班禅大师关系密切，班禅大师三次到达南京，都是他负责接待，1934年班禅大师回藏途中于玉树圆寂，戴季陶受命前往祭奠。③

凌纯声作为中国现代著名的民族学家，对松花江下游的赫哲族、湘西苗族、浙江畲族、云南彝族都进行过广泛深入的研究。④ 凌纯声的边疆地区相关研究，对于边政学发展的贡献自然是不言而喻的。而从国民政府官员的角度思考边政学，凌先生在任期间不仅大力发展了边疆教育事业，还提出了中国边政改革的构想。探讨的主要核心问题是边疆政治建设问题，认为“有金山系的盟旗制、汉藏系的土司制、古亚与伊斯兰系的部落、蒙

---

① 娄贵品. 论凌纯声的边政改革主张与边疆建设贡献［J］. 广西民族大学学报（哲学社会科学版），2019（4）.

② 中国国民党宣言集［A］. 革命文献，第69辑［Z］. 中国国民党中央委员会党史委员会，1976.

③ 陈天锡. 戴季陶先生的生平［M］. 台北：台湾商务印书馆，1968：335.

④ 周书灿. 凌纯声中国民族文化起源与传播理论再思考［J］. 浙江社会科学，2018（6）：131.

藏喇嘛教的政教制"，"各种制度在历史上自有其一定的任务，在今日或者仍有其存在的理由……但对于其中不合时代的部分，亦应随时加以改进，使整个政制可以现代化"，要使"边疆政治能够进步到符合民权主义的要求"，提出"边疆政治民主化"的主张。①

边政学在文化、国际交往等方面都有一定的贡献，在此不再赘述。在国家陷入内部与外部的不稳定的情况下兴起的边政学，其发展也受到"开国门""西学"中国化、抗战迁都西南等其他特定因素影响。而在抗战结束后边政学迅速"衰退"，固然也是国家不再受到外部危机的困扰等政治因素的影响，也有内在的学科内容与方向的过于宽泛等学理方面的原因。因此，中华人民共和国成立后人类学、民族学、社会学、教育学、地理学等学科实现了对边政学的拆分，都各自继承了部分边政学的内容。而边政学派所提出的思想主张及其广大学者亲身前往实地做田野调查的精神，还有"创知致用"的学术理念，却依然在当前学人们的思考中有着很深的影响。

（执笔：田雪枫）

四、少数民族社会历史调查中的"创知致用"研究取向

（一）社会调查是掌握事实和破解问题的重要抓手

20 世纪 50 年代，中国共产党基于巩固国家政权、社会稳定、民族团结等现实考量，开展了具有针对性和特殊意义的少数民族社会历史调查工作。这项调查工作，对于国家政权的稳定和发展具有重大的现实意义，同时对我国社会经济发展以及学术研究均产生了深远的影响。关于中国少数民族社会历史调查的由来，可以说与当时国家政权建设和边疆治理需要息息相关，并且这项调查工作得到了毛泽东的指示。

① 凌纯声．中国边疆文化（上）（下）[J]．边政公论，1942（9-10，11-12）．

我国有些少数民族也准备进行民主改革了，需要把少数民族社会历史情况搞清楚，以便采取相应的政策。他还说，现在我国少数民族处于各种不同的社会发展阶段，有原始社会形态、奴隶制形态、封建制形态及这几种社会的过渡形态。现在世界上，还不知道其他哪个国家，都保留这几种社会形态。我国少数民族地区这几种社会形态都还有，是一部活的社会发展史，是研究社会发展和历史唯物主义的活的宝贵的科学资料。少数民族地区在进行民主改革和社会主义改造以后，社会面貌将会迅速变化。因此，现在要赶快组织调查，要“抢救”，把少数民族地区这些社会历史状况如实记录下来。这些事情，早做比晚做好。早做能看到本来面目；晚做，有些东西就要没有了，只能靠回忆了。①

从当时的各种文献记载来看，中国少数民族社会历史调查既是一项政治建设工作，也是一项文化挖掘工作。可以说，这项调查工作的逻辑起点是以“政治挂帅”来开展文化大调查和推动国家边疆治理，其实践旨归在于释放传统“文化能量”和巩固国家政权繁荣发展。

回顾中国少数民族社会历史调查，至今已有半个多世纪的时间。虽然这项调查工作已成为历史，但其精神内核和影响力在当今社会仍有巨大的作用。之所以在当今社会重谈中国少数民族社会历史调查，一方面是这项调查工作本身所具有的历史意义和现实作用，另一方面重谈和深究这项调查工作，为研究和解决当前中国现实问题寻找历史智慧。中国少数民族社会历史调查工作是一项兼具“知识创新”和“经世致用”的伟大实践，这项调查工作既促使我国学术研究的“知识创新”，又使“知”与“行”高度结合。

（二）中国少数民族社会历史调查的基本概况

1. 调查的任务、要求及调查提纲的拟定

中国少数民族社会历史调查是中国共产党基于国家治理和社会治理所采取的一种特殊行动。这次调查工作的具体任务是：“确定以大力在少数民族地区进行调查研究工作，要求于四年到七年内基本弄清楚各主要少数

① 底润昆，张正明. 全国少数民族社会历史调查的前前后后［J］. 民族团结，1999（4）：44.

民族的社会经济结构和阶级情况，这不仅为民族工作所必需，也可供研究各民族历史和人类自原始公社以来的古代史以丰富的史料。即是主要关于原始公社的、奴隶社会的、封建社会初期的和上述各种社会间的过渡时期的具体资料。这是我国民族工作和科学研究工作的一项迫切任务。调查工作的具体要求是：首先调查各民族的社会生产力、社会所有制和阶级情况，尽可能收集历史发展资料和特殊的风俗习惯，进而对各民族历史作系统的研究。"① 从中国少数民族社会历史调查的任务和要求来看，其主要是中国共产党基于现实的需要而采取的国家行动，这种"国家在场"的行动具有较强的政治色彩和现实意义。

任何一项重大的社会调查活动，一般都离不开详细又周全的调查提纲，中国少数民族社会历史调查工作同样需要设计一套切实可行的调查提纲。从参与拟定这次调查提纲的人员来看，主要有林耀华、岑家梧、陈永龄、谷苞、施修霖、王辅仁、吕光天、程溯洛、田继周、黄安森、胡庆钧、陈可畏、王静如、罗致平等人,② 他们撰写了《社会性质调查参考提纲》，为开展少数民族社会历史调查工作提供了参考。当然，这份调查提纲并非十分完美，它随着调查工作的推进而不断完善。

2. 调查的时间、空间、对象、内容

从中国少数民族社会历史调查的时间来看，主要分为两个阶段：第一阶段从 1956 年 8 月至 1958 年 6 月，第二阶段从 1958 年 8 月至 1964 年初。其中，第一阶段共成立了 8 个调查工作组，即内蒙古调查组、新疆调查组、西藏调查组、四川调查组、云南调查组、贵州调查组、广东调查组、广西调查组。调查的空间主要涉及我国的东北、西南、西北等地区，并对蒙古族、达斡尔族、鄂伦春族、鄂温克族、赫哲族、维吾尔族、彝族、藏族、佤族、景颇族、傈僳族、怒族、独龙族、傣族、苗族、布依族、壮族、瑶族、黎族等民族进行了实地调查。③ 重点收集整理了这些民族的相关历史文化、民风民俗等资料。

---

① 苏克勤. 几年来的少数民族社会历史调查研究工作［J］. 民族团结，1961（5）：4.

② 凌纯声，林耀华等. 20 世纪中国人类学民族学研究方法与方法论［M］. 北京：民族出版社，2004：309-450.

③ 中共中央党史研究室科研管理部，国家民族事务委员会民族问题研究中心等编. 中国共产党民族工作历史经验研究（上）［M］. 北京：中共党史出版社，2009：354-357.

第二阶段，即1958年8月至1964年初，又增加了8个调查工作组，分别为宁夏调查组、甘肃调查组、青海调查组、湖南调查组、福建、辽宁调查组、吉林调查组、黑龙江调查组，调查区域主要涉及我国的西北地区、东北地区、中南地区以及东南地区。从调查内容来看，主要调查少数民族的社会性质、历史文化、风俗习惯等，并在调查的基础上撰写少数民族简史、少数民族地区概况等相关丛书。从某种意义上来讲，这些调查资料不仅为当时的政治建立和国家治理等决策提供第一手参考资料，同时对于挖掘和丰富中华民族文化也具有重要的意义。

3. 调查的人员、部门、方法

受时任全国人大常委会副委员长彭真的委托，刘格平任调查工作领导小组组长，刘春和费孝通任副组长。从参与这次调查工作的人员构成来看，有政府官员，有学界专家。就政府官员而言，既有中央领导，又有地方要员；学界专家方面，有历史学专家、民族学专家、社会学专家、语言学专家、考古学专家等。从参与调查的部门来看，既有党政机关，又有高校、科研（院、所）等部门。

在调查方法上，既有文献研究，又有田野调查，这次调查主要以田野调查中的访谈记录和参与观察为主。当然，此次调查工作所采用的方法是多样的，正如参与这项调查工作的费孝通先生所言："这次各民族社会历史情况的调查研究，采取了综合调查的方法，调查组将包括历史、民族、语言、考古、艺术等学科的研究工作人员，因而解决了历史学者在研究少数民族历史中的困难，很多历史学者踊跃参加这次调查研究，是可以理解的。"① 可以说，中国少数民族社会历史调查工作，既是一项"政治挂帅"的政权建设和国家治理的工作，又是一项"国家在场"的少数民族文化大调查。

（三）中国少数民族社会历史调查的"知识创新"维度

1. 丰富了马克思主义民族理论

从中国少数民族社会历史调查学派的"知识创新"维度来看，可以说

---

① 费孝通. 费孝通民族研究文集新编·上卷（1951—1984）［M］. 北京：中央民族大学出版社，2006：226.

在调查实践中运用马克思主义民族理论和使马克思主义民族理论中国化是其“知识创新”的一大亮点。但凡对民族学有所了解的人都知道，我国民族识别工作所采用的理论工具主要是斯大林的民族定义，即以“共同语言”“共同地域”“共同经济生活”“共同心理素质”作为确认族别的理论基础。运用原有的马克思主义民族理论只是一种借鉴，或者说是一种理论实践，从根本上来讲，还不是真正意义上的“知识创新”。

中国少数民族社会历史调查学派在开展调查研究和参与我国民族政策制定过程中，不仅巧妙地使用马克思主义相关民族理论来分析和处理我国的民族研究工作，同时通过大量的调查研究并结合我国国情，提出了符合我国自身发展的民族政策。无论是运用斯大林的民族定义作为民族识别的理论工具，还是通过“知识创新”和结合我国国情所建构出来的民族区域自治制度以及其他民族政策，都是在丰富马克思主义民族理论。

2. 重构了古代社会过程分期理论

关于人类起源的问题，学界一直在探讨，不同学科的学者分别从不同的视角进行探讨和研究，并对人类的社会发展史进行划分。在民族学、人类学领域，摩尔根是较早关注和研究人类古代史的代表人物之一。1877 年出版的《古代社会》一书讲述了摩尔根关于古代社会研究的相关思想，他从唯物主义视角来研究原始社会，并把人类的发展历程划分为愚昧、野蛮、文明的过程。他的研究成果引起了马克思的注意，并写成了《摩尔根〈古代社会〉一书摘要》，既有对摩尔根研究成果的肯定和否定，又有自己关于原始社会史的思考。除了《摩尔根〈古代社会〉一书摘要》以外，恩格斯编撰的《家庭、私有制和国家的起源》也是一部探讨古代社会发展规律和国家起源的马克思主义经典著作。

从某种角度上来讲，我国关于古代社会的研究也受到摩尔根、马克思、恩格斯等人的影响，尤其是中华人民共和国成立初期，这种影响效果更为明显。关于古代社会研究，我国是否有自己的“知识创新”和理论工具？答案是肯定的。在原始社会史研究领域，中国少数民族社会历史调查学派也有自己的理论分析工具。他们在马克思主义相关理论的基础上，通过大量的实证研究，提出新的原始社会史研究框架，并把原始社会史划分为原始群时期、血缘家族公社时期、氏族公社时期。① 他们认为原始社会发展的第一个阶段——原始阶段，应该从人猿最初分化的时候开始。第二阶段——血缘家族公社阶段，是以开始制造工具及火的使用为标志，而后才过渡到氏族公社阶段。② 从他们众多的研究成果来看，既有对摩尔根、马克思、恩格斯关于古代社会史研究思想的继承，又有自身的“知识创新”。从一定程度上来讲，他们重构了古代社会过程分期理论，为研究古代社会史提供了一种新的研究范式。“原始社会形态研究在民族学中的重要作用，就在于利用民族学资料恢复和重建了人类早期的社会、经济、文化面貌。”③

3. 建构了中国民族学、社会学等学科理论

中国少数民族社会历史调查学派的“知识创新”，不仅体现在丰富了马克思主义民族理论和重构了古代社会过程分期理论两个维度上，同时还体现在建构了中国民族学、社会学的本土理论上。在费孝通、林耀华、吴泽霖、岑家梧、李有义、李绍明、宋蜀华等专家学者的一生中，做了大量的研究工作，例如他们开展了民族识别工作、少数民族社会历史调查工作，等等。当然，除了这些以外，他们在自己的领域都做了大量的研究，并形成了大量的研究成果，这些研究成果奠定了中国民族学、社会学的基础。在学科建设和发展方面，他们付出了巨大心血，尤其是费孝通和林耀华，费孝通被视为中国社会学的奠基人，林耀华则被称为中国民族学的泰斗。“文革”期间，民族学、社会学在国内发展受阻，但他们一直坚持做研究，积极探索和建构中国民族学、社会学的学科理论和方法，全力维护民族学、社会学在中国的地位。改革开放后，他们率先建议和要求恢复民族学、社会学的学科地位。尽管这个过程是艰辛的，但他们决心笃定，最终确保了民族学和社会学的学科地位。

在费孝通、林耀华等学术前辈的不懈努力下，民族学、社会学不仅在中国得到快速发展，同时他们的许多“知识创新”也得到国际上的普遍认

① 林耀华. 试论原始社会史的分期问题［J］. 文史哲，1978（4）：55-62.

② 林耀华，程德祺. 再论原始社会早期的分期问题［J］. 民族学研究，1981（2）：1-12.

③ 吕光天. 论原始社会形态研究在民族学中的地位和作用［J］. 民族学研究，1981（2）：269-280.

同和高度赞扬。正如林耀华所说的："通过科学研究确定民族数字，这是我国的创举……1956 年我作为中国民族学研究者被邀请参加在苏联召开的全苏民族学会议，国际上也有许多代表参加，我在会上作的'当前我国民族工作提给民族学的几个任务'的报告中，提到我们的民族识别工作经验，很受赞扬。"① 他们在民族学、社会学等学科的"知识创新"，主要体现在他们学术研究的过程成果和目标成果当中。可以说，这些研究成果奠定了中国民族学和社会学的基础。

（四）中国少数民族社会历史调查的"经世致用"实践

1. 将学术实践与国家建设紧密联系在一起

任何一项具有国家性质的社会调查都具有一定的针对性和目的性。中国少数民族社会调查的产生，同样与国家建设需要息息相关。中国少数民族社会历史调查是一项对少数民族的社会性质、历史文化、风俗习惯等进行全面调查的工作。参与这项调查工作的专家学者，不仅本着学术自觉和学术研究精神，对少数民族地区的风俗习惯、历史文化等进行调查研究，同时还将在调查研究过程中所形成的"知识创新"与现实社会发展结合起来。可以说，服务于社会主义建设，既是当时国家对知识分子的要求，也是知识分子自身内在的精神追求。

林耀华探讨新中国民族学的研究和展望时谈道："我们要建立社会主义精神文明，那就必须有我们自己的体系，具有中国历史上传下来的、适合我们民族特点的、服务于社会主义制度的、以共产主义思想为核心的内容。归纳起来就是为人民服务，无私地劳动"。② 谷苞在谈民族研究工作时，认为我国民族研究工作应该是为国家统一服务，为民族团结服务，为少数民族地区现代化建设服务。③ 可见，"服务于社会主义""为人民服务""无私地劳动"成为当时大多数知识分子的使命，他们始终把自身的学术研究与现实社会和国家发展紧密联系起来，始终在"知识创新"的道

---

① 林耀华. 新中国民族学的研究和展望［J］. 民族研究，1981（2）：48-55.
② 费孝通. 从知识和知识分子问题谈起［J］. 读书，1982（12）：5-8.
③ 谷苞. 我和少数民族地区社会调查［J］. 西北民族研究，1994（1）：1-8.

路上践行“经世致用”精神，始终把个人命运融入国家命运。

2. 为少数民族地区的社会发展和民族团结进步发声发力

中华人民共和国成立初期，“经世致用”是教育的显性特征。费孝通在谈及学以致用时，认为上大学，拿文凭，不是真正的“致用”，而是“学以致仕”，他倡导：“对人才实行定向培养，需要什么，培养什么，不是按照固定的教材一步一步走。”① 王辅仁对藏族的历史文化进行了深入的研究，他建议把“藏族史”纳入教学工作。② 陈永龄在谈民族学的研究课题时，认为民族学不仅要结合实际，而且应该协助国家和政府解决民族问题，为促进民族间的相互了解、相互尊重贡献力量。③ 关于中国的现代化问题，费孝通认为：“要真正解决中国现代化问题，就要帮助少数民族地区发展经济文化帮助少数民族，实现各民族事实上的平等，才能真正做到‘共同繁荣’。帮助少数民族发展起来，重要的是要帮助他们提高文化，所以我们应当‘智力支边’。”④

为了更好地了解四川省凉山地区人民的现实生活、风俗习惯等情况，林耀华先生不顾险阻，多次深入四川彝区和藏区做了详细的调查研究，并撰写了《凉山彝家》。林耀华先生在谈到对凉山地区调查研究时提道：“希望自己能够运用民族学的方法，参考凉山社会文化的现状，探索出一条切实可行的路径，使凉山彝家在这场现代化的潮流中既不因封闭保守而落伍，又能在前进中保持自身的特点，进而发展出一套具有本民族特色的社会主义现代经济文化，臻于繁荣昌盛之境。”⑤ 除了林耀华对凉山彝族进行深入研究以外，施修霖和陈吉元⑥以及陈可畏⑦等人对民主改革前凉山地区

---

① 费孝通．费孝通文集（第10卷）［M］．北京：群言出版社，1999：216.

② 王辅仁．建议开设“安多藏族史”课程［J］．西北民族研究，1992（1）：180.

③ 陈永龄．论中国民族学在新时期面临的新课题［J］．中央民族学院学报，1985（1）：21-25.

④ 费孝通．发挥智力优势 为民族地区四化服务［J］．中国民族，1983（4）：4.

⑤ 林耀华．三上凉山（上）——探索凉山彝族现代化中的新课题及其展望［J］．社会科学战线，1986（4）：311-326.

⑥ 施修霖，陈吉元．对民主改革前凉山彝族地区社会性质的探讨［J］．民族研究，1959（9）：25-36.

⑦ 陈可畏．试论民主改革前凉山彝族社会中阿加的阶级性质［J］．民族研究，1960（6）：32-40.

彝族社会性质进行了探讨和研究，胡庆钧对凉山地区奴隶制度进行了深入和系统的研究。[①] 这些研究成果对四川凉山地区的未来发展和稳定繁荣提供了决策参考。

中国是一个统一的多民族国家，多元的文化主体造就了多样的中华民族文化。由于中国民族众多，民族间的关系错综复杂。在中国历史上，民族间既有战争，又有融合。其中，融合始终是中国各民族关系发展的主线。当今的中国和中华民族均是在历史发展进程中不断被丰富了的概念。因此，我们只有从中国和中华民族的完整性概念出发，才能更好地理解当今的中国和中华民族，才能更好地推进国家统一和民族团结。[②] 1964 年，彭大雍在谈中国历史教学中的民族团结教育时提出：（1）汉族的血统并不是单元的，而是多元的复合体；（2）中国少数民族人口数量虽少，但其分布地域辽阔；（3）少数民族在中国历史上同样做出了巨大贡献。[③] 他认为必须在中国历史教学中使学生们了解这些事实，从而强化民族团结教育。

3. *在民族识别工作和民族政策制定方面建言献策*

费孝通在探讨人类学时，认为人类学应该是一门迈向人民的学科。在学术研究目标上，他认为："我们并不是为了了解而了解，为了提出一些理论而去研究，我们是为了实际的目的，为少数民族进行社会改革提供科学的事实根据和符合少数民族利益的意见。"[④] 在民族识别工作方面，费孝通、林耀华、吴泽霖等人付出了大量的心血，走在祖国边疆少数民族地区，深入基层，深入群众，为我国的民族识别工作做出了重要贡献。在少数民族社会历史调查工作方面，吴泽霖深入贵州调查、岑家梧深入广西调查、李有义深入西藏调查、李绍明深入四川调查，等等。可以说，费孝通、林耀华等老一辈专家学者对我国少数民族进行了大量的调查研究，他们不仅在自己的学术研究上进行"知识创新"，同时还运用自己所学的专业知识来解决我国少数民族地区的现实问题。

民族区域自治制度是我国的一项基本政治制度，这项制度既是我国政

---

① 胡庆钧. 凉山彝族的奴隶制度［J］. 教学与研究，1956（Z1）：14-26.
② 田继周. 我国民族史研究中的几个问题［J］. 文史哲，1981（3）：54-62.
③ 彭大雍. 关于中国历史教学中的民族团结教育问题［J］. 历史教学，1964（Z1）：39-46.
④ 费孝通. 迈向人民的人类学［J］. 社会科学战线，1980（3）：109-114.

治制度的特色，也是解决我国民族问题的重要依据。关于中国为什么要实行民族区域自治制度的问题，刘春认为主要是根据马克思列宁主义原则，以及结合我国的历史社会条件和政治情况决定的。我国各民族从远古以来长期共同生存，各民族间相互交流，相互交错杂居，已形成一个经济整体，同时各民族都曾多次共同抵抗外来侵略。[①] 事实上，当时“实行区域自治，既实现少数民族人民当家作主的权利……又可以使少数民族自愿同汉族结成民族大家庭。”[②] 路风、新民在探讨我国少数民族区域自治时，建议“各民族自治机关执行职务的时候要使用当地民族通用的语言文字”[③]。我国关于少数民族权益保护，主要是通过制度和法治的途径实现的，即“通过依法赋予少数民族特殊的优惠政策的方式凸显和确保少数民族的权利”[④]。民族政策的实施，不仅实现了民族平等，进一步增进了民族团结，极大促进了少数民族地区的社会经济快速发展，同时也保障了少数民族的合法权益。

（五）结　语

在知识大爆炸的时代，知识生成时速增快，但应用力不足，解决现实问题的效果不尽如人意。就学术研究成果转化而言，特别是人文社会科学类成果与现实结合度不高。之所以产生这种现象，其中一个原因就是研究不够深入，缺乏事实基础导致研究结果和决策参考产生偏差。缺乏对事实的了解和研判，直接影响到研究质量和决策结果。当前我国正处于复杂多变的发展格局之中，因此需要对民情、国情、世情有全面的了解和把握，才能更好地推动国家发展。要想对民情、国情、世情有深入的了解和准确的研判，必然需要开展大量的社会调查研究。只有在调查研究的基础上，才能更好地呈现事实，更好地进行有针对性的政策设计和制度安排。中国

---

① 刘春. 为什么我国解决国内民族问题实行民族区域自治［J］. 哲学研究，1958（1）：47-52.

② 黄光学. 谈谈我国民族区域自治的政策［J］. 法学研究，1959（4）：42-46.

③ 路风，新民. 我国少数民族的区域自治［J］. 民族研究，1960（3）：9-16.

④ 陈建樾. 以制度和法治保护少数民族权利——中国民族区域自治的路径与经验［J］. 民族研究，2009（4）：1-12.

少数民族社会历史调查是“知识创新”和“经世致用”的典范，它激发了早期知识分子致力于将学术研究与国家命运相统一的热情，这种热情直接影响着我国社会主义建设的进程。而今重谈中国少数民族社会历史调查，不仅仅是呈现和梳理这项调查工作的来龙去脉，更重要的是深究这项调查工作背后的意义，以及解析和学习参与这项调查工作的前辈学人的治学品质。这些品质对于当今知识分子和后辈学人在“知识创新”的道路上，在“经世致用”的实践中必将产生积极的影响。

（执笔：包龙源）

本章小结　创知致用是近代以来田野调查的主线

凌纯声与费孝通是近代以来中国民族学人类学等田野学科的两位代表人物。凌纯声创立了田野调查报告的中国模式，费孝通提出了中国的文化理论。中华人民共和国成立后，费孝通成为大陆田野学科的领头人，凌纯声成为台湾田野学科的领头人。民国时期的边政学派与中华人民共和国成立之后的少数民族社会历史调查学派，也是中国典型学派活动。前者代表民国时期学术上的经世致用取向，后者代表了新中国时期对“抢救落后”的强调。无论是学者个人，还是学派中众多学者的集体学术取向，在当时的当事人来看，相互之间存在着巨大的差别，有时候甚至可能无法调和。但是站在长远的时段中，我们却发现他们都保持着共同的学术取向，那就是抽象的理论上的学术追求与实际效用上的实用追求，两者的统一却是如此紧密地结合在一起。对于当时的学者来说，学术研究强调知识性的目的，即他们并不否认从欧美学来的学科宗旨，探索文化中的一般规律、客观的真理等等。但是他们又十分坚持学问必须有益于民生，从当时大环境来说，他们都有“学术救国”的理想；从小环境来说，他们都希望在自己的研究中对田野点的民众有所帮助。直到 20 世纪 50 年代的中国少数民族社会历史调查，这个学术工程虽有政治动员在其中，但我们依然把他们命名为一个学派。因为这些学者在政治动员的背景下，既完成了政治任务，也完成了有他们个性的学术追求。这个政治任务可以看成是学术的“致用”目标。但是，很多学者不顾政治压力，依然运用自己的学术眼光，从田野中搜集了大量用于纯粹学术研究的文化材料，一些学者甚至写作了自己的纯学术文章。在未来的十余年中，一些学者因为自己的纯学术活动而受到了政治压力，一部分学者因此备受折磨，甚至被迫害致死，后期的遭遇正说明他们曾经有自己独立的学术活动。因此，近代以来的中国田野学科的田野调查活动，创知致用成为一条主线，一直没有被打乱，只是这条主线没有得到系统的学术反思。也正是近代中国学者的学术探索，为我们今天明确提出田野中国学的学术宗旨打下了基础并铺平了道路。我们今天可以站在前人的肩膀上，明确系统地提出我们的创知致用理念，并在实践上推动这个理念深入发展。近百年的学术努力到了她开花结果的时候了！

余论：田野中国学的未来发展

本书既命名为研究纲要，就标明了其目的主要是讨论一些纲领性论题。其他大量具体的议题，有待更多的学者在未来的研究中逐步去论证，逐步去展开阐释。以中国古代田野调查传统及相关范式为基础，充分融汇欧美近代以来的田野调查研究理论与方法，对传统文化进行研究的学问，我们称之为田野中国学。这个表述也可以与当前官方的号召实现统一：中华优秀传统文化的田野研究。这是对中国古代以来，特别是清代中期以严如熤为代表所形成的田野研究学问，运用现代科学的田野方法加以再提升，在理论上进行更加系统化的建构。在我们提出这个学问的名称之前的近百年中，中国学者已经进行了深入探索与实践，生产了庞大的学术成果，丰富了世界田野学科的知识体系。要对这个学术成果体系进行全面阐释是一项重大工程，希望不久的将来，有学者出来做这项学术总结工作。本书仅仅是从现实意义、研究宗旨、研究对象、研究方法、学术前史等五大问题，对这门学问进行提纲挈领的解析。

当代中国从政治、经济与国际关系上，都处在一个关键时期。晚清以来，中国社会进行了一百多年向西方学习的全面实践，积累起来了足以推动社会全面转型所需要的社会力量与文化力量。在这个关键时期，我们的传统文化研究应该从这个漫长的学习过程中进行怎样的总结提升？这是一个现实问题。国内外的形势都在逼着学术界提供相应的答案。我们能否在向欧美的学术研究的学习中提出我们自己的、有中国传统精神与价值的系统理论？这个问题是近代以来一直争论不休的问题。按照欧美现代社会科学或者人文学科的标准，中国传统的学问都是古旧的，都有着无法现代转型的先天缺陷，应该加以抛弃。所以，发展到近几十年，很多学者坚持声明自己的研究理论与方法是沿着欧美的正宗学术路线进行的，而与中国传统落后的学术路线没有任何继承关系。这一点在田野学科中尤其明显。但我们从学科前史以及近百年的田野研究与书写实践中，却看到了中国传统精神与价值在学术研究中所占据的主线。这些传统中，尤以学术研究宗旨即我们总结的创知致用这个特色表现突出。因此，我们认为，依据学科发展的需要，我们应该以中国传统的田野理论与方法为基础命名新的学科名称，我们把这个新名称概括为田野中国学。

我们也一再声明，田野中国学的名称仅仅代表我们的一些思考，是否准确是否还有锤炼的空间等等问题，都有待深入研究。这是我们应对现实需要所做出的一种学术思考，是我们的一种学术态度，是我们的一个学术策略。我们愿意用一种理性的、冷静的态度，继续深入探索。

我们在本书中提出的基地式田野研究方法，这个方法也是在总结前人的基础上，加上我们自身的经验而归纳出来的。它的名称与基本方法都不算创新，但是我们依据自身的田野实践，对基地田野进行了初步规范，这些初步规范是我们的一个创新。而把基地式田野方法与过程成果的运用结合在一起，更是我们在实践中摸索出来的新的方法。总体上来说，这样的创新，主要是在于田野中国学的“致用”研究范式。在研究理论上如何进一步提出新的理论是我们面临的重要问题。“致用”研究范式的创新不能代替“创知”研究范式的创新。“致用”范式主要是技术上的，“创知”范式创新才是根本性的。我们目前所做的工作很容易给人一个传统印象，就是专注于技术上的“巧思”，而不是根本理论体系的“巧思”。我们深知这个局限性。因此，如何在深入田野调查研究的基础上，在“创知”研究范式上实现创新，应该成为一个重要课题标示在这里。所有参与田野中国学创新的学者应该以此为警示。

最难把握的问题还是传统文化的能量及其释放这个论题，这是一个似乎还处在假设阶段的理论课题。所以，我们放在最后来加以讨论。从功能主义开始，从强调异文化具有的功能开始，其实正是强调文化的“能”，这个“能”是功能，也是能量，但是没有对这个“能”本身进行深入阐释。历来的学派，包括后来的文化价值论、文化软实力论，都强调文化具有“能”。然后采用列举方法，运用田野中所收集的文化素材，列举出这个“能”具体表现在哪些方面，有什么特点等。没有学者深入去讨论这个“能”的大小、释放途径、释放后果等。对这个“能”主要局限于质性的观察，而不是对这个“能”本身的大小、特点进行研究。田野中国学正是看到了传统田野学科的这个局限性，直接以传统文化的“能”为对象开展研究。最终目的不仅仅是认识这个能，而且是从对传统文化的知识创新中，促使其内在的“能”得到释放。这个学术目的包含了两个方面：一是认识这个“能”，二是促使这个“能”的释放。我们在理论上认识得越深刻，“能”释放得就越大，社会所获得的发展动力也越大。

站在田野中国学的研究者视野来说，传统文化没有优劣之分。传统文化都可以通过知识创新，重新释放其能量。传统文化的优劣只是在于其现实处境而言，在于其现实伦理而言，而不是站在其未来的能量释放的角度加以立论。对传统文化的优劣比较是可以的，但只能限定在其现实的能量释放本身来确定，也就是我们所论证的，传统文化能量的自在释放状态。只有学者在观察传统文化能量的自在释放特点时，文化才是可以进行优劣比较的。但是，作为研究者，不仅仅要看到其能量的自在释放，而且应该看到通过知识创新之后，传统文化能量的超常规释放。所以，学者应该在每一种传统文化面前表现出敬畏之心，学者不应该单纯从伦理层次去否定任何一种传统文化。当我们对传统文化抱持一种敬畏之心的时候，我们就确立了传统文化的态度。人类在不同时期需要的能量状态是不一样的，哪一种传统文化能够给人类提供什么样的“能”也是不确定的。只有学者们抱着敬畏之心去面对所有传统文化的时候，我们的研究才能不会走偏了方向。

传统文化研究的知识创新需要长期的田野研究积累。在创新的道路上，所有的学者都做出了贡献。但是那些具有标志性的创新理论会落在哪一位学者身上，却是一个带有极大偶然性的问题。作为学者，我们都应该奔着创新而去，但我们不必把全部注意力放在创新结果上。知识创新是一个没有尽头的研究过程，所有学者都是这个过程中的一个实实在在的结构点。我们今天举起田野中国学这个旗帜，只是为传统文化研究的知识创新铺设一段新道路。田野中国学未来能否整合七十年来中国田野研究的知识成就？能否重建有中国传统又能为世界所接受的新的理论体系，能否以新的视野与眼光观照今天世界各个族群的文化，都要打一个问号，也都需要众多学者开展深入的田野研究实践。

因此，《田野中国学研究论纲》仅仅是一个抛砖引玉的学术建构。在这个建构之外，我们还编辑了《田野中国学》集刊①，不定期出版。希望学界有兴趣的同仁，将自己相同或不同的研究见解，放在这个集刊上来讨论。我们也将在“一带一路”沿线知名大学开展系列讲座，推动田野中国学在“一带一路”的田野调查实践。我们希望，这个学术理论的建构，不仅仅适应在中国开展田野调查，也能够在异文化田野中具有自己独到的优势。

---

① 《田野中国学》集刊由赵杰、杨建新、戴庆厦、王邦维、杨圣敏、金炳镐、陈凡等7位教授担任学术指导，谭必友担任主编。由民族出版社2020年5月出版第1集，以后不定期连续出版。

参考文献

专著

(美) 黄仁宇. 放宽历史的视界 [M]. 北京, 三联书店, 2001.

(美) 黄仁宇. 赫逊河畔谈中国历史 [M]. 北京, 三联书店, 2001.

(美) 黄仁宇. 万历十五年 [M]. 北京, 三联书店, 1992.

(美) 黄仁宇. 中国大历史 [M]. 北京, 三联出版社, 2001.

(美) 余英时. 钱穆与中国文化 [M]. 上海, 上海远东出版社, 1996.

(清) 段汝霖著, 伍新福校点. 楚南苗志·湘西土司辑略 [M]. 岳麓书社, 2008.

(清) 魏源. 魏源集 [M]. 北京: 中华书局, 1976.

(宋) 李焘. 续资治通鉴长编 [M]. 北京: 中华书局, 1980.

(西汉) 司马迁著. 史记 [M]. 哈尔滨: 哈尔滨出版社, 2007.

[澳] 德里克·弗里曼著, 夏循祥译. 玛格丽特·米德与萨摩亚 [M]. 北京: 商务印书馆, 2008.

[法] M. 莫斯著, 杨渝东等译. 巫术的一般理论 [M]. 桂林: 广西师范大学出版社, 2007.

[法] 马塞尔·毛斯著, 毛碧平译. 社会学与人类学 [M]. 上海: 上海译文出版社, 2003.

[美] 本尼迪克特著, 吕万和等译. 菊与刀 [M]. 北京: 商务印书馆, 1990.

[美] 布龙菲尔德. 赵世开等译, 语言论 [M]. 北京: 商务印书

馆，1980.

[美] 费正清. 剑桥中国晚清史 [M]. 北京：中国社会科学出版社，1985.

[美] 列文森（Joseph R. Levenson）. 郑大华译. 儒教中国及其现代命运 [M]. 北京：中国社会科学出版社，2000.

[挪威] 弗雷德里克·巴特等著，高丙中等译. 人类学的四大传统——英国、德国、法国和美国的人类学 [M]. 北京：商务印书馆，2008.

[葡] 安文思著，何高济译. 中国新史 [M]. 郑州：大象出版社，2004.

[清] 朗廷棟修. 沅陵县志·卷一·舆地 [O]. 康熙四十四年版.

[意] 马力罗著，吴孝刚译. 民族学与人类学方法论研究 [M]. 北京：知识产权出版社，2018.

[英] B. 马林诺夫斯基著，梁永佳、高绍明译. 西太平洋的航海者 [M]. 北京：华夏出版社，2002.

[英] B. 马林诺斯基著，费孝通译. 文化论 [M]. 北京：中国民间文艺出版社，1987.

[英] 马克·戈尔迪，罗伯特·沃克勒. 剑桥十八世纪政治思想史 [M]. 北京：商务印书馆，2017.

[英] 阿兰·巴纳德著，王建民，刘源，许丹等译. 人类学历史与理论 [M]. 北京：华夏出版社，2006.

白庚胜，向云驹主编. 民间文化大风歌 钟敬文百年华诞纪念文集 [M]. 银川：宁夏人民出版社，2005.

毕沅. 毕沅奏收降苗民及派兵疏通道路折 [A]，中国第一历史档案馆. 清代前期苗民起义档案史料汇编（中册） [C]. 光明日报出版社，1987.

[美] 博厄斯. 人类学与现代生活 [M]. 北京：华夏出版社，1999.

陈来著. 古代宗教与伦理——儒家思想的根源 [M]. 北京：生活·读书·新知三联书店，2009.

陈天锡. 戴季陶先生的生平 [M]. 台北：中国台湾商务印书

馆，1968.

揣振宇，华祖根主编. 中国民族研究年鉴 2001［M］. 北京：民族出版社，2002.

戴季陶等. 西北［M］. 新亚细亚学会，1931.

戴庆厦. 中国少数民族语言研究六十年［M］. 中央民族大学出版社，2009.

戴庆夏. 中国少数民族教育概论［M］. 沈阳：辽宁教育出版社，1997.

费孝通，张之毅著，云南三村［M］，天津：天津人民出版社，1990. 11.

费孝通. 费孝通论文化与文化自觉 第2版［M］. 北京：群言出版社，2007.

费孝通. 费孝通民族研究文集新编·上卷（1951—1984）［M］. 北京：中央民族大学出版社，2006.

费孝通. 费孝通文集（第十卷）［M］. 北京：群言出版社，1999.

费孝通. 费孝通文集（第十五卷）［M］. 北京：群言出版社. 2001.

费孝通. 江村经济——中国农民的生活［M］. 北京：商务印书馆，2001.

费孝通. 江村经济［M］. 上海：上海世纪出版集团，2007.

费孝通. 经历·见解·反思——费孝通答客问//费孝通文集（第十二卷）. 北京：群言出版社. 2001.

费孝通. 师承—补课—治学［M］. 北京：三联书店. 2001.

费孝通. 志在富民［M］. 上海：上海人民出版社，2007.

费孝通等著. 中华民族多元一体格局［M］. 北京：中央民族学院出版社，1989.

冯岁平. 发现汉中［M］. 北京：华夏出版社，2008.

傅斯年. 傅斯年全集（第四卷）［M］. 长沙：湖南教育出版社，2003.

傅振伦. 中国方志学通论［M］. 北京：北京燕山出版社，1988.

顾潮. 顾颉刚年谱［M］. 北京：中国社会科学出版社，1993.

顾颉刚. 中国现代学术经典·顾颉刚卷［M］. 石家庄：河北教育出版社，1996.

何晓芳. 满学研究［M］. 北京：民族出版社，2018.

贺熙龄. 乐园文钞序［A］. ［清］严如熤著，黄守红标点. 严如熤集（一）［M］. 岳麓书社，2013.

黄克武访问，潘彦蓉记录. 李亦园先生访问记录［M］. 台北：近代史研究所，2005.

金炳镐. 民族关系理论通论［M］. 中央民族大学出版社，2007.

拉德克利夫·布朗著，梁粤译. 安达曼岛人［M］. 桂林：广西师范大学出版社，2005.

来新夏. 清人笔记随录［M］. 台北：中华书局，2005.

李亦园. 人类的视野［M］. 上海：上海文艺出版社，1996.

凌纯声，林耀华. 20世纪中国人类学民族学研究方法与方法论［M］. 北京：民族出版社，2004.

凌纯声，芮逸夫编. 湘西苗族调查报告［M］. 北京：商务印书馆，1950.

凌纯声. 松花江下游的赫哲族［M］，台北：历史语言所.

凌纯声. 松花江下游的赫哲族［M］. 上海：上海文艺出版社.

［法］卢梭著. 陈筱卿译. 忏悔录［M］. 南京：译林出版社，2014.

马克思，恩格斯. 马克思恩格斯选集（第二卷）［M］. 北京：人民出版社. 1995.

［丹］玛利亚·海默主编，于忠江等译. 在中国做田野调查［M］. 重庆：重庆大学出版社，2016.

毛泽东. 毛泽东选集（第一卷）［M］. 北京：人民出版社，1991.

钱穆. 中国文化史导论［M］. 北京，商务印书馆，1994.

沈云龙. 戴季陶（传贤）先生编年传记［M］. 台北：台湾文海出版社，1985.

宋濂：《元史》.

谭必友，洪文雄. 神韵武陵：故事与文化［M］. 北京：学苑出版社，2019.

谭必友，田级会．田野中的文化呈现：穿越文化浸洗的廪嘎人歌舞研究［M］．人民出版社，2010.

谭必友，田燕，洪文雄．我在浦市读女神——熠园学人田野考察行记［M］．北京：煤炭工业出版社，2017.

谭必友．古村社会变迁——一个话语群的分析实验［M］．北京：民族出版社，2005.

谭必友．浦市龙舟赛［M］．北京：学苑出版社，2016.

谭必友．清代湘西苗疆多民族社区的近代重构［M］．北京：民族出版社，2009.

谭忠国．湘西生宝谭氏古族谱汇编［A］．见谭必友，贾仲益．湘西苗疆珍稀民族史料集成［C］．学苑出版社，2013.

王邦维．佛教史话［M］．商务印书馆，1991.

王建民．中国民族学史［M］．云南：云南教育出版社，1997.

王铭铭．西方人类学思潮十讲［M］．桂林：广西师范大学出版社，2005.

王子今．《史记》的文化发掘［M］．武汉：湖北人民出版社，1997.

吴文藻．论社会学中国化［M］．北京：商务印书馆，2010.

辛德勇．《〈三省山内道路考〉的发现及其价值——并论严如熤之入仕与相关著述产生的因缘》《版本目录学研究》集刊［M］．北京图书馆出版社，2014.

徐平等．费孝通评传［M］．北京：民族出版社，2009.

徐通锵．历史语言学［M］．北京：商务印书馆，1991.

许乃钊．乡守辑要合钞［M］．道光二十九年版.

严如熤．黄守红标注．乐园文钞［M］．长沙：岳麓书社，2013.

严如熤．苗防备览［M］．绍义堂版，道光癸卯重镌.

严如熤．三省边防备览［M］．道光二年版.

严如熤．三省山内风土杂识［M］．张智编：《中国风土志丛刊》第24册，广陵书社，2003.

严如熤．洋防辑要［M］来鹿堂藏版，道光戊戌重镌.

杨成志．杨成志人类学民族学文集［M］．北京：民族出版社，2003.

杨建新. 各民族共创中华［M］. 甘肃兰州，甘肃文化出版社，1998.
杨建新. 民族学论集［M］. 甘肃，甘肃人民出版社，2002.
杨建新. 中国西北少数民族史［M］. 北京，民族出版社，2003.
杨圣敏. 中国民族志［M］. 北京，中央民族大学出版社，2004.
英国皇家人类学会编，何国强等译. 田野调查技术手册［M］. 上海：复旦大学出版社，2016.
张岱年. 中国文化概论［M］. 北京：北京师范大学出版社，2004.
张冠生. 费孝通传［M］. 北京：中国友谊出版公司，2012.
张光直. 考古人类学随笔［M］. 台北：联经出版社，1995.
章学诚撰，叶瑛校注. 文史通义校注（下）［M］. 北京：中华书局，1985.
赵杰. 回族解读［M］. 宁夏：宁夏人民出版社，2007.
赵杰. 中华民族共有精神家园论［M］. 北京：人民出版社，2012.
郑良树. 顾颉刚学术年谱简编［M］. 北京：中国友谊出版公司，1987.
中共中央党史研究室科研管理部，国家民族事务委员会民族问题研究中心等编. 中国共产党民族工作历史经验研究（上）［M］. 北京：中共党史出版社，2009.
中国国民党宣言集［A］. 革命文献，第69辑［Z］. 中国国民党中央委员会党史委员会，1976.
钟敬文. 话说民间文化［M］. 北京：人民日报出版社，1990.
朱炳祥. 社会人类学［M］. 武汉：武汉大学出版社，2004.

期刊

曹玲. 美洲粮食作物的传入、传播及其影响研究［D］. 南京农业大学，2003：26.
陈伯达. 批判的继承和新的探索［J］. 历史教学，1959（8）.
陈蔚松. 章学诚与《湖北通志》［J］. 江汉论坛，1981（4）98-103.
陈可畏. 试论民主改革前凉山彝族社会中阿加的阶级性质［J］. 民族研究，1960（6）：32-40.

陈建樾. 以制度和法治保护少数民族权利——中国民族区域自治的路径与经验［J］. 民族研究，2009（4）：1-12.

底润昆，张正明. 全国少数民族社会历史调查的前前后后［J］. 民族团结，1999（4）：44.

陈永龄. 论中国民族学在新时期面临的新课题［J］. 中央民族学院学报，1985（1）：21-25.

刁统菊. 不为、匿为与过为——试析田野作业中访谈对象的几种反应［J］. 民间文化论坛，2009（6）：68-75.

丁元竹. 农村社区研究：由简单到复杂的社会结构探索（上）——费孝通三十年代农村调查的理论与方法述评［J］. 农村经济与社会，1992（3）：49-57.

丁文江. 中央研究院的使命［J］. 东方杂志. 1935. 32：8.

戴季陶. 开发西北工作之起点·西北［J］. 新亚细亚学会，1933：87.

发刊词［J］. ，1941（1）：1.

费孝通. 读马老师遗著《文化动态论》书后［J］. 北京大学学报，1998（5）.

费孝通. 关于人类学在中国［J］. 社会学研究，1994（2）.

费孝通. 开风气、育人才［J］. 北京大学学报，1996（1）：14-19.

费孝通. 三访江村——英国皇家人类学会1981年赫胥黎纪念演讲［J］. 江苏社联通讯，1981（17）：49-57.

费孝通. 人的研究在中国——个人的经历［J］. 读书杂志，1990（10）.

费孝通，方李莉：早年生活与文化熏陶——费孝通访谈录［J］. 民族艺术，2002（03）：12.

费孝通. 迈向人民的人类学［J］. 社会科学战线，1980（3）.

费孝通. 从知识和知识分子问题谈起［J］. 读书杂志，1982，（12）.

费孝通. 发挥智力优势 为民族地区四化服务［J］. 中国民族，1983（4）：4.

费孝通. 从马林诺斯基老师学习文化论的体会［J］. 北京大学学报，

1995（06）：53-71.

方旭东．费孝通与《江村经济》［J］．百年潮，2008（12）.

耿雯．凌纯声与现代中国民族学［D］．上海：华东师范大学.

葛兆光．纳“四裔”入“中华”？——1920—1930年代中国学界有关“中国”与“中华民族”的论述［J］．思想，2014．12（27）：3.

谷苞．我和少数民族地区社会调查［J］．西北民族研究，1994（1）：1-8.

何星亮．文化人类学田野调查的特点、原则与类型［J］．云南民族大学学报，2014（4）：18-25.

何星亮．关于“人类学”与“民族学”的关系问题［J］．民族研究，2005（5）：41-50.

何星亮．20世纪下半叶台湾和香港的人类学与民族学研究概述［J］．西藏民族学院学报（哲学社会科学版）．2004．3（2）：66-72.

何星亮．文化功能及其变迁［J］．中南民族大学学报，2013（5）：33-41.

胡乔木．在全国哲学社会科学规划会议预备会上的讲话［J］．经济学动态，1978（12）.

胡起望．蔡元培和民族学［A］．民族学研究第1辑［C］．北京：民族出版社，1981：257.

胡鸿宝，张丽梅．“从事民族志”：马林诺夫斯基与格尔茨［J］．世界民族，2010（1）：38-44.

胡云．辛女信仰中的女性威权浅探［J］．民族论坛，2015（6）：42-45.

胡庆钧．凉山彝族的奴隶制度［J］．教学与研究，1956（C1）：14-26.

黄光学．谈谈我国民族区域自治的政策［J］．法学研究，1959（4）：42-46.

黄燕生．清代方志的编修、类型和特点［J］．史学史，1990（4）：67-74.

姬广绪．凌纯声的赫哲族研究及其影响［J］．文化学刊，2012（1）：

106-110.

贾海涛."文化软实力"理论的演进与新突破［J］.社会科学，2011（5）：14-22.

贾春峰."文化力"论［J］.东岳论丛，1998（6）：19-22.

况光贤.文化区［J］.地理译报，1987（10）：59.

孟慧英.文化圈学说与文化中心论［J］.西北民族研究，2005（1）：179-186.

蓝勇.严如熤及其经世文献的价值［J］.清史研究，1996，（4）.

刘睿.人口压力与社会危机——浅谈中国进入近代社会问题背景［J］.琼州大学学报，2003（4）：86-88.

李安民.试论文化相对论［J］.中山大学学报，1987（3）：76-83.

李有义.史学界的一个新任务——写少数民族史［J］.历史教学，1951（3）

毛建儒.论中国学术研究之弊端及解决途径［J］.辩证法研究，2006（2）：2-4.

兰林友.人类学再研究及其方法论意义［J］.民族研究，2005：36-46.

李景林.从《三省边防备览》一书看十八世纪至十九世纪二十年代陕川鄂三省交界地区社会关系的一些特点［J］.史学集刊，1956（1）.

李汉林，张振兴."田野派学者"严如熤［J］.吉首大学学报，2012（5）.

罗俊毅.西方田野反思与中国学术传统［J］.中国音乐学，2010（2）：62-64.

罗伯特·沃克勒.观念学与社会科学的起源［J］.见马克戈尔迪、罗伯特沃克勒主编，刘北成等译.剑桥十八世纪政治思想史.商务印书馆，2017：662-663.

罗伯特·帕金.法语国家的人类学［A］.（挪威）弗雷德里克·巴特等著，高丙中等译.人类学的四大传统［C］.商务印书馆，2008：183.

陈晓平.冯友兰与李约瑟问题［J］.重庆理工大学学报（社会科学），2014（5）：6-12.

凌纯声．中国古代海洋文化与亚洲地中海［J］．海外杂志，1954．3（10）．

凌纯声．中国远古与太平印度两洋的帆筏戈船方舟和楼船的研究［J］．民族学研究所专刊（十六），1970：3．

凌纯声．中国边疆文化（上）（下）［J］．边政公论，1942（9-10，11-12）．

李亦园．凌纯声先生对中国民族学之贡献［J］，民族学研究所集刊，1970（29）：1-10．

李亦园．四十年来的民族学研究所——一个全程参与者的回顾与反思［J］．民族学研究所集刊，1995（80）．

李绍明．中国人类学的华西学派［A］．王铭铭主编．中国人类学评论：第4辑［C］．北京：世界图书出版公司，2007：41-63．

娄贵品．论凌纯声的边政改革主张与边疆建设贡献［J］．广西民族大学学报（哲学社会科学版），2019（4）．

林耀华．试论原始社会史的分期问题［J］．文史哲 1978（4）：55-62．

林耀华，程德祺．再论原始社会早期的分期问题［J］．民族学研究，1981（2）1-12．

林耀华．新中国民族学的研究和展望［J］．民族研究，1981（2）：48-55．

林耀华．三上凉山（上）——探索凉山彝族现代化中的新课题及其展望［J］．社会科学战线，1986（4）：311-326．

林超民．应对边疆危机的新学科——边政学的兴起与发展［A］．黄兴涛，夏明方主编．清末民国社会调查与现代社会科学兴起［C］．福州：福建教育出版社，2008．

刘春．为什么我国解决国内民族问题实行民族区域自治［J］．哲学研究，1958（1）：47-52．

路风，新民．我国少数民族的区域自治［J］．民族研究，1960（3）：9-16．

罗维庆，罗中．湘西行政区划的沿革与整合［J］．民族论坛，2008

(04)：6-7.

吕光天．论原始社会形态研究在民族学中的地位和作用［J］．民族学研究，1981（2）：269-280.

McMahon, Daniel. "Identity and Conflict on a Chinese Borderland: Yan Ruyi and the Recruitment of the Gelao During the 1795-97 Miao Revolt." Late Imperial China Vol. 23, No. 2 (December 2002): 53-86.

米·丹妮. Restoring the Garden: Yan Ruyi and the Civilizing of China's Internal Frontiers, 1795—1895, DISSERTATION Submitted partial satisfaction of the requirements for the degree of DOCTOR OF PHILOSOPHY in History in the OFFICE OF GRADUATE STUDIES of the UNIVERSITY OF CALIFORNIA.

马戎．如何认识"民族"和"中华民族"——回顾1939年关于"中华民族是一个"的讨论［J］．中南民族大学学报（人文社会科学版），2012（5）：11.

马海泉，樊秀娣．知识创新能力：大学的核心价值［J］．中国高校科技，2019（5）：4-9.

麻勇恒．"原生态文化"探讨的理论预设［J］．（贵阳）贵州师范大学学报，2011（1）：65-68.

欧内斯特·L·博耶．学术的使命［J］．中国大学教学，2004（4）：56-59.

祁庆富．试论中国少数民族传统文化的价值结构［J］．中央民族大学学报，2000（1）：20-29.

潘曙，杨盛芳．凤凰厅志（乾隆丁丑）［A］．谭必友，贾仲益．湘西苗疆珍稀民族史料集成［C］．学苑出版社2013年.

彭大雍．关于中国历史教学中的民族团结教育问题［J］．历史教学，1964（Z1）：39-46.

钱伟．"史志同源"等于否定方志学科——评《论史志同源及其他》［J］．中国地方志，2018（12）：38-43.

祁庆富．凌纯声和他的《松花江下游的赫哲族》［J］．中南民族大学学报（人文社会科学版），2004. 11（6）：33-37.

苏克勤．几年来的少数民族社会历史调查研究工作［J］．民族团结，

1961（5）：4.

沈乃文. 戴震与方志及其手稿与胡适跋文［J］. 清华大学学报，2009（3）：80-91.

沙文涛. 戴季陶西北开发思想述论［J］. 兰州学刊，2012（7）.

尚晴. 国家建设与民族整合——以1930年代湘川公路为例［J］. 民族论坛，2017（1）：43.

孙冶让. 瑞安县志局总例六条（节录）［A］. 王晓岩. 历代名人论方志［C］.（沈阳）辽宁大学出版社，1986：192.

施修霖，陈吉元. 对民主改革前凉山彝族地区社会性质的探讨［J］. 民族研究，1959（9）：25-36.

孙晶. 布罗代尔的长时段理论及其评价［J］. 广西大学学报，2002（3）：80-84.

THOMAS HYLLAND ERIKSEN AND FINN SIVERT NIELSEN. 2001. A History of Anthropology. PLUTO PRESS.

唐景珏. 严如熤其人及其作品研究综述［J］. 安康学院学报，2013（1）.

谭必友. 关于建构"田野中国学"的几点思考［J］. 北京行政学院学报，2013（2）：108-113.

谭必友. 毕沅存其种类的民族思想及其影响［A］. 蔡尚松. 文化传播［C］. 社会科学文献出版社，2018：125-154.

田继周. 我国民族史研究中的几个问题［J］. 文史哲，1981（3）：54-62.

王沪宁. 作为国家实力的文化：软权力［J］. 复旦大学学报，1993（3）：91-96.

王泉根. 学科级别：左右学术命运的指挥棒？［J］中华读书报，2007-07-04.

万建中. 民俗学的学术指向和前沿问题［J］. 神舟民俗，2011（1）：69.

汪峰. 十年来民族工作的伟大成就［J］. 民族研究，1959（11）.

谢元媛. 从布迪厄的实践理论看人类学田野工作［J］. 社会科学研

究，2005（5）：118-122.

魏忠．巴斯蒂安和拉采尔［J］.（北京）中国民族，2008（1）：30-31.

吴文藻．中国社区研究的西洋影响与国内近状［J］，社会研究，1935（101-102）.

吴文藻．边政学发凡［J］．边政公论，1942（5-6）：266.

汪洪亮．抗战时期边政学的兴起及其“学科性”［J］．西南民族大学学报（人文社会科学版），2014（6）：214.

王利平等．20世纪上半叶的中国边疆和边政研究——李绍明先生访谈［J］．西南民族大学学报，2009（12）：34-41.

王辅仁．建议开设“安多藏族史”课程［J］．西北民族研究，1992（1）：180.

徐益棠．边疆经济之相对的发展［J］．边政公论 1944（6）：1-2.

谢立中．从马林诺斯基到费孝通：一种另类的功能主义［J］．南昌大学学报，2007，38（02）：1-2.

谢立中．论社会科学本土化的类型——以费孝通先生为例［J］．江苏行政学院学报，2017（1）：44.

辛德勇．《三省山内道路考》的发现及其价值——并论严如熤之入仕与相关著述产生的因缘［J］．版本目录学研究（第五辑），2014：173-212.

肖俊明．文化人类学的新格局：文化批判（上）［J］．国外社会科学，1994（4）：8-12.

于光远．在全国哲学社会科学规划会议预备会上的讲话［J］．经济学动态，1978（12）.

杨霞，熊世春．社会科学研究成果综合评价指标体系研究［J］．陕西师大学报（社会科学版），2008（3）：51-54.

《禹贡》半月刊第7卷第4期附录.

晏双生．知识创造与知识创新的涵义及其关系论［J］．科学学研究，2018（8）：1149-1152.

杨春时．五四“传统文化批判”的历史经验［J］．上海文化，2019

(6)：5-14.

杨清媚．“燕京学派”的知识社会学思想及其应用——围绕吴文藻、费孝通、李安宅展开的比较研究［J］．社会，2015（4）：113.

杨成志．边政研究导论——十个应先认识的基本名词与意义［J］．广东政治，1941（1）.

杨天宏．“边政”何以成“学”——读汪洪亮著《民国时期的边政与边政学》［J］．社会科学研究，2014（4）：206.

杨明辉．近代云南边政建设及边政机构设治研究［J］．云南社会主义学院学报，2018（1）：148-149.

严如熤．和秦竹浯岳麓众芳诗小引［A］．严如熤著，黄守红标点．严如熤集（一）［C］．岳麓书社，2013：84-85.

严如熤．三省山内风土杂识［A］．张智编．中国风土志丛刊（第24册）［C］．广陵书社，2003：58.

颜安．浅评《湘西苗族调查报告》［J］．遵义师范学院学报，2015，17（01）：30-32.

庄孔韶．谈田野工作的质量问题——试试阅读弗里曼［A］．共识（2009春刊01）［C］．中国会议，2009：066-069.

庄晓东．文化传播论［J］．云南艺术学院学报，2002（4）：88-93.

张连海．论现实民族志方法的源起——以马林诺夫斯基的三次民族志实践为例［J］．中央民族大学学报，2014（2）：71-79.

张静．案例分析的目标：从故事到知识［J］．中国社会科学，2018（8）：126-142.

章学诚．文史通义·州县请立志科议（节录）［A］，王晓岩．历代名人论方志［C］．辽宁大学出版社，1986：204.

赵婷婷．释放高校学科建设活力、加快推进一流学科发展［J］．中国高等教育研究，2019（9）：14-15.

赵树冈．边地、边民与边界的型构：从清代湖南苗疆到民国湘西苗族［J］．民族研究，2018（1）：77.

赵伍．林则徐的方志思想［J］．西南民族学院学报，2000（2）：95-99.

赵超．南京国民政府治理西南边疆的经济政策及其局限［J］．经济问题探索，2017（2）：64.

周扬．哲学社会科学的发展规划和百花齐放、百家争鸣的方针——在全国哲学社会科学规划会议预备会上的讲话．［J］哲学研究，1978（10）.

周春元．《苗防备览》提要和整理意义［J］．史学史研究，1984（4）.

周蜀蓉．华西边疆研究学会之再诠释［J］．历史研究，2010（3）：82.

周书灿．凌纯声中国民族文化起源与传播理论再思考［J］．浙江社会科学，2018（6）：131.

周大鸣．迈向人民的费孝通［J］．广西民族学院学报，2005（03）：25.

周蕾．凌纯声——中国边疆民族研究的开拓者［A］，人类学的中国大师［C］，哈尔滨：黑龙江人民出版社，2008：159.

周应合．修志本末（节录）［A］，王晓岩．历代名人论方志［C］．辽宁大学出版社，1986：209.

朱慈恩．"九·一八"事变后中国边疆研究学术团体的兴起及其意义［J］．黔南民族师范学院学报，2008（1）：33.

王辅世．湖南泸溪瓦乡话语音［J］．语言研究，1982（01）：135-147.

樊树志．"倭寇"新论——以"嘉靖大倭寇"为中心［J］．复旦学报，2000（01）：37-46.

报纸

胡文辉：被忘却的人类学大家——凌纯声［N］．邵阳日报，2014-06-13（4）.

凌纯声．民族主义与民族学［N］．劳动大学周刊，1931-5-16（1）.

牛锐．蔡元培：研究民族学以终老［N］．中国民族报，2008-4-11（4）.

杨度．金铁主义说［N］．中国新报第五号．1907：18.

学位论文

耿雯. 凌纯声与现代中国民族学［D］. 上海：华东师范大学，2014：44.

耿宪文. 时局与边政——《边政公论》研究（1941—1948）［D］. 武汉：华中师范大学，2011.

何强. 当代宗族认同的重构——以浦市姚氏宗族为中心的观察［D］. 长沙：湖南师范大学，2017：8.

梁妮. 严如熤与《洋防辑要》［D］. 陕西师范大学硕士学位论文，2014.

苏维新. 官方国族叙事与中国民族主义思潮下的“中国近代史”、“中国民族学”研究：以郭廷以、凌纯声为中心［D］. 台北：台湾政治大学，2015.

易静林怡. 旅游开发背景下民间舞台艺术团体对观众的建构研究——以浦市辰河高腔剧团为观察中心［D］. 湖南师范大学，2019.

胡云. 沅水流域辛女信仰中的分神传说及其影响浅析［J］. 新丝路（下旬），2016（04）：89-90.

档案材料

谭伟，谭文甫. 神秘的谭氏祠堂——黑神庙［J］. 未刊稿，2003.

后　记

2013 年，我发表了《关于建构“田野中国学”的几点思考》论文，对建构田野中国学的理论依据、主要研究课题进行了初步探索。几年来，我一直在思考这个问题。最初提出这个想法，主要是从中国民族学、人类学关于民族文化研究现状中所存在的一些问题出发，认为有必要打破学科界线，同时确立新的研究问题，将分散的研究逐步整合成一门通过田野方法研究中国传统文化为主题的学术研究。后来在深入梳理中国传统的田野研究方法后，发现中国古代即已有这样的研究传统。所以我认为，这不是一个新的学术研究，而是如何将古代的研究传统加以现代转换的问题；同时，也是一个需要将古代田野传统与近代以来中国学者运用欧美理论与方法对中国传统进行田野研究的广大实践加以充分融合的问题。通过这样的研究努力，逐步树立以中国理论与方法为本位的民族文化研究范式。这样的田野研究范式，也可以称之为中国田野智慧，这就是田野中国学的研究宗旨之所在。从此我们就朝着这个目标努力。2018 年，我们在东北大学秦皇岛分校—巴基斯坦旁遮普大学联合博士学位项目中，首先开出一门课程《田野中国学调查理论与方法》，作为博士生的研究方向课程，后拓展为中巴联合硕士学位课程。2019 年，我们在这个博士学位项目招生中，首次开设《田野中国学》研究方向。2020 年，我们出版了《田野中国学》集刊（民族出版社）。我们通过这一系列细微的学术积累，逐步拓展田野中国学的研究认同。

给学界同仁提供一个相对稳定的对话框架，是所有新兴学科在发展初期都可能采用的方法，田野中国学也不例外。尽管这个初期框架还很不完善，但要展开学术对话，就必须首先给参与对话的各方学者约定一个包含研究主题、理论与方法等内容的对话框架，这是学术深入发展的前提之一。所以，我们师生在经过讨论之后，就决定写作这本《田野中国学研究论纲》。从2019年开始写作，到2020年春天就完成了初稿。疫情后，我们有了充裕的时间，各自关在自己的家里修改我们的稿件。2020年下半年，我们将稿件投给中央民族大学出版社并得到出版选题立项批准。

全书的框架由所有参与师生共同讨论确定。书的主体部分、没有特别标明作者的部分都由谭必友负责写作，参与的师生承担的写作任务分别是：绪论部分的“三、研究中华优秀传统文化的‘车之两轮、鸟之两翼’”由赵杰教授撰写。第七章分别由几位博士生撰写。“一、凌纯声的民族志理论”由程林盛撰写。“二、费孝通‘志在富民’的人类学思想及其学术价值”由何柳撰写；“三、民国边政学派的创知致用研究活动述评”由田雪枫撰写；“四、少数民族社会历史调查中的‘创知致用’研究取向”由包龙源撰写。另外，第五章的附“过程成果创作及运用笔谈”收录了程林盛、田雪枫、马征、范杨阳四位博士生硕士生的文章，在此表示感谢！

我的博士导师、兰州大学资深教授、著名的民族学家杨建新先生，在百忙中抽空给我们的这本书写了序言。他老人家已经87岁高龄，他对我们后辈学者的殷切期望与热情推介，让我们深受感动。

本书由东北大学秦皇岛分校人才建设项目资助出版。在写作与出版过程中，得到学校与院里领导与同事们的很多帮助，在此向东北大学秦皇岛分校的领导与同事们表示感谢！

需要特别说明一点，我们尊敬的赵杰先生，生前曾任北京大学二级教授、北方民族大学正校级巡视员、东北大学中国满学研究院创院院长、中国人类学民族学联合会副会长、中国少数民族语言学会会长等。他生前最后一项学术活动，就是参与并主持“田野中国学”的相关理论与方法的建构。但他没有等到本书出版，就因病于2020年12月底去世了。这是至为遗憾的事。在此，谨以此书对我们尊敬的赵先生表示深切的纪念！

谭必友

2021年5月28日

于东北大学秦皇岛分校熤园